Rainer Beckmann

Der Streit um den Beratungsschein

Rainer Beckmann

Der Streit um den Beratungsschein

Zum Autor:

Rainer Beckmann befasst sich seit vielen Jahren mit den Rechtsfragen des Schwangerschaftsabbruchs. U. a. hat er das Buch »Abtreibung in der Diskussion« (Krefeld, 3. Aufl. 1998) verfasst. In zahlreichen Aufsätzen hat er sich auch zu anderen medizinisch/rechtlichen Fragestellungen geäußert (Embryonenschutz, Hirntod.) Beckmann ist Sprecher des Initiativkreises katholischer Laien und Priester in der Diözese Würzburg und stellvertretender Vorsitzender der Juristenvereinigung Lebensrecht e.V. (Köln). Er ist verheiratet und Vater von vier Kindern.

Die Deutsche Bibliothek – CIP-Einheitsaufnahme

Beckmann, Rainer:
Der Streit um den Beratungsschein / Rainer Beckmann.
– Würzburg : Naumann, 2000
ISBN 3-88567-085-2

1. Auflage 2000

Lektorat und Herstellung: Barbara Sollfrank
Umschlaggestaltung und Layout: Anke von Schalscha-Ehrenfeld, Würzburg
Druck: WB-Druck, Rieden am Forggensee

ISBN: 3-88567-085-2

Inhalt

Teil II:
Die Mitwirkung der Kirche und ihre Folgen

Teil III:
Der innerkirchliche Streit um den Beratungsschein

Anhang

»Nun steht der deutsche Katholizismus vor dem größten Scherbenhaufen seiner Nachkriegsgeschichte.«
Die Zeit, 23.9.1999

Vorwort

Ein Buch über den »Streit um den Beratungsschein« – muss das sein? Der Streit ist entschieden. Papst Johannes Paul II. hat angeordnet, dass die Kirche keine Beratungsbescheinigungen mehr ausstellen darf, die den Zugang zur straffreien Abtreibung eröffnen. Die deutschen Bischöfe haben beschlossen, im Laufe des Jahres 2000 »eine Neuordnung der katholischen Beratung im Sinn der Weisung des Papstes durchzuführen.«

Roma locuta – causa finita?

Die Differenzen zwischen der Deutschen Bischofskonferenz und dem Vatikan in der Beratungsscheinfrage sind zwar offiziell beigelegt, die unterschiedlichen Auffassungen in der Sache bestehen aber fort. Man kann daher nicht einfach zur Tagesordnung übergehen. Zahlreiche Bischöfe, allen voran der Vorsitzende der Deutschen Bischofskonferenz, Bischof Karl Lehmann, haben deutlich gemacht, dass sie nach wie vor eine Beteiligung der Kirche an der Schwangerschaftskonfliktberatung für vertretbar, teilweise sogar für geboten halten. Mehr oder weniger widerwillig haben sie sich der Weisung Roms gebeugt, keine Bescheinigungen mehr auszustellen, die zur Durchführung straffreier Abtreibungen verwendet werden können. Maßgebliches Motiv hierfür war nicht die innere Überzeugung von der Richtigkeit der päpstlichen Entscheidung, sondern die kirchenrechtliche Pflicht zum Gehorsam gegenüber dem Nachfolger Petri.

Die unterschiedlichen Auffassungen in der Beratungsscheinfrage werden darüber hinaus durch die Aktivitäten des Vereins »Donum vitae« auf unbestimmte Zeit verfestigt, weil künftig wohl zwei Arten »katholischer« Beratungstätigkeit existieren werden: die »offizielle« katholische Schwangerenberatung, die von den Bischöfen in ihren jeweiligen Diözesen ohne Beratungsschein angeboten wird, und die »inoffizielle« katholische Beratung des Vereins »Donum vitae«, die vom Zentralkomitee der deutschen Katholiken unterstützt wird. Die tiefe Zerrissenheit über den richtigen Weg in der Schwangerenberatung dauert sowohl unter den Gläubigen als auch unter ihren Hirten an.

In dieser Situation will das vorliegende Buch Antworten auf folgende Fragen geben:

- Wie ist die gesetzliche Regelung des Schwangerschaftsabbruchs in Deutschland einzuschätzen? Hat sich die Kirche an einem »Lebensschutzkonzept« oder an einer befristeten Freigabe der Abtreibung beteiligt? Welche Funktion hat der Beratungsschein im Rahmen der geltenden Abtreibungsregelung?
- Hat der Papst in der Sache richtig entschieden? War die Ausstellung von Beratungsscheinen tatsächlich eine Mitwirkung der Kirche an der Tötung ungeborener Kinder? Führte die Einbindung der Kirche in die staatliche Abtreibungsregelung zu einer »Verdunkelung des Zeugnisses der Kirche« oder ist der »Ausstieg« als »unterlassene Hilfeleistung« anzusehen?
- Wie kam es zur größten Kirchenkrise in Deutschland nach dem Zweiten Weltkrieg? Lag es an der »starrsinnigen Haltung Roms« oder an den deutschen Bischöfen selbst, die auf die Schreiben des Papstes nicht eingehen wollten? Wie verlief der innerkirchliche Entscheidungsprozess?
- Wie kann es weitergehen – in der katholischen Schwangerenberatung, im innerkirchlichen Streit und in der Auseinandersetzung zwischen Kirche und Staat?

Natürlich ist zu all diesen Fragen in den letzten Jahren schon vieles, aber auch viel Oberflächliches und Irreführendes geschrieben worden. Es fehlt nach wie vor an einer zusammenfassenden Analyse.

Um den Leser in die Lage zu versetzen, sich mit den Quellen der hier vertretenen Ansicht und auch der Gegenmeinung gezielt auseinandersetzen zu können, wurde der Text mit Anmerkungen versehen. Darüber hinaus sind im Anhang des Buches alle wichtigen Dokumente zu finden, die im »Streit um den Beratungsschein« von Bedeutung sind.

Würzburg, im Januar 2000

Rainer Beckmann

Teil I

Die Rechtslage zur Abtreibung in Deutschland

»Die katholische Kirche in Deutschland (...) hat bei aller Kritik an der Ausgestaltung des Gesetzes das Beratungskonzept akzeptiert, da es zielorientiert auf den Schutz des Kindes ausgerichtet ist. (...) Rechtlich ist die Sache klar. Mit dem Schein ist die Abtreibung nicht vorentschieden oder gar erlaubt, sie bleibt Unrecht und hängt allein von der Entscheidung der Mutter ab. Der Schein belegt nur, dass eine Beratung zum Schutz des gefährdeten Kindes stattgefunden hat; in der Logik des Beratungskonzeptes bleibt eine mögliche Abtreibung daher straffrei. (...) Ist letztlich für die Gegner des Verbleibs in der Konfliktberatung das ganze an die Stelle der Strafandrohung getretene Beratungsschutzkonzept der Stein des Anstoßes?«

Bischof Franz Kamphaus, Limburg

Seit fast 25 Jahren hat sich die katholische Kirche in Deutschland an der staatlichen Schwangerschaftskonfliktberatung beteiligt, zunächst im Rahmen der Indikationsregelung, seit der Neuregelung des Abtreibungsstrafrechts nach der Wiedervereinigung Deutschlands auch im Rahmen der »Beratungsregelung«. Sie wirkte hierbei an der Umsetzung eines konkreten staatlichen Konzepts mit, für dessen inhaltliche Ausgestaltung sie grundsätzlich nicht verantwortlich war und ist. Durch *Mitwirkung* entsteht aber auch *Mitverantwortung*. An erster Stelle ist deshalb zu klären, woran die Kirche mitgewirkt hat und welche Auswirkungen in rechtlicher und tatsächlicher Hinsicht ihre Beteiligung an der gesetzlichen Regelung hatte.[1]

1 Die nachfolgenden Ausführungen im Teil I sind bereits im Wesentlichen in meinem Beitrag »Der Schatten des Scheins auf dem Antlitz der Kirche«, in: Stefan Rehder (Hrsg.), Abschied vom Himmel – Im Spannungsfeld von Kirche und Welt, Aachen 1999, S. 121 ff., enthalten.

»Jeder hat das Recht auf Leben...«

1. Die »Logik« der Beratungsregelung

Die Schwangerschaftskonfliktberatung[2] ist Teil der gesetzlichen Regelung des Schwangerschaftsabbruchs, der so genannten »Beratungsregelung« bzw. des »Beratungskonzepts«. Das Wirken der katholischen Beratungsstellen im Rahmen der Schwangerschaftskonfliktberatung kann daher nicht vom »Beratungskonzept« isoliert betrachtet werden. Das diesem Teil des Buches vorangestellte Zitat von Bischof Franz Kamphaus[3] bringt das Problem auf den Punkt. Er argumentiert: Die Kirche hat das Beratungskonzept akzeptiert, weil es ein Lebensschutzkonzept ist. Der Beratungsschein sei nur eine Bestätigung für die Durchführung der lebensschützenden Beratung. Nach der Logik dieses Konzepts müsse man auch akzeptieren, dass die trotz Beratung durchgeführten Abtreibungen straflos bleiben. Kamphaus vermutet deshalb hinter der Forderung nach dem Ausstieg aus der Schwangerschaftskonfliktberatung eine grundsätzliche Ablehnung des »Beratungsschutzkonzepts«.

Und in der Tat, die Entscheidung über die Ausstellung des Beratungsscheins durch kirchliche Beratungsstellen steht und fällt mit der positiven oder negativen Einschätzung des »Beratungskonzepts«. Das Urteil über die *Mitwirkung* an einer Sache richtet sich eben nach der Sache selbst. Deshalb muss – auch wenn es einige juristische Ausführungen erfordert – zunächst dargelegt werden, auf welchen Grundannahmen das »Beratungskonzept« beruht, aus welchen einzelnen rechtlichen Komponenten es besteht und welche praktischen Auswirkungen es für ungeborene Kinder hat. Insbesondere ist natürlich darauf einzugehen, welche Funktion dem Beratungsschein im Rahmen der gesetzlichen Regelung zukommt.

2 Unter »Schwangerschaftskonfliktberatung« bzw. »Konfliktberatung« wird im Folgenden die mit diesem Begriff bezeichnete Beratung gem. §§ 5 ff. Schwangerschaftskonfliktgesetz (SchKG) verstanden. Über diese Art der Beratung muss gem. § 7 SchKG eine Bescheinigung ausgestellt werden, die als Voraussetzung für die Straffreiheit einer Abtreibung verwendet werden kann (vgl. §§ 218 a Abs. 1 Nr. 1 und 219 StGB).

3 SZ v. 2.9.1998.

Bereits 1993 hat das Bundesverfassungsgericht in seiner zweiten grundlegenden Entscheidung zur Abtreibungsproblematik[4] das »Beratungskonzept« akzeptiert. Seit dem 1. Oktober 1995 ist dieses Konzept die Grundlage für die Durchführung von Abtreibungen in Deutschland.[5] Die Grundkonzeption des »Beratungskonzepts« geht zwar davon aus, dass Abtreibungen unerwünscht sind und verhindert werden sollen. Der Schutz des ungeborenen Kindes soll jedoch in den ersten zwölf Wochen nach der Empfängnis nicht durch die Androhung von Strafe sondern über eine verpflichtende Beratung gewährleistet werden. Um aber zu erreichen, dass sich die Rat suchenden Frauen auf die Beratung einlassen, sollen Abtreibungen, die trotz Beratung erfolgen, keine negativen Auswirkungen haben.[6] Dies müsse als Preis dafür, dass das lebensschützende Beratungssystem effektiv gestaltet werden kann, hingenommen werden. Insgesamt könnten dadurch mehr ungeborene Kinder geschützt werden, als durch die Androhung von Strafe.

Eine solche Form des »rechtlichen« Schutzes zielt schon vom Ansatz her nicht darauf ab, das Recht auf Leben jedes einzelnen ungeborenen Kindes zu gewährleisten. Die rechtliche Folgenlosigkeit der Tötung ungeborener Kinder im »Beratungskonzept« führt zur Preisgabe des Lebensrechts in allen Fällen, in denen die Frau in der Beratung nicht zum Austragen des Kindes bewegt werden kann. Dies ist mit dem Gebot des individuellen Schutzes für das Recht auf Leben nicht vereinbar.[7] »*Jeder* hat das Recht auf Leben (…)« (Art 2 Abs. 2 Satz 1 Grundgesetz), nicht nur diejenigen ungeborenen Kinder, deren Mütter sich durch die Beratung von einer Abtreibung abhalten lassen.

Wie absurd ein solches Konzept für den individuellen Rechtsschutz ist, zeigt sich, wenn man versucht, es auf andere Rechtsbereiche zu übertragen. Was wäre denn von einem Recht auf

4 Urteil v. 28. Mai 1993, BVerfGE 88, 203 ff.

5 In der Ausgestaltung das »Schwangeren- und Familienhilfeänderungsgesetzes« vom 21.8.95, BGBl. I S. 1050.

6 Vgl. BVerfGE 88, S. 279 f.; Engelbert Niebler, Communio 23 (1994), S. 273 f.

7 Auch in BVerfGE 88, S. 203 (Leitsatz 2) u. S. 252 wird betont, dass sich die Schutzpflicht des Staates »auf das einzelne Leben« beziehe – ohne jedoch die erforderlichen Konsequenzen daraus zu ziehen.

Eigentum zu halten, das durch ein »Beratungskonzept« geschützt wird, demzufolge jeder, der im Sinne des Eigentumsschutzes beraten worden ist, sich fremde Gegenstände aneignen darf, ohne negative rechtliche Folgen befürchten zu müssen? Was in jedem anderen Gebiet des Rechtsgüterschutzes einleuchtet, wird beim Thema Abtreibung geleugnet: »Strafbefreiung bedeutet Deliktförderung«.[8]

Das »Beratungskonzept« ist daher prinzipiell ungeeignet, individuellen Rechtsschutz zu gewährleisten. Mit der bloßen Behauptung, insgesamt effektiver zu sein als eine Regelung, die Abtreibungen auch mit dem Mittel des Strafrechts verhindern will, wird im »Beratungskonzept« das Lebensrecht des einzelnen ungeborenen Kindes entwertet. *Sein* Recht auf Leben kommt nur noch als unselbstständiger Rechnungsposten eines Gesamtsaldos zum Tragen. Die Zusicherung, straffrei abtreiben zu dürfen, soll dazu führen, dass insgesamt weniger Abtreibungen stattfinden. Das einzelne ungeborene Kind wird dabei zugunsten der vermeintlichen Wirksamkeit der Gesamtregelung der Vernichtung preisgegeben.[9]

Derartige Überlegungen hat der Bundesgerichtshof noch in den 50er Jahren abgelehnt: »Der herrschenden, von der christlichen Sittenlehre her bestimmten Kulturanschauung widerspricht es, den für die Erhaltung von Sachwerten angemessenen Grundsatz des kleineren Übels anzuwenden und den rechtlichen Unwert der Tat nach dem sozialen Gesamtergebnis abzuwägen, wenn Menschenleben auf dem Spiel stehen«[10]. Auch das Bundesverfassungsgericht hat in seiner ersten Entscheidung zur Abtreibungsfrage im Jahr 1975 festgestellt: »Die pauschale Abwägung von Leben gegen Leben, die zur Freigabe der Vernichtung der vermeintlich geringeren Zahl im Interesse der Erhaltung der angeblich größeren Zahl führt, ist nicht vereinbar mit der Ver-

8 Norbert Martin, Forum Katholische Theologie 1999, S. 6.

9 Patrick Bahners fasst die »Logik« des Beratungskonzepts folgendermaßen zusammen: »Abtreibungen sollen regelmäßig stattfinden, damit sie im Einzelfall vermieden werden: Das ist die verquere Logik des Schutzes durch Beratung, also durch Zusicherung der Straffreiheit« (FAZ v. 22.2.99). Ähnlich Heinz-Joachim Fischer: »Schutz des Lebens, indem man »Verluste« in Kauf nimmt« (FAZ v. 7.7.99).

10 BGH NJW 1953, S. 513 f.

pflichtung zum individuellen Schutz jedes einzelnen konkreten Lebens. (...) Der Effizienz der Regelung im Ganzen darf der Grundrechtsschutz im Einzelnen nicht geopfert werden.«[11]

Was sich wohlklingend »Beratungskonzept« oder noch besser »Beratungsschutzkonzept« (siehe das Zitat von Bischof Kamphaus) nennt, ist daher nichts anderes als eine *befristete Freigabe der Tötung ungeborener Kinder.* Zwar ist diese mit der vagen Hoffnung verknüpft, ohne den Druck des Strafrechts über ein Beratungsangebot auch eine gewisse Anzahl von Kindern retten zu können. Konzeptbedingt kann aber jede Frau, die das Beratungsverfahren durchlaufen hat, frei und ohne Angst vor Strafe oder vor anderen negativen Konsequenzen über das Leben des Kindes entscheiden. In fast 97 Prozent aller statistisch erfassten Fälle[12] ist die einzige nennenswerte »Hürde«, die überwunden werden muss, um ein Kind bis zur zwölften Woche seines Lebens straflos töten zu dürfen, die Erlangung eines Beratungsscheines.

»...muß es möglich sein, (...) davon abzusehen, den nach Beratung vorgenommenen Schwangerschaftsabbruch (...) als Unrecht zu behandeln«

2. Unrecht ohne Unrechtswirkungen

Die Deutsche Bischofskonferenz, ihr Vorsitzender Bischof Karl Lehmann, und praktisch alle anderen Befürworter der Mitwirkung bei der Schwangerschaftskonfliktberatung berufen sich darauf, dass auch die »beratenen Abbrüche« *rechtswidrig* blieben. Die Kirche wirke deshalb nicht an der Rechtfertigung von Abtreibungen mit. Die Tötung des ungeborenen Kindes werde im Beratungskonzept zwar nicht bestraft, bleibe aber Unrecht.[13] Diese Auffassung entspricht – auf den ersten Blick – auch der Rechtsprechung des Bundesverfassungsgerichts. In seiner Ent-

11 BVerfGE 39, S. 58 f.
12 Der Anteil der Abtreibungen nach der »Beratungsregelung« betrug lt. Bundesstatistik 1998 96,7 Prozent.
13 Siehe dazu unten Teil I, Kap. 9.

scheidung von 1993 haben die Karlsruher Richter formal daran festgehalten, dass Abtreibungen, die nicht durch eine Indikation gerechtfertigt sind, aus »unverzichtbaren rechtsstaatlichen Grundsätzen nicht für rechtmäßig erklärt werden« dürfen und daher »Unrecht« bleiben.[14] Der Gesetzgeber hat dies auch insoweit berücksichtigt, als vorgeburtliche Kindestötungen nach der »Beratungsregelung« zwar nicht mehr strafbar sind, andererseits aber auch nicht ausdrücklich für rechtmäßig erklärt wurden.[15]

Die angebliche »Rechtswidrigkeit« der Abtreibung hat jedoch keinerlei negative Wirkungen. Im Gegenteil: Der Gesetzgeber folgt dem Bundesverfassungsgericht darin, alle typischen Unrechtswirkungen bei »beratenen Abtreibungen« auszuschließen. Die »Besonderheiten des Beratungskonzepts« verlangen es angeblich, »davon abzusehen, den nach Beratung vorgenommenen Schwangerschaftsabbruch, obwohl er nicht gerechtfertigt ist, als Unrecht zu behandeln«.[16] Im Klartext heißt dies, dass im Falle der Tötung ungeborener Kinder *Unrecht* nicht wie Unrecht, sondern wie *Recht* behandelt wird. Schlimmer kann man in einem »Rechtsstaat« mit einem Höchstwert der Verfassung, dem Recht auf Leben, nicht umgehen. Gemäß der Rechtsprechung des Bundesverfassungsgerichts und den gesetzlichen Bestimmungen zum »Schwangerschaftsabbruch« bleiben vorgeburtliche Kindestötungen nicht nur straflos, sondern werden durch folgende Regelungen *rechtlich gebilligt, sozialstaatlich gefördert* und zum Gegenstand eines *staatlichen Sicherstellungsauftrages* gemacht:

- Die Nothilfe zugunsten des ungeborenen Kindes soll ausgeschlossen sein.[17]
- Der auf die Tötung des ungeborenen Kindes gerichtete Arztvertrag soll rechtswirksam sein.[18]
- Die gesetzlichen Krankenkassen bezahlen bei Abtreibungen

14 Vgl. BVerfGE 88, S. 203 (Leitsatz 4 u. 15), 207, 274.

15 Als rechtliche Konstruktion wurde ein sog. »Tatbestandsausschluss« gewählt (siehe § 218 a Abs. 1 StGB: »Der Tatbestand des § 218 ist nicht verwirklicht, wenn (…)«).

16 BVerfGE 88, S. 280.

17 Vgl. BVerfGE 88, S. 279; BT-Drs. 13/1850, S. 25. Nicht einmal der eigene Vater darf bei drohender Abtreibung eingreifen, um das Leben seines Kindes zu retten!

18 Vgl. BVerfGE 88, S. 279 u. 295 f.

generell die Voruntersuchungen und komplikationsbedingte Nachbehandlungen.[19]

- Bei Bedürftigkeit werden die Kosten der Abtreibung vollständig übernommen[20], wobei die Abwicklung über die Krankenkassen erfolgt[21].
- Die Arbeitgeber sind zur Lohnfortzahlung verpflichtet[22].
- Die Länder haben ein ausreichendes Angebot an Abtreibungseinrichtungen sicherzustellen[23].

Die Entscheidung des Bundesverfassungsgerichts zum »bayerischen Sonderweg« in Sachen Abtreibung vom 27. Oktober 1998[24] geht sogar noch weiter und erklärt die angeblich »rechtswidrige« Tötung ungeborener Kinder zum Gegenstand der ärztlichen Berufsfreiheit (Art. 12 Abs. 1 Grundgesetz).[25] Aus dem zunächst von allen Unrechtswirkungen befreiten »Unrecht« der Tötung ungeborener Kinder, ist damit sogar ein Grundrecht geworden. Darüberhinaus wird in dieser Entscheidung den Ländern untersagt, die Tätigkeit von Ärzten im Bereich Abtreibungen mengenmäßig zu beschränken. Nutznießer dieser Rechtsprechung sind Ärzte, die sich überwiegend mit Abtreibungen den Lebensunterhalt verdienen. Einer derjenigen, die in Karlsruhe die bayerischen Ergänzungsgesetze zur Abtreibungsregelung zu Fall brachten, ist ein Arzt, der sich vor dem Sonderausschuss »Schutz des ungeborenen Lebens« des Bundestages bereits 1991 damit brüstete, 32.000 Abtreibungen durchgeführt zu haben.[26]

19 Vgl. § 24 b Abs. 3 SGB V (BT-Drs. 13/1850, S. 8). Nur die unmittelbaren Abtreibungsleistungen werden von den Krankenkassen gem. § 24 b Abs. 4 SGB V nicht übernommen. Vgl. auch BVerfGE 88, S. 321.

20 Vgl. BVerfGE 88, S. 321; BT-Drs. 13/1850, S. 9 (»Gesetz zur Hilfe für Frauen bei Schwangerschaftsabbrüchen in besonderen Fällen«). Im Jahr 1997 erfolgte in durchschnittlich 75 Prozent aller Fälle eine Kostenerstattung. Vgl. Theo Rauschen in: Johannes Reiter (Hrsg.), Der Schein des Anstoßes, Freiburg 1999, S. 147.

21 Vgl. BT-Drs. 13/1850, S. 9. Die Betroffenen müssen Abtreibungen daher weiterhin als Teil der öffentlichen Gesundheitsfürsorge empfinden.

22 Vgl. BVerfGE 88, S. 322 ff. Hierdurch werden die eigentlich unbeteiligten Arbeitgeber zu »Komplizen des Unrechts wider Willen« (Wolfgang Philipp, ZfL 1996, S. 54).

23 Vgl. § 13 Abs. 2 SchKG.

24 BVerfGE 98, S. 265 ff.

25 Vgl. BVerfGE 98, S. 297. Zu den Einzelheiten der Entscheidung vgl. Rainer Beckmann, ZfL 1998, S. 38 ff. und MedR 1999, S. 138 ff.

26 Vgl. Deutscher Bundestag, 12. Wahlperiode, Sonderausschuss »Schutz des ungeborenen Lebens«, Protokoll der 5. Sitzung v. 14.11.91, S. 212.

Inzwischen dürfte er allein mindestens 50.000 ungeborene Kinder getötet haben. Nicht die Sorge um das Lebensrecht der ungeborenen Kinder prägt die Rechtsprechung des Bundesverfassungsgerichts zum »Schwangerschaftsabbruch«, sondern die Rücksichtnahme auf die Berufsinteressen gewerbsmäßiger Abtreiber.

In einem Interview für die Zeitung »Neue Bildpost« hat der unmittelbar an den Verhandlungen zum Gesetzeskompromiss 1995 beteiligte CSU-Bundestagsabgeordnete Dr. Gerhard Scheu erklärt, dass aus seiner Sicht des Beratungskonzepts der Arzt eine Schutzfunktion für das ungeborene Kind übernehmen sollte. Der Arzt hätte nach Darlegung der Gründe durch die Frau eine Entscheidung darüber treffen sollen, ob er die Abtreibung nach seinem ärztlichen Selbstverständnis verantworten könne. Das Bundesverfassungsgericht habe aber mit dem Verbot an die Länder, entsprechende berufsrechtliche Regelungen zu treffen, diesen Schutzansatz in sein Gegenteil verkehrt. Das Bundesverfassungsgericht habe »zugelassen, dass Ärzte ungeborene Kinder straffrei am Fließband töten können, ohne sich durch Darlegung von Gründen länger damit aufhalten zu müssen, ob sie den Abbruchakt vor ihrem Selbstverständnis und dem ärztlichen Gelöbnis verantworten können.« Seine Konsequenz: »In einem System des Verfassungsunrechts, wie wir es jetzt haben, kann die Kirche meiner Meinung nach nicht verbleiben.«[27]

»...für den normalen Bürger nicht mehr zu verstehen«

3. Die Zerstörung des Rechtsbewusstseins

Bereits durch die ausufernde Handhabung der früheren Indikationsregelung war das Bewusstsein vom Wert und der Würde des ungeborenen Kindes schwer beschädigt worden.[28]

27 Neue Bildpost v. 18.2.99.

28 In den 80er Jahren glaubten 66 Prozent der Bevölkerung, dass Abtreibungen grundsätzlich erlaubt seien. Vgl. Renate Köcher, »Schwangerschaftsabbruch – Betroffene Frauen berichten«, in: Aus Politik und Zeitgeschichte (Beilage zur Wochenzeitung Das Parlament) Nr. B 14/90, 30.3.1990, S. 32.

Durch die jetzige gesetzliche Regelung und die Rechtsprechung des Bundesverfassungsgerichts wurde das Unrechtsbewusstsein hinsichtlich vorgeburtlicher Kindestötungen praktisch völlig zerstört. Die Beratungsregelung »ermöglicht von der Willkür abhängige Handlungen, die sich gegen Wehrlose richten«.[29] Wie soll ein solches »Schutzkonzept« das öffentliche Gewissen schärfen? Eine Regelung, die Abtreibungen zwar als rechtswidrig bezeichnet, aber die Notwehr zugunsten des ungeborenen Kindes ausschließt, den Arztvertrag für rechtmäßig erklärt und den Staat zur Bereitstellung von Abtreibungseinrichtungen verpflichtet, ist »für den normalen Bürger nicht mehr zu verstehen«.[30] Im Bewusstsein der Bürger ist schon etwas, das nicht bestraft wird, erlaubt.[31] Um so schlimmer muss sich die geltende Abtreibungsregelung auf das Rechtsbewusstsein auswirken. Wie soll eine Frau zu der Auffassung gelangen, sie begehe durch eine Abtreibung schweres Unrecht, wenn sie nach einem Beratungsgespräch zu einem Arzt in Wohnortnähe gehen kann, der »legal« die »Schwangerschaft abbricht«, die Krankenkasse oder die Sozialhilfe die Kosten übernimmt und bei einer eventuellen Arbeitsunfähigkeit der Arbeitgeber »vollen Lohnausgleich« gewährt? Gegen dieses umfassend rechtlich abgesicherte System der Unterstützung und Billigung von Abtreibungen müssen die gelegentlich noch vernehmbaren Appelle an das Verantwortungsbewusstsein des Einzelnen ohne Wirkung bleiben.

»Das Rechtsbewusstsein wird durch widersprüchliche rechtliche Bewertungen verunsichert«[32] – das ist eine Erkenntnis, die von den Richtern des Bundesverfassungsgerichts nicht nur zu Papier gebracht, sondern auch hätte beherzigt werden sollen. Das in sich widersprüchliche Urteil des Gerichts zur »Beratungsre-

29 Karl Lenzen, Theologisches 1998, Sp. 210.

30 So Albin Eser (Herderkorrespondenz 4/98, S. 179), der gleichwohl die weitere Mitwirkung der Kirche an der Schwangerschaftskonfliktberatung befürwortet.

31 Vgl. BVerfGE 39, S. 58. Auch der Sozialdienst katholischer Frauen (SkF) hat noch vor wenigen Jahren diesen Zusammenhang erkannt: »Verzicht auf Strafbewehrung führt zur Legalität des Schwangerschaftsabbruchs; die eigentliche Frage um Leben oder Tod des Kindes wird verdrängt und das Unrechtsbewusstsein in der Bevölkerung schwindet« (vgl. Deutscher Bundestag, 12. Wahlperiode, Sonderausschuss »Schutz des ungeborenen Lebens«, Ausschuss-Drs. Nr. 25, S. 4).

32 BVerfGE 88, S. 278.

gelung« ist jedenfalls nicht geeignet, dem Rechtsbewusstsein Orientierung zu geben.[33] Wenn das Verfassungsgericht zu allem Überfluss auch noch die »wachgehaltene Orientierung über die verfassungsrechtlichen Grenzen von Recht und Unrecht« als eine Wirkungsbedingung des »Beratungskonzepts« beschreibt[34], führt es die eigene Argumentation vollends ad absurdum.

Die Verpflichtung des Staates, »den rechtlichen Schutzanspruch des ungeborenen Lebens im allgemeinen Bewusstsein zu erhalten und zu beleben«[35], ist angesichts der entgegengesetzten realen Wirkungen des »Beratungskonzepts« von vornherein zum Scheitern verurteilt. Entsprechende Programme oder Kampagnen sind seit der Neuregelung des Abtreibungsstrafrechts auch nicht zu bemerken gewesen. Wenn dann auch noch die katholische Kirche mit ihren »strengen Moralvorstellungen« an der Umsetzung des »Beratungskonzepts« mitwirkt, ist nicht damit zu rechnen, dass Abtreibungen von den Bürgerinnen und Bürgern als schwerwiegende Verletzungen der Menschenwürde aufgefasst werden.

»…obwohl sie die Gründe, die sie zum Schwangerschaftsabbruch bewegen, nicht genannt hat«

4. Beratung: »ergebnisoffen« und ohne Pflicht zur Darlegung der Gründe

Wie ist es aber mit der Beratung bestellt? Sie ist der Kern des »Beratungskonzepts«, hat ihm seinen Namen gegeben und soll an Stelle des Strafrechts den Schutz des ungeborenen Kindes gewährleisten.

33 Vgl. Rainer Beckmann, Abtreibung in der Diskussion, 3. Aufl. Krefeld 1998, S. 102 ff.

34 Vgl. BVerfGE 88, S. 268. Siehe auch ebd. S. 320: »Nur wenn das Bewusstsein von dem Recht des Ungeborenen auf Leben wach erhalten wird, kann die unter den Bedingungen der Beratungsregelung von der Frau zu tragende Verantwortung an diesem Recht ausgerichtet und prinzipiell geeignet sein, das Leben des ungeborenen Kindes zu schützen.«

35 BVerfGE 88, S. 204 (Leitsatz 4), S. 261.

Die inhaltliche Ausrichtung der Beratung richtet sich nach § 219 StGB und nach dem »Gesetz zur Vermeidung und Bewältigung von Schwangerschaftskonflikten« (Schwangerschaftskonfliktgesetz – SchKG). Die grundsätzlich positiven Formulierungen in § 219 StGB (s. Anhang) werden durch das SchKG entscheidend relativiert. Die einzigen für die inhaltliche Ausrichtung der Beratungstätigkeit maßgeblichen Sätze in § 5 SchKG lauten: »Die nach § 219 des Strafgesetzbuches notwendige Beratung ist ergebnisoffen zu führen. Sie geht von der Verantwortung der Frau aus. Die Beratung soll ermutigen und Verständnis wecken, nicht belehren oder bevormunden. Die Schwangerschaftskonfliktberatung dient dem Schutz des ungeborenen Lebens.«

An erster Stelle geht es also darum, die Beratung »ergebnisoffen zu führen«. Die Beratung bleibt nicht nur »im Ergebnis offen«, sondern soll »ergebnisoffen geführt« werden. Das ist ein wichtiger Unterschied. Der Gesetzgeber will nicht allein die unbestreitbare Tatsache beschreiben, dass man vor oder am Beginn einer Beratung nie weiß, zu welcher Entscheidung die Ratsuchende letztlich gelangen wird. Wäre diese Selbstverständlichkeit gemeint, dann hätte man darüber kein Wort verlieren müssen. Das Gesetz verlangt vielmehr, dass bereits das Beratungsgespräch ergebnisoffen *zu führen* ist. Das kann hier nur so gedeutet werden, dass im Verlauf der Beratung kein bestimmtes »Ergebnis« angestrebt werden soll. Damit wird der Verfolgung eines klaren Beratungsziels eine Absage erteilt.[36]

Um den Sinn der »Ergebnisoffenheit« richtig verstehen zu können, muss man den Kontext der Regelung einbeziehen. Der Gesetzgeber geht von der Entscheidungsfreiheit der Schwangeren über Leben und Tod des Kindes aus. In der Gesetzesbegründung zum Schwangerschaftskonfliktgesetz heißt es, die Beratung müsse »(…) geeignet sein, der Frau die Einsichten und Informationen zu vermitteln, deren sie für eine verantwortli-

36 Genau genommen ist von einem Beratungsziel im Gesetz auch keine Rede. Die Formulierung, die Schwangerenkonfliktberatung »dient dem Schutz des ungeborenen Lebens« (§ 5 Abs. 1 S. 3 SchKG) stellt lediglich die *Behauptung* auf, dass die Beratung dem Lebensschutz diene. Ob dies tatsächlich der Fall ist, hängt von ihrer konkreten Ausgestaltung ab.

che Entscheidung über die Fortsetzung oder den Abbruch der Schwangerschaft bedarf«.[37] *Fortsetzung* oder *Abbruch* – das sind die Alternativen, zwischen denen die Frau wählen können soll, wobei die Gründe der Frau keiner Bewertung unterzogen und ihre Entscheidung nicht mit Sanktionen belegt wird.[38] Genau dieser Freiraum der Entscheidung *für* oder *gegen* das Kind charakterisiert die »ergebnisoffene« Beratung.[39]

Wie ernst der Gesetzgeber die Beratung wirklich nimmt, wird daran deutlich, dass sich die Frau nicht einmal auf ein ernsthaftes Beratungsgespräch einlassen muss. Gemäß § 5 Abs. 2 Nr. 1 SchKG wird lediglich »erwartet«, dass die schwangere Frau »die Gründe mitteilt, derentwegen sie einen Abbruch der Schwangerschaft erwägt«. Erfüllt sich diese Erwartung nicht, muss dennoch eine Beratungsbescheinigung ausgestellt werden, obwohl eine eigentliche Beratung – unter Einbeziehung der potentiellen Abtreibungsgründe – gar nicht stattgefunden hat! Vom Bundesverfassungsgericht wurde in der bereits erwähnten Entscheidung aus dem Jahr 1998 nochmals klargestellt, dass die Frau weder beim Arzt noch in der Sozialberatung ihre Gründe offenbaren muss: »Die Schwangere soll wissen, dass sie nach Bundesrecht die Beratungsbescheinigung nach § 7 SchKG erhalten kann, obwohl sie die Gründe, die sie zum Schwangerschaftsabbruch bewegen, nicht genannt hat.«[40]

An dieser Stelle wird erkennbar, dass das Gesetz in Wahrheit nur eine *Anwesenheitspflicht,* aber keine echte Beratungspflicht enthält. Das passive Zurkenntnisnehmen von gewissen Hinweisen auf Rechtsansprüche von Mutter und Kind reicht letztlich aus, um eine Beratungsbescheinigung zu erhalten. Die Beratungsstellen sind nicht verpflichtet, die Gründe für das Abtreibungsverlangen aufzuklären. Die »Beratungspflicht« ist deshalb

37 BT-Drs. 13/1850, S. 20.

38 Vgl. BVerfGE 88, S. 285.

39 Bereits am Tag nach der Verabschiedung der Beratungsvorschriften hat die damalige hessische Frauen- und Sozialministerin Barbara Stolterfoth (SPD) geäußert: »Im Kern darf die Frau selbst entscheiden, ob sie eine Schwangerschaft austragen will oder nicht, (…). Gut ist, dass das Ziel dieser Beratung nicht mehr vorgeschrieben ist, die ist ergebnisoffen« (Interview im Deutschlandfunk, 30. Juni 1995).

40 BVerfGE 98, S. 325.

– von den gesetzlichen Vorgaben her betrachtet – nur ein Feigenblatt dafür, dass das Leben der ungeborenen Kinder durch das »Beratungsschutzkonzept« der freien Entscheidungsbefugnis der Frau ausgeliefert wird. In vielen Fällen steht hinter dem Abtreibungsverlangen der Frau aber der Druck des Kindsvaters, gelegentlich auch der Eltern der Schwangeren oder anderer Personen. Letztlich wirkt sich das Gesetz dann gar nicht zugunsten der Entscheidungsfreiheit der Frau, sondern zugunsten eines hilfsunwilligen sozialen Umfelds aus.

Darüber hinaus enthalten die Ausführungsbestimmungen des Schwangerschaftskonfliktgesetzes über Inhalt und Durchführung der Beratung (§§ 5 u. 6 SchKG) keine konkreten Vorgaben für die Beratungspraxis. Verbindliche Anweisungen, welche Informationen, Hilfsangebote oder rechtlichen Erwägungen in der Beratung anzusprechen oder zu vermitteln sind, fehlen. Zu denken wäre vor allem an Informationen über das Leben vor der Geburt, Bilder und gegebenenfalls Filmaufnahmen von ungeborenen Kindern – aber auch an eine realistische Darstellung des Geschehens bei einer Abtreibung. Wer umfassend und vollständig beraten und eine fundierte Entscheidung ermöglichen will, darf wichtige Umstände, die bei einer Abtreibung eine Rolle spielen, nicht verschleiern oder der Frau vorenthalten. Da das Gesetz aber keine entsprechenden Vorschriften enthält, bleibt es der einzelnen Beraterin bzw. dem Berater überlassen, wie die Beratung konkret gestaltet wird.

Nimmt man die gesetzliche Schweigepflicht[41] der Berater und Beraterinnen noch hinzu, ergibt sich insgesamt ein merkwürdiges Bild der gesetzlich vorgesehenen Beratung:

- Im Regelfall wird den Gründen für die erwogene Abtreibung nachgegangen und die Beratung mit dem Beratungsnachweis bestätigt.
- Ergeben sich im Gespräch Hinweise darauf, dass die Schwangere von anderen zur Abtreibung gedrängt wird, muss die Beraterin über ihre Erkenntnisse Stillschweigen bewahren und ebenfalls den Beratungsschein ausstellen.

41 Vgl. § 203 Abs. 1 Nr. 4 a StGB.

– Findet die Beratung gänzlich »im luftleeren Raum« statt, weil die Gründe für den Abtreibungswunsch nicht zur Sprache kommen, muss trotzdem ein Beratungsschein ausgestellt werden.

Ob nun die Beratung tatsächlich eine Hilfe für die Frau ist oder nicht, spielt für das Ergebnis offenbar keine Rolle. »Der tatsächliche Zweck der Beratung, der im Zweifel vorgeht, ist die Ausstellung des Scheins.«[42]

»...ein staatlich organisiertes und weitgehend auch staatlich finanziertes Tötungssystem«

5. Legalisierung der Tötung ungeborener Kinder

Als Zwischenbilanz dieser Darstellung der Rechtslage ist festzuhalten, dass das geltende Recht nicht »Mängel« oder »Defizite«aufweist, sondern schon vom Ansatz her verfehlt ist. Die gesetzliche Regelung geht weit über die bloße Straflosstellung von Abtreibungen hinaus. Es befreit die verfassungswidrige Tötung ungeborener Menschen nicht nur von Strafe, sondern gewährleistet diese Tötungshandlungen in einem flächendeckenden Netz von Abtreibungseinrichtungen, setzt auf die Mitwirkung der Ärzte bei diesem Unrecht und korrumpiert das Rechtsbewusstsein der Bürger.[43] Die Beratung kann deshalb den Wegfall des Rechtsschutzes prinzipiell nicht ausgleichen. Sie ist außerdem so konzipiert, dass ein nennenswerter lebensschützender Effekt nicht erwartet werden kann. Weil im Rahmen der gesetzlichen Bestimmungen nicht einmal die Gründe für den Abtreibungswunsch zur Sprache kommen müssen, ist es ein Etikettenschwindel, überhaupt von einer »Beratungsregelung« zu sprechen. Bei Licht besehen handelt es sich nicht um ein »Schutzkonzept« für ungeborene Kinder, sondern um ein staatlich organisiertes und weitgehend auch staatlich finanziertes Tötungssystem.

42 Patrick Bahners, FAZ v. 22.2.99.
43 Vgl. Memorandum der Juristen-Vereinigung Lebensrecht e. V., ZfL 1998, S. 42.

Sachlich unterscheidet sich die »Beratungsregelung« in den wesentlichen Punkten nicht von einer »Fristenregelung«. Bereits die 1974 beschlossene und vom Bundesverfassungsgericht 1975 verworfene Fristenregelung sah für willkürliche Tötungshandlungen in den ersten zwölf Wochen nach der Empfängnis Straffreiheit vor und verfolgte das Ziel, über eine an die Stelle der Strafdrohung tretende Pflichtberatung eine Senkung der Abtreibungszahlen zu erreichen.[44] Das geltende Recht entspricht diesem Konzept, auch wenn es in der Formulierung der Beratungsvorschriften graduelle, aber im Ergebnis nicht durchgreifende Verbesserungen aufweist. »Das Gesetz beinhaltet genau besehen eine Fristenregelung nicht mit Beratungspflicht, sondern mit Beratungsangebot und Scheinberatungs- oder Beratungsscheinpflicht. Die Ausstellung der Beratungsbescheinigung ist dabei offenbar das Wichtigste. Die Beratung im eigentlichen Sinne ist letztlich verzichtbar, nicht aber die Bescheinigung, die den straffreien tötenden Eingriff ermöglicht.«[45]

Wer sich einredet, wie etwa die Verantwortlichen des Vereins »Donum vitae«[46], dass durch die »Beratungsregelung« eine »reine« Fristenlösung habe verhindert werden können, streut sich Sand in die Augen. Ob es sich um eine »reine« oder »modifizierte« Fristenregelung handelt, spielt für die rechtliche Einordnung – und die tatsächliche Wirksamkeit im Sinne des Schutzes ungeborener Kinder – keine entscheidende Rolle. Im Vergleich zu anderen Staaten, z. B. den USA oder Großbritannien, stellen die in Deutschland bestehenden Beratungsvorschriften sicher einen gewissen Fortschritt dar. Sie ändern aber den Charakter der Regelung nicht. Jede Frau, die ihr Kind nicht haben will, hat innerhalb der ersten zwölf Entwicklungswochen des Kindes in

44 Vgl. BT-Drs. 7/375, BVerfGE 39, S. 15.

45 Bernward Büchner, DT v. 14.9.95. Vgl. auch Beckmann, Fristenregelung mit Beratungsangebot – Anspruch und Wirklichkeit der neuen Abtreibungsregelung, ZfL 1995, S. 24 ff.

46 In der »Selbstdarstellung« des Vereins, verbreitet im Internet unter www.donumvitae.org. Vgl. ferner ZdK-Präsident Hans-Joachim Meyer: In Deutschland sei eine Fristenlösung »im Wechselverhältnis von Parlament und Verfassungsgericht und durch den aktiven Einsatz von Christen verhindert worden« (Presseerklärung zur Gründung von »Donum vitae« am 24.9.99 in Fulda). Ähnlich Bischof Reinhard Lettmann, Brief vom 24.11.99 an die Katholiken des Bistums Münster.

Deutschland de facto den gleichen ungehinderten Zugang zur Abtreibung wie in Ländern mit »reiner Fristenregelung«. Dies ergibt sich nicht nur aus den einzelnen rechtlichen Bestimmungen und ihrer praktischen Anwendung, sondern kann auch aus dem Verhalten der jetzigen Regierungskoalition geschlossen werden. In der Koalitionsvereinbarung vom 20. Oktober 1998 für den Regierungswechsel findet sich zur Regelung des Schwangerschaftsabbruchs – eines der großen linken Kampfthemen seit Anfang der 70er Jahre – kein Wort, obwohl die SPD seit dieser Zeit immer eine Fristenregelung und die Grünen sogar eine Streichung des § 218 StGB angestrebt haben. Offenbar ist man mit der »Beratungsregelung« zufrieden, weil sie den Wirkungen einer Fristenregelung voll entspricht.

Die Umbenennung der Fristenlösung in »Beratungsregelung« hat es dem Bundesverfassungsgericht 1993 wesentlich erleichtert, nunmehr einem Konzept zuzustimmen, das es noch 1975 als verfassungswidrig abgelehnt hatte.[47] Beschönigender und verschleiernder Sprachgebrauch – wie »Beratungsregelung«, »straffrei aber rechtswidrig« u. ä. – gehört zu den wohl unvermeidbaren Begleiterscheinungen einer »Kultur des Todes«:

- man bezeichnet »beratene Abtreibungen« zwar als Unrecht, behandelt sie aber wie Recht;
- die Tötungschemikalie »RU 486« wird als »Arzneimittel« zugelassen;
- die Erlaubnis, das eigene Kind töten lassen zu können, wird als »Schutzkonzept« angepriesen.

George Orwell lässt grüßen. Er hat in seinem Roman »1984« eindringlich beschrieben, wie die Machthaber eines totalitären Staates versuchen, durch »Sprachregelungen« die Kontrolle über die Gedanken ihrer Untertanen zu gewinnen.[48] In der Demokratie ist es offenbar nicht anders.

47 Vgl. BVerfGE 39, 1 ff.
48 Zur Manipulation durch Sprache beim Thema Abtreibung siehe auch Beckmann (Anm. 33), S. 139 ff.

Berechtigungsschein für straffreie Abtreibungen

6. Die Funktion des Beratungsscheines

Die Kirche hat sich an der staatlichen Abtreibungsregelung durch Beratungsstellen beteiligt, die »zum Leben« hin beraten und Beratungsbescheinigungen ausstellen. Das Ziel, durch die Beratung ungeborene Kinder vor der Tötung zu bewahren, war und ist als solches nicht umstritten, wohl aber die Ausstellung des Beratungsscheines.

Welche Funktion hat der Beratungsschein im Rahmen der »Beratungsregelung«? Nach Auffassung der Befürworter einer Mitwirkung katholischer Beratungsstellen an der staatlichen Schwangerschaftskonfliktberatung bestätigt der Beratungsschein lediglich eine am Lebensschutz ausgerichtete Beratung (»Dokumentationsfunktion«) und sichert damit die Beratungs*pflicht*. Die katholische Kirche wirke deshalb nur an der Durchsetzung der Pflichtberatung mit, die dem Lebensschutz dienen soll.[49]

Die Verfechter dieser Auffassung übersehen oder verschweigen jedoch die mit der Beratungsbescheinigung verbundenen negativen rechtlichen und tatsächlichen Wirkungen. Die Tötung eines ungeborenen Kindes durch einen Arzt innerhalb der ersten zwölf Lebenswochen bleibt nach den gesetzlichen Bestimmungen für alle Beteiligten straflos, wenn die Schwangere dem Abtreiber durch eine Bescheinigung nachgewiesen hat, dass sie sich mindestens drei Tage vor der Abtreibung hat beraten lassen. Hierdurch wird die Tötung des ungeborenen Kindes wesentlich erleichtert. Diese im Gesetz selbst verankerte Wirkung des Beratungsscheins gem. § 218 a Abs. 1 Nr. 1 StGB stellt den entscheidenden Streitpunkt dar.[50]

49 Vgl. z. B. Walter Bayerlein, RM v. 22.11.96; Johannes Reiter, Ethik in der Medizin 1998, S. 2; Niebler (Anm. 6), S. 284; Bischof Franz Kamphaus, SZ v. 2.9.98; Bericht der »Arbeitsgruppe Schwangerschaftskonfliktberatung« der Deutschen Bischofskonferenz v. 24.2.99 (zit. »AG-Bericht«), S. 10 f. u. 25; Deutscher Caritasverband (Hrsg.), 15. Erhebung »Beratung in anerkannten katholischen Schwangerschaftskonflikt- und Schwangerschaftsberatungsstellen, Zeitraum 1993-1997, Freiburg 1998 (zit. »15. Erhebung«), S. 27.

50 Im Brief des Papstes vom 11. Januar 1998, Ziff. 7, wird dies zu Recht als »Schlüsselfunktion« des Scheines bezeichnet (s. Anhang, S. 205).

Nur wegen seiner Funktion als *Berechtigungsschein* oder »Gutschein«[51] für die straflose Tötung des ungeborenen Kindes steht und stand der Beratungsschein in der Kritik.[52]

Die Funktion des Beratungsscheines kann besonders gut an seinen *praktischen Wirkungen* veranschaulicht werden. Wenn die Frau den Beratungsschein erhalten hat, dann kann sie – wie bereits geschildert – zu einem Arzt oder einer Einrichtung in Wohnortnähe gehen und einen rechtlich wirksamen Vertrag über die Tötung des Kindes abschließen. Niemand darf sie oder den Arzt daran hindern, diesen Vertrag zu vollziehen (Ausschluss der Nothilfe). Keiner der Beteiligten (Arzt, Frau etc.) darf für die Tötung des Kindes – für die besondere Gründe (Indikationen) nicht vorliegen müssen – bestraft werden. Die Finanzierung wird über die Krankenkassen abgewickelt, die auch zumindest einen Teil der Kosten übernehmen. Sollte die Frau »bedürftig« sein, übernimmt der Staat die Kosten insgesamt. Während der Zeit einer eventuellen Arbeitsunfähigkeit aufgrund des Eingriffs ist der Arbeitgeber zur Lohnfortzahlung verpflichtet.

All dies sind die »segensreichen Wirkungen«, die das angebliche »Beratungsschutzkonzept« kennzeichnen. Sie knüpfen unmittelbar an der Vorlage eines Beratungsscheines an, egal von welcher Stelle, in welcher Formulierung und mit welcher subjektiven Intention die Beratungsbescheinigung ausgestellt worden ist.

»Der Schein dokumentiert lediglich die Beratung«

7. Die Einwände der Scheinbefürworter

Die Befürworter einer Mitwirkung katholischer Beratungsstellen an der staatlichen Schwangerschaftskonfliktberatung haben gegen diese Qualifizierung des Beratungsscheines verschiedene

51 Giovanni B. Sala, Theologisches 1999, Sp. 534.

52 Wenn die Frau den Beratungsschein allein zur Dokumentation der Beratung verwenden könnte, wäre er kein Stein des Anstoßes. In dieser Funktion wäre der Schein allerdings nutzlos, denn niemand hätte Interesse an einer solchen Bescheinigung.

Einwände erhoben, die sich bei kritischer Würdigung jedoch als nicht stichhaltig erweisen:

- *Der Beratungsschein stelle keine Rechtfertigung der Abtreibung dar.*[53]
  Dies ist nur rein formal und oberflächlich betrachtet zutreffend. Wie bereits dargelegt, werden »beratene Abtreibungen« nicht wie Unrecht, sondern wie Recht behandelt. Der Schein hat damit objektiv doch die Funktion eines Berechtigungsscheines. Der Begriff »Tötungslizenz«, den Erzbischof Johannes Dyba geprägt hat[54] und für den er vielfach kritisiert worden ist, stellt eine sprachlich zugespitzte, aber in der Sache durchaus zutreffende Bewertung der tatsächlichen Funktion des Beratungsscheins dar. Die Kritik von Kardinal Wetter an dieser Bezeichnung, sie sei »irreführend und falsch« und stelle »eine Beleidigung unserer Beraterinnen dar, die sich ganz für das Leben einsetzen«[55], verkennt ihre Zielrichtung: die Bemerkung Dybas bezieht sich nicht auf die subjektive Einstellung der Beraterinnen, sondern auf die objektiven gesetzlichen Wirkungen des Beratungsscheins. Auch der Papst hebt in seinem Brief vom 11. Januar 1998 den guten Willen der Beraterinnen hervor, betont aber die »objektive Bedeutung« des Beratungsscheines, der »ein notwendiges Dokument für die straffreie Abtreibung« ist[56].
- *Der Schein sei gar keine notwendige Voraussetzung für die Straffreiheit der Frau. Die Frau bleibe »auch ohne Beratungsbescheinigung nach erfolgter Beratung bei einem Abbruch durch den Arzt innerhalb von 22 Wochen straflos«.*[57]
  Dies sieht § 218 a Abs. 4 S. 1 StGB tatsächlich vor. Die Schwan-

53 Bischof Karl Lehmann, in: Johannes Reiter/Rolf Keller (Hrsg.), § 218 – Urteil und Urteilsbildung, 1993, S. 247: »Die auszustellende Bescheinigung ist zwar die Voraussetzung für einen Abbruch ohne Strafandrohung. Aber dies ist nicht ihre erste und eigentliche Funktion. Der Nachweis dokumentiert die lebensorientierte Beratung. Sie trägt im Falle des Scheiterns zur Straffreiheit, nicht jedoch zur Rechtfertigung einer im Anschluss eventuell stattfindenden Abtreibung bei.« Ebd., S. 248: »Der Schein selbst hat im Blick auf einen möglicherweise nachher stattfindenden Schwangerschaftsabbruch keine unmittelbare Funktion, jedenfalls – und dies ist das Entscheidende – hat er keine rechtfertigende, legitimierende Wirkung.« Vgl. auch Niebler (Anm. 6), S. 284.

54 Siehe das Interview mit Erzbischof Dyba, Die Welt v. 4.9.95.

55 Statement vor der Presse am 29.9.99 in München.

56 Siehe Papstbrief vom 21. September 1995, Ziff. 5 (s. Anhang, S. 200).

57 Reinhard Göhner (CDU), Deutscher Bundestag, Plenarprotokoll 13/219, S. 20009 D.

gere ist auch ohne Beratungsbescheinigung straffrei.[58] Der Beratungsschein hat daher unmittelbar nur für alle anderen Beteiligten an einer Abtreibung Bedeutung, insbesondere für den Arzt. Seine entscheidende Bedeutung für die Durchführung straffreier Abtreibungen bleibt aber davon unberührt. Denn welcher Arzt würde die Abtreibung durchführen, wenn er sich hierdurch strafbar machen würde? Und welche Frau würde die Abtreibung von einem Laien vornehmen lassen, wenn sie aufgrund einer Beratungsbescheinigung die »Hilfe« eines Fachmannes in Anspruch nehmen kann?

- *»Der Beratungsschein ermöglicht zwar die Abtreibung, aber erst die persönliche Entscheidung der abtreibungswilligen Frau führt de facto zur Abtreibung (…) so dass eine auch nur irgendwie geartete Mitwirkung zu verneinen ist«.*[59]

Diese (von einem ehemaligen Bundesverfassungsrichter!) geäußerte Ansicht verkennt das Wesen der Beihilfe. Jede Beihilfe und Mitwirkung an einer Tat ist abhängig vom Handeln des Haupttäters. Selbstverständlich ist dessen eigenes Handeln die entscheidende Ursache für die Ausführung der Tat.[60] Dieses eigenverantwortliche Handeln kann aber niemals den Gehilfen entschuldigen. Wer einem Mörder die Pistole reicht, wäre nach dieser Auffassung unschuldig, da erst die persönliche Entscheidung des Haupttäters, abzudrücken, zum Tod des Opfers führt. Wer so argumentiert, verneint von vornherein, dass es überhaupt so etwas wie Mitwirkung oder Beihilfe geben kann.[61]

58 Zwar könnte man auch argumentieren, dass der Verweis in § 218 a Abs. 4 S. 1 auf § 219 StGB auch einschließe, dass die Beratungsstelle der Schwangeren eine Bescheinigung auszustellen habe, wie § 219 Abs. 2 S. 2 StGB vorschreibt. Dies ist aber eine Pflicht der Beratungsstelle und keine Pflicht der Frau. Das Fehlen der Bescheinigung kann daher nicht die Anwendbarkeit von § 218 a Abs. 4 S. 1 StGB in Bezug auf die Frau ausschließen.

59 Niebler (Anm. 6), S. 276. Ähnlich der AG-Bericht (Anm. 49), S. 9: Die Entscheidung für oder gegen einen Schwangerschaftsabbruch liege »auf jeden Fall in der Verantwortung der beratenen Frau«. Bischof Lehmann: »Der Schein ist doch nicht die Ursache einer Abtreibung, sondern die Ursache einer Abtreibung ist die freie, verantwortliche Entscheidung der Frau selbst« (Der Spiegel v. 28.6.99, S. 59); Bischof Kamphaus, SZ 2.9.989: Die Abtreibung »hängt allein von der Entscheidung der Mutter ab.«

60 Vgl. Papstbrief v. 11.1.98, Ziff. 7: Die Beratungsbescheinigung sei nicht die »entscheidende Ursache« (s. Anhang, S. 205).

61 Vgl. Giovanni B. Sala, JVL-Nr. 14, (1997), S. 97; Anselm Günthör, Theologisches

- *Die Beratungsbescheinigung ermöglicht nicht die Abtreibung, sondern nur deren Straffreiheit*[62].

  Auch diese Sichtweise ist eine unzulässige Verkürzung des Problems. Denn wer Straffreiheit verschafft, beseitigt die letzte nennenswerte Hürde, die das ungeborene Kind von seiner Tötung trennt. Eine Frau, die eine fachgerechte Abtreibung anstrebt und dabei jedes Strafbarkeitsrisiko ausschließen will, kann dies nur über die Beratungsbescheinigung erreichen. Deshalb ermöglicht der Beratungsschein in vielen Fällen erst die Tat.
- *Der Beratungsschein sei nicht die einzige Bedingung für Straffreiheit, sondern nur eine unter mehreren Bedingungen.*[63]

  Dieser Einwand ändert nichts daran, dass die Vorlage der Beratungsbescheinigung aus Sicht der Frau die *entscheidende* Bedingung für die Straffreiheit aller Beteiligten gem. § 218 a Abs. 1 StGB ist. Die anderen Bedingungen für die Straffreiheit,
  - das Verlangen eines Schwangerschaftsabbruchs durch die Frau,
  - das Abwarten der Drei-Tages-Frist zwischen Beratung und Abtreibung,
  - die Durchführung der Abtreibung durch einen Arzt und
  - das Einhalten der Zwölf-Wochen-Frist seit der Empfängnis,

  stellen für die Frau keine ernsthaften Hindernisse auf dem Weg zu einer rechtsfolgenlosen Abtreibung dar. Die erste Bedingung hängt nur von ihrem eigenen Willen ab, die zweite erledigt sich von selbst durch Zeitablauf. Die dritte Voraussetzung entspricht dem Eigeninteresse der Frau und ist leicht zu erfüllen, da vom Staat ein flächendeckendes Netz an Abtreibungseinrichtungen bereitgestellt wird. Die Einhaltung der Zwölf-Wo-

1997, Sp. 308. Unzutreffend ist daher auch die Auffassung von Hans-Joachim Meyer, Präsident des ZdK, es gebe »keine ethischen oder juristischen Gründe dafür zu behaupten, diejenige die zum Leben rät, wäre dafür verantwortlich, wenn sich eine Beratene gegen das Leben entscheidet« (Presseerklärung vom 24.9.99 zur Gründung von »Donum vitae« in Fulda). Natürlich ist in erster Linie die Frau selbst für diesen Schritt verantwortlich. Aber wer eine solche Entscheidung – nicht durch die lebensschützende Beratung, aber durch die Ausstellung der Beratungsbescheinigung – erleichtert, ist von Mitverantwortung nicht frei.

62 Hans-Bernhard Wuermeling, DT v. 26.6.97; ähnlich Peter Knauer in: Reiter (Anm. 20), S. 118.

63 Vgl. Johannes Reiter, Ethik in der Medizin 1998, S. 2; Werner Remmers, SZ v. 20.2.99.

chen-Frist dient wiederum dem Gesundheitsschutz der Frau. Die genannten Straflosigkeitsbedingungen können somit von der Frau in jedem Fall ohne großen Aufwand erfüllt werden. Im übrigen reicht es völlig aus, wenn der Beratungsschein *eine* notwendige Bedingung für die »legale« Durchführung einer vorgeburtlichen Kindestötung ist, um ihn zu einem moralischen Problem zu machen. Der Scheinaussteller wirkt auch dann an der mit seiner Bescheinigung durchgeführten Abtreibung mit, wenn noch weitere Bedingungen erfüllt werden müssen. Unzureichend ist daher auch die Auffassung, es würden von Beratungsscheingegnern »Kausalketten hergestellt, so, als würde die Ausstellung des Scheins über die erfolgte Beratung kausal die Abtreibung bewirken«.[64] Die Ausstellung eines Beratungsscheins ist zwar keine hinreichende, aber in vielen Fällen eine notwendige Bedingung für eine »legale« Abtreibung. Dass weitere gesetzlich vorgesehene Bedingungen eintreten und die Frau sich selbst zur Abtreibung entschließen muss, unterbricht die Kausalität der Scheinausstellung für die spätere Abtreibung nicht.[65]

64 So Prälat Wilhelm Schätzler, DT v. 8.5.99. Noch schärfer formuliert er im Regensburger Bistumsblatt vom 14.11.99, dass nur der, »der wider besseres Wissen eine Beratung zum Kind und deren Bestätigung widersinnig in eine Kausalkette einbaut, die die Abtreibung notwendig nach sich ziehe«, die Beratungsbestätigung zu einem »Abtreibungsschein« erklären könne.

65 Nur in den Fällen, in denen die Frau von vornherein unter allen Umständen zur Abtreibung entschlossen ist und sie daher – für den Fall, dass sie keinen Beratungsschein erhält – auch das Strafbarkeitsrisiko auf sich nehmen will, könnte die Kausalität fraglich sein. Gleichwohl stellt die Aushändigung des Beratungsscheins in diesen Fällen jedenfalls eine Förderung der Abtreibung dar. Siehe dazu Teil II, Kap. 1.

»Die Funktion eines Schlüssels wird nicht dadurch verändert, dass man ihn mit einem Schlüsselanhänger versieht.«

8. Der »Beratungs- und Hilfeplan« – ein Schein »neuer Qualität«?

Eine besondere Form des Beratungsscheins ist der zuletzt von der Mehrheit der deutschen Bischöfe favorisierte »Beratungs- und Hilfeplan«, der auch die Grundlage für die künftige Beratungstätigkeit des Vereins »Donum vitae« bilden soll.[66] Der »Beratungs- und Hilfeplan unterscheidet sich von den üblichen Bescheinigungen im Wesentlichen dadurch, dass er nicht nur die Tatsache eines Beratungsgesprächs dokumentiert, sondern auch konkrete Zusagen für Unterstützungen, Hilfen und Vermittlungsangebote enthält.[67] Hierdurch soll »eine neue Qualität des Nachweises«[68] entstehen.

Während gegenüber den normalen Beratungsbescheinigungen[69] der Vorwurf erhoben werden kann, dass ihr einzig »sinnvoller« Gebrauch darin bestehe, sie für die Durchführung straffreier Abtreibungen zu verwenden, ist der »Beratungs- und Hilfeplan« in diesem Punkt nicht angreifbar. Der »Beratungs- und Hilfeplan« kann *auch* dafür verwendet werden, die zugesagten Hilfen in Anspruch zu nehmen. Diese Zusatzfunktion ändert aber nichts daran, dass der Beratungsnachweis – solange er von einer anerkannten Beratungsstelle ausgestellt wird – weiterhin die Straflosigkeit der vorgeburtlichen Kindestötung garantiert. Seine ursprüngliche »Schlüsselfunktion für straffreie Abtreibungen« geht durch die zusätzliche Funktion nicht verloren. »Die Funktion eines Schlüssels wird nicht dadurch verändert, dass man ihn mit einem Schlüsselanhänger versieht.«[70]

66 Siehe Teil IV, Kap. 5.

67 Vgl. AG-Bericht (Anm. 49), S. 20 ff.

68 Ebd., S. 21.

69 Ein Muster der von den katholischen Beratungsstellen ausgestellten Bescheinigung befindet sich als Anlage bei den »Vorläufigen Richtlinien für katholische Schwangerschaftskonfliktberatungsstellen nach § 219 StGB in Verbindung mit den §§ 5-7 des Schwangerschaftskonfliktgesetzes (SchKG)« vom 21. November 1995, abgedruckt z. B. in: Dieter Ellwanger, Schwangerschaftskonfliktgesetz, 1997, S. 94.

70 Rainer Beckmann, DT v. 5.12.98.

Der »Beratungs- und Hilfeplan« besteht aus zwei voneinander unabhängigen Komponenten, die lediglich in einem Schriftstück zusammengefasst sind. Während die Komponente der Hilfszusagen für sich genommen unschädlich und begrüßenswert ist, bleibt die Beratungsbestätigung im Sinne des »Beratungskonzepts« auch als Bestandteil einer umfassenderen Urkunde genauso bedenklich wie in der isolierten Form. Wie man es auch dreht und wendet, innerhalb des staatlichen Systems der Schwangerschaftskonfliktberatung gibt es keinen Schein, der nicht als Berechtigungsschein für eine straffreie Abtreibung verwendet werden könnte.

Man kann den Beratungsschein durchaus mit anderen Tatmitteln – etwa einer Pistole – vergleichen. Zunächst ist natürlich zu beachten, dass eine Pistole zur unmittelbaren Durchführung eines Tötungsdelikts geeignet ist, während dies beim Beratungsschein nicht zutrifft. Die Verschreibung von RU 486 durch einen Arzt oder die Abgabe dieses Mittels durch einen Apotheker wären dagegen unmittelbar mit der Bereitstellung einer Pistole vergleichbar.[71] Hinsichtlich der inneren Einstellung zur Tat ist zu berücksichtigen, dass die Beraterinnen einer katholischen Beratungsstelle die Verwendung des Beratungsnachweises für die Tötung des ungeborenen Kindes sicher nicht *ausdrücklich* befürworten.

Der Vergleich des Beratungsscheins mit einer Pistole hat aber einen wahren Kern, der sich an folgender Überlegung aufzeigen lässt: In den Vereinigten Staaten kommen im Vergleich zu Deutschland ein Vielfaches an Menschen durch Schußwaffengebrauch ums Leben oder werden durch Schusswaffen verletzt. Dies ist leicht zu erklären. Todesfälle und Verletzungen durch Schusswaffen sind in den USA deshalb so häufig, weil die Menschen dort in ungleich größerem Ausmaß Zugang zu Waffen haben als z. B. in Deutschland. Wenn ein Familienstreit oder eine andere Auseinandersetzung stattfindet, wird in den USA schnell

71 Nach einer Meldung des Evangelischen Pressedienstes (epd) v. 20.6.98 drohten die spanischen Bischöfe Ärzten bei Ausstellung von Rezepten für die Abtreibungspille RU 486 mit der Exkommunikation, da es sich um eine direkte Mitwirkung an einem Verbrechen handele.

zur Waffe gegriffen, weil sie im Schlafzimmerschränkchen oder in der Büroschublade bereit liegt. Allein der Umstand, dass der Zugriff auf Waffen sofort möglich ist, führt zu vielen schrecklichen Straftaten, die ohne Schusswaffen entweder unterblieben oder in ihren Folgen wesentlich geringer ausgefallen wären. Die gleiche Problematik ist in Bezug auf den Beratungsschein gegeben. Wenn er erst einmal die Möglichkeit zur straflosen Abtreibung bietet, kann die Tötung des Kindes wesentlich leichter in die Tat umgesetzt werden als ohne Schein. Für jedes Kind, dessen Mutter eine Beratungsbescheinigung in Händen hält, bedeutet der Schein deshalb höchste Lebensgefahr. Es wird einer zusätzlichen Gefährdung ausgesetzt, die sich – nach allem was wir wissen – in den meisten Fällen auch realisiert.[72]

»Besinnungslose Schönfärberei der Wirklichkeit«

9. Die Einschätzung der Rechtslage durch die Bischöfe

Angesichts der geschilderten Rechtslage, insbesondere der rechtlichen und praktischen Bedeutung des Beratungsscheins, müsste in der Kirche ein Aufschrei der Entrüstung über die geltende Abtreibungsregelung vorherrschen. Gerade die Vorschriften über die Tötung ungeborener Kinder können keinen Christen kalt lassen und fordern energischen Widerspruch heraus. Die Äußerungen einzelner Bischöfe, aber auch der Deutschen Bischofskonferenz über die Rechtslage legen jedoch den Verdacht nahe, dass erhebliche Unkenntnis über das gesetzliche Abtreibungssystem existiert.

Immer wieder wurde in den Verlautbarungen der Bischofskonferenz, des Vorsitzenden der Bischofskonferenz, einzelner Bischöfe und katholischer Organisationen darauf hingewiesen, dass Abtreibungen nach der Beratungsregelung »Unrecht«, »nur straflos/straffrei«, keinesfalls aber »gerechtfertigt« oder »recht-

72 Zur »Erfolgsquote« der katholischen Beratungsstellen siehe Teil II, Kap 5.

mäßig« seien.[73] Dementsprechend wird auch die Funktion des Beratungsnachweises als »Berechtigungsschein« für eine straflose Abtreibung nicht gesehen und die Bezeichnung »Tötungslizenz« vehement zurückgewiesen.[74] Hierin zeigt sich, dass die rechtlichen Auswirkungen der Beratungsregelung offenbar von weiten Kreisen innerhalb der katholischen Kirche verkannt werden. Die Kirche wirkt eben nicht nur an der Straflosigkeit einiger in Bedrängnis befindlicher Frauen mit, sondern am Funktionieren eines staatlichen Tötungssystems, in dem der Beratungsschein von zentraler Bedeutung ist. »Wer sich am staatlichen Konzept der Beratung im Schwangerschaftskonflikt beteiligt, muss (...) wissen, dass er zwangsläufig – genaugenommen mit der Aushändigung des Beratungsscheins – die nicht nur straflose, sondern überhaupt ohne Rechtsfolgen bleibende, vom Staat organisierte Begehung schweren Unrechts ermöglicht.«[75] Als einziger hat Erzbischof Dyba frühzeitig die Konsequenzen gezogen und im September 1993 angeordnet, dass im Bistum Fulda keine Beratungsbescheinigungen mehr ausgestellt werden dürfen.

Als Beleg dafür, dass die Bischöfe die wahren Auswirkungen des Gesetzes nicht durchschaut haben, kann beispielhaft die Erklärung der Deutschen Bischofskonferenz vom 26. Januar 1998 herangezogen werden, die im Anschluss an die Beratungen zum Papstbrief vom 11. Januar 1998 abgegeben wurde.[76] Die Bischöfe erklärten unter anderem:

73 Vgl. z. B. die Stellungnahme des ZdK zu Sinn und Bedeutung der gesetzlichen Schwangerschaftskonfliktberatung und zu ihrer Mitgestaltung durch katholische Beratungsstellen vom 6. Juni 1997, S. 2; Bischof Franz Kamphaus, SZ v. 2.9.1998; Bischof Hermann-Josef Spital, Frankfurter Rundschau v. 30.1.99; Werner Remmers, SZ v. 20.2.99; Bischof Karl Lehmann, Pressebericht des Vorsitzenden der Deutschen Bischofskonferenz im Anschluss an die Frühjahrsvollversammlung der Deutschen Bischofskonferenz vom 22. bis 25. Februar 1999 in Lingen, S. 4; Angelika Maier in: Johannes Reiter (Anm. 20), S. 162; Prälat Wilhelm Schätzler, DT v. 8.5.99; ZdK-Präsident Hans-Joachim Meyer, Presseerklärung zur Gründung von »Donum vitae« am 24.9.99; Dietmar Mieth, SZ v. 13.11.99.

74 So z.B. der SkF in Bayern, Presseerklärung v. 29.9.99: »Die Beratungsbestätigung hatte aus unserer Sicht niemals die Funktion eines Berechtigungspapiers für einen Schwangerschaftsabbruch.« Auf die »Sicht« des SkF kommt es aber nicht an, sondern auf die gesetzlichen Wirkungen des Beratungsscheines.

75 Bernward Büchner, DT v. 28.9.99.

76 Siehe Anhang, S. 210.

»Der Nachweis einer Beratung, die ausschließlich dem Schutz des ungeborenen Kindes dienen soll (1), kann unter bestimmten Voraussetzungen leider auch dazu gebraucht werden, eine straffreie Abtreibung vorzunehmen (2), auch wenn diese rechtswidrig bleibt (3). Dieses Bewusstsein der Unrechtmäßigkeit hat sich in unserer Gesellschaft allerdings zu wenig durchsetzen können, so dass nicht zuletzt dadurch der »Schein« in ein gewisses Zwielicht gekommen ist (4). (...) Wir müssen mit Enttäuschung zur Kenntnis nehmen, dass der Beratungsschein in einem solchen »Klima« seine vom Gesetz intendierte Wirkung (5) nur bedingt bzw. kaum entfalten kann und vor der zweideutigen Annahme, es könnte ein »Recht auf Abtreibung« geben, nicht genügend geschützt werden kann (6).«

In dieser Erklärung wird die Rechtslage völlig falsch eingeschätzt:

(1) Die Beratung soll nicht »ausschließlich dem Schutz des ungeborenen Kindes dienen«, sondern »ergebnisoffen geführt« werden und eine »verantwortliche Entscheidung« für oder *gegen* das Kind ermöglichen.

(2) Der Beratungsschein kann nicht »auch« dazu gebraucht werden, eine straffreie Abtreibung vorzunehmen; das ist der vom Gesetz ausschließlich vorgesehene »Gebrauch« des Beratungsscheines.[77]

(3) Die im Rahmen der »Beratungsregelung« vorgenommene Tötung eines ungeborenen Kindes bleibt nur auf dem Papier »rechtswidrig«.[78] In der Rechtswirklichkeit werden »beratene Abtreibungen« als *rechtmäßig* behandelt. Abtreibungen werden vom Staat unterstützt und gefördert.

(4) Das »Bewusstsein der Unrechtmäßigkeit« von Abtreibungen hat sich in unserer Gesellschaft nicht nur »zu wenig

77 Der erst im Anschluss an die zitierte Erklärung erfundene »Beratungs- und Hilfeplan« ändert an dieser Einschätzung nichts. Der Gesetzgeber ging bei Verabschiedung des Schwangerschaftskonfliktgesetzes von der bis dahin üblichen Beratungsbestätigung ohne Hilfszusagen aus.

78 Hierbei handelt es sich auch nicht um eine »gesetzliche Feststellung«, wie Kardinal Wetter glaubt (vgl. Statement bei der Pressekonferenz vom 29.9.99 in München), sondern lediglich um Formulierungen aus dem Bundesverfassungsgerichtsurteil von 1995, die in der gesetzlichen Regelung keinen Niederschlag gefunden haben.

durchsetzen können«, es wurde durch die Gesetzgebung und die Rechtsprechung vielmehr systematisch zerstört.

(5) Welche »vom Gesetz intendierte Wirkung« kann der Beratungsschein »nur bedingt bzw. kaum entfalten«? Wenn hier die »Dokumentationsfunktion« gemeint sein sollte, ist die Aussage falsch, denn diese kann der Beratungsschein voll und uneingeschränkt entfalten, auch wenn sie als solche irrelevant ist. Auch die »Sicherung der Beratungspflicht« wird vom Beratungsschein gewährleistet. Leider kann von einer lebensschützenden Wirkung in diesem Zusammenhang nicht gesprochen werden, weil die Beratung vor dem Hintergrund eines Entscheidungsrechts der Frau über Leben und Tod des Kindes stattfindet und die Abtreibungsgründe gar nicht genannt werden müssen. Die »vom Gesetz intendierte Wirkung« ist die Straflosstellung von vorgeburtlichen Kindestötungen. Auch diese Wirkung entfaltet der Beratungsschein in vollem Umfang. Sie kann durch lebensbejahende Formulierungen oder Zusätze nicht verändert werden. Eine von den Bischöfen irgendwie vorausgesetzte positive gesetzliche Wirkung des Beratungsscheines gibt es nicht.

(6) Der Beratungsschein soll aus Sicht des Gesetzgebers nicht »vor der zweideutigen Annahme«, es könne ein »Recht auf Abtreibung« geben, geschützt werden, da im »Beratungskonzept«, zu dem der Beratungsschein gehört, die Bedingungen für die Annahme eines »Rechts auf Abtreibung« bewusst und gezielt geschaffen wurden.

Die überwiegende Mehrheit der Repräsentanten der katholischen Kirche in Deutschland hat in der Auseinandersetzung um den Beratungsschein die gesetzliche Regelung des Schwangerschaftsabbruchs falsch eingeschätzt. Viele tun dies heute noch. Dies dürfte maßgeblich zur Verhärtung der Fronten und zur Suche nach immer neuen »Spielräumen« und »Auswegen«, die nur Irrwege sein konnten, beigetragen haben. In dem Fax, das Bischof Lehmann am 12. Juni 1999 als Reaktion auf den Papstbrief vom 3. Juni 1999 an den Apostolischen Nuntius übermittelte[79], wird

79 Siehe Anhang S. 230.

deutlich, dass die unterschiedlichen Bewertungen des Beratungskonzepts und der Funktion des Beratungsscheins bis zuletzt ausschlaggebend für die Differenzen zwischen dem Vatikan und der Deutschen Bischofskonferenz gewesen sind. Während in Rom der entscheidende Punkt – nämlich die Verwendbarkeit des Scheins als Zugang zur Abtreibung – richtig erfasst und für die weiteren Überlegungen zum Maßstab genommen wurde, hingen die deutschen Oberhirten mehrheitlich einem rosarot gefärbten Bild des »Beratungskonzepts« nach, das mit seiner rechtlichen Ausgestaltung und seinen tatsächlichen Wirkungen nicht übereinstimmte.

Wenig schmeichelhaft, aber zutreffend ist daher das Resümee des FAZ-Journalisten Patrick Bahners: »Die Realität sieht so aus: Es gibt in Deutschland heute ein Recht auf Abtreibung, jedenfalls im rechtssoziologischen Sinne. Jede Schwangere hat einen Anspruch auf einen kunstgerechten Abbruch, sofern bestimmte Voraussetzungen gegeben sind, deren Erfüllung einzig in ihrer Hand liegt.« Dass ein Abbruch nach Beratung als »rechtswidrig« bezeichnet wird, habe den Zweck, die Existenz dieses Rechts zu vernebeln. Letztlich seien die Beratungseinrichtungen »Teil eines Systems des organisierten Rechtsbruchs«. Die Befürworter der Scheinerteilung könnten »ihre Position nur durch besinnungslose Schönfärberei der Wirklichkeit durchhalten.[80]

80 Vgl. FAZ v. 22.2.99.

Teil II

Die Mitwirkung der Kirche und ihre Folgen

»Die Kirche macht sich die Hände nicht schmutzig, wenn ihre Beratungsstellen Rettungsringe auswerfen, um Leben zu retten. Wenn jetzt die Rettungsringe eingesammelt und hinter dem Altar hoch und trocken gestapelt werden sollen, verzichtet die Kirche auf Lebensrettung.«

Werner Remmers

In der Auseinandersetzung um den Beratungsschein ist viel vom Verhältnis zwischen Kirche und Staat, vom Verhältnis zwischen Rom und der deutschen Ortskirche und vom Unterschied zwischen einer »modernen, offenen, die Nähe der Betroffenen suchenden Kirche« und einer »Kirche der reinen Lehre« die Rede, die sich in eine »heilige Nische« zurückzieht. Diese Aspekte der Diskussion haben durchaus ihre Berechtigung. Kern des Streits um den Beratungsschein ist jedoch die Frage, ob die kirchliche Mitwirkung in der gesetzlichen Schwangerschaftskonfliktberatung moralisch zu vertreten war bzw. ist.

War die Entscheidung des Papstes, dass die Kirche in Deutschland keine Bescheinigungen ausstellen darf, die zur Durchführung straffreier Abtreibungen verwendet werden können, sachlich richtig? Wäre es – unabhängig vom Verlauf des Entscheidungsprozesses – nicht von Anfang an geboten gewesen, aus dem staatlichen System »auszusteigen«?[81] Oder käme dies einer »unterlassenen Hilfeleistung« gleich? Diesen Fragen soll im Folgenden unter Berücksichtigung juristischer und moraltheologischer Kriterien nachgegangen werden, wobei alle positiven und negativen Auswirkungen der kirchlichen Beratungstätigkeit zu erörtern sind.

81 Die häufig verwendete – schlagwortartig verkürzte – Forderung nach einem »Ausstieg« der Kirche aus dem Beratungssystem bezieht sich allein darauf, keine Beratungsscheine mehr auszustellen, die zur Durchführung strafloser Abtreibungen verwendet werden können. Die Befürworter eines solchen »Ausstiegs« traten und treten ausnahmslos für die Fortsetzung von Beratung und Hilfe ein, wie sie auch im Bistum Fulda seit dem »Ausstieg« 1993 weiterhin geleistet wird.

»...wer dem Täter ein entscheidendes Tatmittel willentlich an die Hand gibt...«

1. Beihilfe zur Tötung ungeborener Kinder

Die offizielle Lehre der Kirche zur Abtreibung ist nach wie vor eindeutig. Das Zweite Vatikanische Konzil lehrt in der Pastoralkonstitution über die Kirche in der Welt von heute »Gaudium et spes«: »Abtreibung und Tötung des Kindes sind verabscheuungswürdige Verbrechen«.[82] Das von Papst Paul VI. als »unveränderlich« bezeichnete Verbot der Abtreibung hat Papst Johannes Paul II. »mit der Autorität, die Christus Petrus und seinen Nachfolgern übertragen hat«, bestätigt.[83] Auch im Hirtenwort der deutschen Bischöfe »Menschenwürde und Menschenrechte von allem Anfang an« vom 26. September 1996 finden sich klare Worte: »Als vorsätzliche Tötung eines unschuldigen Menschen ist Abtreibung ein schweres Unrecht, das niemals gerechtfertigt werden kann (...), auch nicht durch Berufung auf eine persönliche Gewissensentscheidung«.[84]

Wie kann dann die Kirche daran mitwirken, dass Abtreibungen straflos bleiben sollen? Wie kann die Kirche durch Ausstellung von Beratungsscheinen eine Bedingung für die Straflosigkeit eigenhändig erfüllen? Macht sich die Kirche hierdurch nicht der Beihilfe zur Abtreibung schuldig?

Diese Fragen sollen sowohl nach den Kriterien, die im weltlichen Recht gelten, als auch nach den Kriterien des kirchlichen Rechts untersucht werden. Die Prüfung der Beihilfeproblematik nach weltlichem Strafrecht ist deshalb von Interesse, weil die Tötung eines ungeborenen Kindes für Katholiken selbstverständlich auch dann eine schwere Sünde bleibt, wenn der Staat Abtreibungen – und damit auch die Beihilfe zur Abtreibung – nicht bestraft. So wie sich die moralische Qualität des Ehebruchs

82 Vat. II, Gaudium et spes, Nr. 51.

83 Vgl. Enzyklika »Evangelium vitae« v. 25. März 1995 (VAS Nr. 120), Nr. 62.

84 Sekretariat der Deutschen Bischofskonferenz (Hrsg.): Menschenwürde und Menschenrechte von allem Anfang an. Zur ethischen Beurteilung der Abtreibung, Gemeinsames Hirtenwort der deutschen Bischöfe vom 26. September 1996, Bonn, S. 6.

trotz des Wegfalls der Strafbarkeit für den katholischen Christen nicht gewandelt hat, bleibt auch die Beihilfe zur Tötung eines ungeborenen Kindes für jeden Katholiken schwer sündhaft. Darüber hinaus ist die Untersuchung des Problems nach den Kriterien des weltlichen Rechts auch deswegen aufschlussreich, weil es wesentlich stärker rechtstheoretisch durchdrungen und ausdifferenziert ist als das kirchliche. Aufgrund der großen Zahl von Gerichtsentscheidungen steht sehr umfangreiches Anschauungsmaterial zur Verfügung. Das kirchliche Strafrecht leidet dagegen an einem erheblichen Vollzugsdefizit. In Bezug auf moralische Verfehlungen sind verwertbare Entscheidungen gegen unmittelbare Täter schon selten genug. Noch viel seltener spielt die Frage der Beihilfe eine Rolle.

Beurteilung nach weltlichem Recht

Wegen Beihilfe wird nach weltlichem Recht bestraft, wer einem anderen zu dessen Tat »vorsätzlich (…) Hilfe geleistet hat« (§ 27 Abs. 1 StGB). Dabei kann die »Hilfeleistung« im Sinne einer Förderung der Haupttat nicht nur während der unmittelbaren Tatbestandsverwirklichung stattfinden, sondern schon im Vorbereitungsstadium, ja sogar wenn der Haupttäter noch gar keinen Tatentschluss gefasst hat.[85] Ist z. B. der Haupttäter noch auf der Suche nach einem geeigneten Objekt für einen Einbruch, liegt noch gar kein Entschluss vor, eine konkrete Straftat zu begehen. Möglicherweise findet der Täter kein »lohnendes« Objekt und begeht keine Straftat. Dennoch kann man schon vor der Entscheidung des Haupttäters für den Fall, dass es noch zu einem Tatentschluss kommt, Vorkehrungen treffen, die eine dann folgende Ausführung der Tat erleichtern. Für den Einbrecher könnte ein anderer z. B. geeignetes Einbruchswerkzeug oder ein Fahrzeug für den Abtransport der Beute beschaffen.

Auf die hier zu untersuchende Fallgestaltung übertragen bedeutet dies: Eine Frau, die keinen Beratungsschein vorweisen

85 Vgl. Herbert Tröndle/Thomas Fischer, Kommentar zum StGB, 49. Auflage 1999, § 27 Rz. 2; Karl Lackner, StGB, 22. Aufl. 1997, § 27 Rz. 3; RGSt 28, 287; BGHSt 2, 148; 2, 345 f.

kann, kann keine »legale« Abtreibung durchführen, da die Tötung des ungeborenen Kindes für den Arzt strafbar wäre. Wenn die Frau dagegen einen Beratungsschein hat, ist ihre Position wesentlich günstiger. Es besteht für keinen der Beteiligten ein strafrechtliches Risiko, der Arztvertrag ist rechtswirksam, Nothilfe zugunsten des Kindes ist ausgeschlossen etc. (siehe Teil I, Kap. 2 u. 6). Wer einen Beratungsnachweis aushändigt, erleichtert somit die Tatbegehung. Ob sich die Frau zum Zeitpunkt der Scheinerteilung bereits zur Abtreibung entschlossen hat oder nicht, ist nicht entscheidend.[86] Auch wenn der Entschluss zur Abtreibung erst später gefasst werden sollte, ist die Förderung der Tatbegehung bereits durch die Ausstellung des Beratungsscheines möglich. Rechtlich liegt somit in jedem Fall eine Beihilfehandlung vor.

Hinsichtlich des erforderlichen Tatvorsatzes (dolus) reicht »bedingter Vorsatz« (dolus eventualis) aus. Das bedeutet, dass der Gehilfe nicht unbedingt die Tatverwirklichung anstrebt, sie aber für möglich hält (Wissenselement) und mit der Tatverwirklichung einverstanden ist (Wollenselement). Die in der Rechtswissenschaft übliche Kurzformel, der Täter bzw. der Gehilfe nehme den Taterfolg »billigend in Kauf«, reicht zur Definition des bedingten Vorsatzes regelmäßig aus, erfährt aber in der Rechtsprechung eine über die unmittelbare Wortbedeutung hinausgehende Erweiterung: »Der Täter billigt auch einen an sich unerwünschten Erfolg, wenn er sich mit ihm um eines erstrebten Zieles willen abfindet«.[87]

Der Gehilfe muss dabei keine genauen Kenntnisse über die Details der Tatbegehung, wie etwa Zeitpunkt und Ort der Abtreibung haben.[88] Der Gehilfenvorsatz wird auch nicht dadurch ausgeschlossen, dass er dem Täter gegenüber erklärt, er missbillige das mit seiner Unterstützung durchgeführte Unternehmen

86 Insgesamt betrachtet, dürfte die Gruppe der »vorentschiedenen« Frauen wesentlich größer sein, als die Gruppe der noch unentschiedenen, nach verschiedenen Untersuchungen ca. 75 bis 90 Prozent. Vgl. Beckmann (Anm. 33), S. 81 m.w.N.

87 Tröndle/Fischer (Anm. 85), § 15 Rz. 10 m.w.N.; Adolf Schönke/Horst Schröder, Kommentar zum StGB, 25. Aufl. 1997, § 15 Rz. 81a, 87.

88 Vgl. Tröndle/Fischer (Anm. 85), § 27 Rz. 8; Schönke/Schröder (Anm. 87), § 27, Rz. 19.

und überlasse dem Täter allein die Verantwortung.[89] »Der Gehilfe (...) erbringt einen von der Haupttat losgelösten Beitrag. Er strebt diese nicht notwendigerweise an, weiß aber und nimmt jedenfalls billigend in Kauf, dass sich sein Handeln auch ohne sein weiteres Zutun als unterstützender Bestandteil einer Straftat manifestieren kann. Beihilfe (...) kann danach schon begehen, wer dem Täter ein entscheidendes Tatmittel willentlich an die Hand gibt und damit bewusst das Risiko erhöht, dass eine durch den Einsatz gerade dieses Mittels typischerweise geförderte Haupttat verübt wird«, so der Bundesgerichtshof in einer Entscheidung aus dem Jahr 1996.[90]

Genau dies entspricht der Situation bei der Ausstellung eines Beratungsscheines. Hierdurch wird bewusst das Risiko erhöht, dass eine Abtreibung durchgeführt wird, da die Wirkungen des Beratungsscheines die Tatbegehung wesentlich erleichtern. Die Vornahme einer Abtreibung ist sicher nicht das Ziel der Beraterin, die den Beratungsnachweis ausstellt. Von bloßer Fahrlässigkeit kann hier aber nicht mehr gesprochen werden. Die Beraterin weiß, dass viele Frauen, die von ihr einen Beratungsschein erhalten, eine Abtreibung vornehmen lassen werden (Wissenselement). Sie akzeptiert auch, dass der Schein für die straflose Durchführung einer Abtreibung eingesetzt werden kann (Wollenselement). Dies ist eine der im System des »Beratungskonzepts« verankerten Voraussetzungen für die Tätigkeit der staatlich anerkannten Beratungsstellen. Das Verhalten der Beraterin führt somit kraft Gesetzes zu dem Ergebnis, dass dem ungeborenen Kind in seinen ersten zwölf Lebenswochen jeglicher Rechtsschutz entzogen wird. »Ein solches Resultat der als Dienst am Leben von der Kirche bezweckten Beratung wurde zwar immer wieder bedauert und mit vehementen Worten zusammen mit dem Abtreibungsgesetz insgesamt abgelehnt; in der Tat aber wird die so beschaffene Beratung *freiwillig* geleistet und deshalb gewollt. Denn man kann nicht etwas frei tun, ohne es zu wollen.«[91]

89 Vgl. RGSt 56, 170; Schönke/Schröder (Anm. 87), § 27 Rz. 19. Ähnlich BGH MDR 1989, S. 305.
90 BGHSt 42, 135 = BGH NJW 1996, S. 2518.
91 Sala (Anm. 61), S. 64.

Indem sich die Beraterin durch Ausstellung des Beratungsscheines in die »Logik« des »Beratungskonzepts« einfügt, ist sie auch mit der Vornahme von Abtreibungen unter Verwendung des Beratungsscheines einverstanden, damit – nach der bereits vorgestellten Konzeption – eine effektive Pflichtberatung durchgeführt und »per saldo« mehr Kinder gerettet werden können. Die Beraterin findet sich somit um des primär erstrebten Zieles willen, nämlich des (vermeintlich) besseren Lebensschutzes durch das »Beratungskonzept«, mit der Benutzung der Beratungsbescheinigungen für die Durchführung straffreier Abtreibungen ab. Damit sind alle Voraussetzungen gegeben, um die Ausstellung von Beratungsscheinen als bedingt vorsätzliche *Beihilfe zur Tötung ungeborener Kinder* zu bezeichnen.

Beurteilung nach kirchlichem Recht

Die (Welt-)Kirche hat den »Paradigmenwechsel«[92] »Helfen statt strafen« oder »Beraten statt strafen«, der dem »Beratungskonzept« zugrunde liegt, selbst nie vollzogen.[93] Darüberhinaus fordert sie auch den Staat zum Einschreiten gegen jede gewollte Verletzung des Lebensrechts auf: »In dem Augenblick, in dem ein positives Gesetz eine Kategorie von Menschen des Schutzes beraubt, den die bürgerliche Gesetzgebung ihnen gewähren muss, leugnet der Staat die Gleichheit aller vor dem Gesetz. Wenn die Staatsmacht sich nicht in den Dienst der Rechte jedes Bürgers stellt, und in besonderer Weise dessen, der am schwächsten ist, dann werden die Grundmauern des Rechtsstaates untergraben. (...) Als Folge der Achtung und des Schutzes, die man dem Ungeborenen vom Augenblick seiner Empfängnis an zusichern muss, muss das Gesetz die geeigneten Strafmaßnahmen für jede gewollte Verletzung seiner Rechte vorsehen«.[94]

Die Kirche verhängt gegen jene, die sich der Abtreibung schul-

92 Vgl. Bischof Karl Lehmann (Anm. 53), S. 237; Bischof Franz Kamphaus, SZ v. 2.9.98; S. 150; AG-Bericht (Anm. 49), S. 7 u. 11.

93 Zum Sinn von Strafe auch bei Abtreibungen vgl. Beckmann (Anm. 33), S. 68, 71 ff., 105 ff.; Weihbischof Andreas Laun, Kirche heute 2/99, S. 4 ff.

94 Kongregation für die Glaubenslehre, Instruktion »Donum vitae« v. 22. Februar 1987 (VAS Nr. 74) III.

dig machen, seit jeher schwere Strafsanktionen. Nach dem kirchlichen Gesetzbuch, dem Codex Iuris Canonici (CIC) werden Abtreibungen mit der Exkommunikation bestraft. »Mit dieser erneut bestätigten Sanktion stellt die Kirche diese Straftat als eines der schwersten und gefährlichsten Verbrechen hin und spornt so den, der sie begeht, an, rasch auf den Weg der Umkehr zurückzufinden. Denn in der Kirche hat die Strafe der Exkommunikation den Zweck, die Schwere einer bestimmten Sünde voll bewusst zu machen und somit eine entsprechende Umkehr und Reue zu begünstigen«.[95]

Wer selbst eine Abtreibung vornimmt, zieht sich gemäß Can. 1398 des geltenden Codex von 1983 »mit erfolgter Ausführung die Tatstrafe der Exkommunikation zu«. Diese Bestimmung trifft unmittelbar auf die Mitarbeiter von Beratungsstellen nicht zu, da sie an der eigentlichen Durchführung der Abtreibung – wie die Schwangere selbst und der Arzt – nicht beteiligt sind. Gemäß Can. 1329 § 2 CIC trifft aber auch »Mittäter« die angedrohte Tatstrafe, »wenn ohne ihr Handeln die Straftat nicht begangen worden wäre«. Vom Sprachgebrauch her ist zu berücksichtigen, dass »Mittäter« im Sinne des kanonischen Rechts – im Gegensatz zum weltlichen Recht – nicht nur diejenigen Tatbeteiligten sind, deren Tatbeitrag dem des Täters gleichwertig ist, sondern auch diejenigen, die einen wichtigen, aber untergeordneten Tatbeitrag leisten.[96] Hierunter fällt u. a. die physische oder moralische Beihilfe.[97] Allgemeine Voraussetzung für die Strafbarkeit ist weiterhin vorsätzliches Handeln im Sinne von Can. 1321 CIC.

Die Tatstrafe der Exkommunikation tritt nur dann ein, wenn eine für die Begehung der Haupttat kausale Beihilfe geleistet wird.[98] In den anderen Fällen können Spruchstrafen verhängt

95 Evangelium vitae, Nr. 62. Daher zählt die Kirche die Strafe der Exkommunikation zu den »Beugestrafen«, die bezwecken, dass sich der Straftäter dem Gesetz wieder beugt und zu rechtstreuem Verhalten umkehrt.

96 Vgl. Sabine Demel, Abtreibung zwischen Straffreiheit und Exkommunikation, 1995, S. 280.

97 Ebd.

98 Dies ergibt sich aus dem Wortlaut, »wenn ohne ihr Handeln die Straftat nicht begangen worden wäre«. Vgl. auch Sabine Demel, Communio 22 (1993), S. 571.

werden.[99] Bezüglich des Vorsatzes kann auf die Ausführungen zum weltlichen Strafrecht verwiesen werden. Auch wenn vergleichbare Gerichtsentscheidungen im kanonischen Recht nicht vorliegen, gebietet es die gleiche Sachlage, von bedingt vorsätzlichem Handeln auszugehen.[100] Der Wortlaut des Can. 1321 § 2 CIC, der vorsätzliches Handeln mit »überlegt« («deliberate«) umschreibt, erfasst durchaus die oben angeführte »Überlegung«, die Erleichterung der Abtreibung durch Aushändigung des Beratungsscheines als Mittel zur Verwirklichung des »Beratungskonzepts« zu akzeptieren und dadurch Frauen zu motivieren, sich in katholischen Beratungsstellen beraten zu lassen.[101]

Die Formulierung des Can. 1329 § 2 CIC erlaubt nicht den Einwand, die Abtreibung hätte auch ohne das Handeln der Beraterin durchgeführt werden können, weil auch eine andere Beratungsstelle bereit gewesen wäre, den Beratungsschein auszustellen. Die Norm lautet nicht, dass Mittäter sich die angedrohte Tatstrafe nur dann zuziehen, wenn ohne ihr Handeln die Straftat nicht *hätte* begangen werden *können*, sondern, »wenn ohne ihr Handeln die Straftat nicht begangen worden wäre«. Entscheidend ist deshalb, ob die Scheinerteilung mitursächlich für die konkrete Tatbegehung gewesen ist. Der Verweis auf eine »hypothetische Reserveursache« (Scheinausstellung durch eine andere Stelle) beseitigt daher nicht die Mitverantwortung dessen, der tatsächlich zur Durchführung der Abtreibung beigetragen hat.[102]

99 Die Strafe muss dann von einem kirchlichen Gericht ausdrücklich verhängt werden. Dies betrifft die Fälle, in denen die Frau völlig unabhängig vom Vorliegen einer Beratungsbescheinigung in jedem Fall zur Abtreibung entschlossen ist.

100 Auch wenn man nicht von bedingtem Vorsatz ausgeht, entlastet dies allenfalls die einzelne Beraterin, nicht aber die Kirche als Institution. Eine bewusst fahrlässige Förderung von Abtreibungen wäre zwar nach Kirchenrecht im Einzelfall nicht strafbar. Die jährlich tausendfache fahrlässige Förderung von Abtreibungen durch kirchliche Organisationen wäre aber völlig unakzeptabel.

101 In der Stellungnahme der Arbeitsgruppe Schwangerschaftskonfliktberatung (Anm. 49) wird ausführlich auf die »Lockmittelfunktion« des Beratungsscheines eingegangen. Nur wenn auch der Beratungsschein ausgestellt werde, könne man viele unentschiedene Frauen dazu bewegen, eine katholische Beratungsstelle aufzusuchen (vgl. ebd., S. 22).

102 Vgl. Hans Reis, Communio 22 (1993), S. 429 f. Kardinal Meisner hat in Zusammenhang mit der Einführung der Abtreibungspille »Mifegyne« auch auf die Exkommunikation von Mittätern hingewiesen. Für Katholiken sei es »moralisch unmöglich, sich an der Produktion, am Vertrieb oder an der Verteilung dieses Präparates zu beteiligen« (Presseerklärung vom 22.11.99; vgl. auch Kölner Rundschau v. 23.11.99).

Die Ausstellung von Beratungsscheinen stellt zwar keine *unmittelbare* Förderung von Abtreibungshandlungen dar, ist aber als Beihilfe im Vorfeld der Abtreibung zu qualifizieren. Die Beihilfehandlung wird subjektiv mit bedingtem Vorsatz verwirklicht, da die Haupttat zwar missbilligt, aber durch die Aushändigung des Beratungsscheins das Risiko der Tatbegehung typischerweise erhöht wird, um auf diese Weise zur Verwirklichung des »Beratungskonzepts« beizutragen. Nach dem weltlichen Strafrecht bleibt diese Form der Mitwirkung straflos, weil nach dem Gesetz schon die Haupttat (die Tötung des ungeborenen Kindes) nicht bestraft wird. Die Mitwirkung der Beratungsstellen kann aus Sicht des Gesetzgebers auch gar nicht strafbar sein, weil sie ein notwendiger Bestandteil des gesetzlichen Regelungskonzeptes ist.

Nach kirchlichem Recht sind die Folgen der Mitwirkung nicht so eindeutig zu bestimmen. Einerseits ist zu beachten, dass der Grundsatz, die Strafnormen eng auszulegen (Can. 18 CIC), dazu führen könnte, entgegen der hier vertretenen Auffassung den Kreis der »Mittäter« so zu bestimmen, dass die Mitarbeiter der Beratungsstellen nicht mehr erfasst werden. Ferner könnte man auch bezweifeln, dass ein hinreichender Vorsatz im Sinne des kirchlichen Strafrechts vorliegt, da hier das voluntative Element sicher nur in relativ schwacher Ausprägung gegeben ist.[103] In vielen Fällen dürfte jedenfalls die Fehleinschätzung wesentlicher Aspekte des »Beratungskonzepts« dazu führen, dass von einem »vorsätzlichen« Handeln nicht mehr gesprochen werden kann. Fahrlässige Beihilfe zur Abtreibung ist nach Kirchenrecht – wie auch nach weltlichem Recht – nicht strafbar.[104]

103 So Demel (Anm. 96), S. 283 f.

104 Zu einzelnen Strafausschließungs- und Strafmilderungsgründen vgl. Can. 1323 u. 1324, sowie Demel (Anm. 96), S. 285 ff.

»...dass er nur dem Bösen dienen kann«

2. Formelle Mitwirkung am Bösen

Unabhängig von der strafrechtlichen Argumentation wurde in der Auseinandersetzung um den Beratungsschein die Frage aufgeworfen, ob es sich bei der Ausstellung eines Beratungsscheines um eine »formelle« oder nur »materielle« Mitwirkung an der Abtreibung handelt. Nach katholischer Morallehre ist die formelle (oder »formale«) Mitwirkung am Bösen stets unerlaubt, während die materielle (oder »materiale«) Mitwirkung bei Vorliegen wichtiger Gründe erlaubt sein kann.[105]

Die deutschen Bischöfe haben sich 1997 zur Qualität der Mitwirkung der katholischen Beratungsstellen geäußert. In einer Pressemitteilung der Deutschen Bischofskonferenz heißt es: »Die Bescheinigung begründet (...) nicht eine Mitwirkung (im Sinne einer »formellen Kooperation«) der beratenden Personen und Träger der kirchlichen Beratungsstellen. Das Dilemma, das aufgrund einer »entfernten materiellen Kooperation« tatsächlich gegeben ist, muss nach den Kriterien der Ethik und der katholischen Moraltheologie entschieden werden«.[106] Ob diese Einschätzung der Beratungstätigkeit als »entfernte materielle Kooperation« (cooperatio materialis remota) vertretbar ist, erscheint zweifelhaft.

Es geht um Mitwirkung am Bösen. Die Tötung eines ungeborenen Kindes ist nach der Lehre der katholischen Kirche etwas In-sich-Schlechtes (intrinsece malum). Als *Mitwirkung* kommt also nur etwas in sich (unabhängig vom Gesichtspunkt der Mitwirkung) Gutes oder Indifferentes in Betracht. Denn etwas In-sich-Schlechtes darf man schon aus sich selbst heraus nicht tun.[107] Die Beratung als solche ist in sich gut, die Ausstellung einer Bescheinigung über die Beratung für sich betrachtet weder gut noch böse (indifferent). Hier geht es aber um die Beurteilung des Beratungsnachweises in der konkreten Funktion, die er im Rahmen der geltenden Abtreibungsgesetze einnimmt.

105 Vgl. Sala (Anm. 61), S. 83.
106 Erklärung vom 21. Februar 1997, S. 3.
107 Vgl. Sala (Anm. 61), S. 81.

Nach einem bekannten Handbuch der Moraltheologie ist die formelle Mitwirkung folgendermaßen definiert: »Formale Mitwirkung zur Sünde eines anderen ist gegeben, wenn der geleistete Beitrag entweder aufgrund seiner eigenen Bedeutung (finis operis) oder aber aufgrund der Absicht des Mithandelnden (finis operantis) als Komplizität (Mitwirkung) charakterisiert ist. Das bedeutet, dass der formal Mitwirkende sich selbst direkt in den Dienst des Bösen stellt. Er macht sich die sündhafte Handlung des anderen zu Eigen, wenn nicht durch die ausdrückliche Absicht, so doch durch die Erkenntnis, dass sein eigener Beitrag so beschaffen ist, dass er nur dem Bösen dienen kann«.[108] [Definition 1]

In der Enzyklika »Evangelium vitae« schreibt Papst Johannes Paul II. zur formellen Mitwirkung: »... unter sittlichem Gesichtspunkt ist es niemals erlaubt, formell am Bösen mitzuwirken. Solcher Art ist die Mitwirkung dann, wenn die durchgeführte Handlung entweder auf Grund ihres Wesens oder wegen der Form, die sie in einem konkreten Rahmen annimmt, als direkte Beteiligung an einer gegen das unschuldige Menschenleben gerichteten Tat oder als Billigung der unmoralischen Absicht des Haupttäters bezeichnet werden muss«.[109] [Definition 2]

Nach beiden Definitionen kommt es letztlich entscheidend auf die Umstände[110] an. Diese werden im Wesentlichen von der Gesetzeslage zur Abtreibung bestimmt, insbesondere was die Funktion des Beratungsscheines betrifft. Die Rechtslage stellt den »konkreten Rahmen« für die Mitwirkung der Kirche dar (siehe Def. 2). An ihr lässt sich auch ablesen, ob der Beitrag der Kirche »so beschaffen ist, dass er nur dem Bösen dienen kann« (siehe Def. 1).

Entscheidend an Definition 1 ist der letzte Halbsatz. Auf Seiten des Mitwirkenden muss keine direkte Absicht vorliegen. Ausreichend ist auch die Erkenntnis, dass die Mitwirkung so beschaffen ist, dass sie nur dem Bösen dienen kann. Diese Formulierung erinnert an den bereits erwähnten »bedingten Vorsatz«,

108 Bernhard Häring, Frei in Christus, Moraltheologie für die Praxis des christlichen Lebens, Bd. II, 1980, S. 458.
109 Evangelium vitae, Nr. 74.
110 Vgl. Sala (Anm. 61), S. 84 f.

nach dem ebenfalls nicht die Tatverwirklichung durch den Haupttäter das direkte Ziel des Gehilfen sein muss, sondern das Erkennen und in Kauf nehmen der Tatverwirklichung ausreicht. In dem bereits erwähnten abgeschwächten Sinn von »Billigung« im Sinne des Einverständnisses zur Erreichung eines anderen Zieles kann daher auch beim Gehilfen von einer »Billigung der unmoralischen Absicht des Haupttäters« (siehe Definition 2) gesprochen werden.[111]

Letztlich ergibt sich bezüglich der formellen Mitwirkung am Bösen kein anderes Ergebnis als im Rahmen der Beihilfe-Prüfung. Eine direkte Absicht, an der Tötung ungeborener Kinder mitzuwirken, liegt bei katholischen Beraterinnen nicht vor. Aber die *Erkenntnis, dass der eigene Beitrag so beschaffen ist, dass er nur dem Bösen dienen kann* (Def. 1) – was sich aus dem *konkreten Rahmen* (Def. 2) der gesetzlichen Regelung ergibt –, kann im Hinblick auf den Beratungsschein nicht geleugnet werden. Während die Beratung als solche nicht dem Bösen dient, kann der Beratungsschein in seiner gesetzlichen Funktion als Berechtigungsschein für die Durchführung straffreier Abtreibungen keinen positiven Zweck erfüllen. Objektiv sind daher die Voraussetzungen für eine formelle Mitwirkung nach den genannten Definitionen gegeben.

Andererseits darf nicht übersehen werden, dass der Papst in seinen Schreiben an die deutschen Bischöfe eine ausdrückliche Qualifizierung der Ausstellung von Beratungsscheinen als formelle Mitwirkung vermieden hat. Im amtlichen Kommentar des L'Osservatore Romano zum dritten Papstbrief heißt es: »Der Papst geht nicht näher auf die moraltheologische Frage ein, welche Art der Mitwirkung an der Abtreibung hier genau vorliegt. Es scheint auch nicht leicht, die entsprechenden traditionellen Kriterien unverändert auf die Problematik des Beratungsscheins

111 Eine der Form nach »direkte Beteiligung« an der verwerflichen Haupttat im Sinne der Definition 2 ist dagegen wohl eher nicht anzunehmen. Der Beratungsschein ist zwar die entscheidende Bedingung für die Durchführung straffreier Abtreibungen. Der zeitliche Abstand zur Tatverwirklichung, das Verbot, in der Beratung Hinweise auf abtreibungsbereite Ärzte zu geben (vgl. Vorläufige Bischöfliche Richtlinien (Anm. 69), § 6) und die Zielrichtung der vorgelagerten Beratung schaffen aber einen situativen Kontext, der einer »direkten« Beteiligung entgegensteht.

anzuwenden, zumal die Sachlage überaus komplex ist und es um eine institutionelle Mitwirkung der Kirche geht, in deren Auftrag die Beraterinnen in vielen Fällen handeln.«[112]

Nicht korrekt ist es, wenn behauptet wird, aus dem Brief des Papstes vom Januar 1998 gehe klar hervor, dass eine formelle Mitwirkung *nicht* vorliege, weil der Papst sonst den sofortigen Ausstieg aus der staatlichen Konfliktberatung hätte anordnen müssen.[113] Der Papst hat zur Einordnung der Mitwirkung schlicht keine Stellung bezogen. Diese Zurückhaltung ist verständlich und nachvollziehbar. In den Lehrbüchern der Moraltheologie, die sich überhaupt noch mit der auf Thomas von Aquin zurückgehenden traditionellen Lehre von der Mitwirkung am Bösen befassen, sind keine Beispielsfälle zu finden, die mit der hier zu entscheidenden Frage auch nur annähernd zu vergleichen sind. Von daher ist es tatsächlich schwierig, die einzelnen Elemente der angeführten Definitionen auf die Mitwirkung der Kirche am »Beratungskonzept« anzuwenden.

Es spricht zwar vieles für die Einordnung der kirchlichen Schwangerschaftskonfliktberatung als formelle Mitwirkung.[114] Ganz zweifelsfrei ist dieser Punkt allerdings nicht geklärt. Der primäre Anwendungsfall der »formellen Mitwirkung«, nämlich die »ausdrückliche böse Absicht« (Def. 1) die zu einer »Wesensgleichheit« der Mitwirkung mit der Haupttat führt, liegt bei der Ausstellung eines Beratungsscheines nicht vor. Man sollte den Bischöfen daher nicht vorhalten, dass die Voraussetzungen für eine formelle Mitwirkung *offensichtlich* vorliegen. Es kommt maßgeblich auf die Einschätzung der gesetzlichen Regelung und ihrer Wirkungen («die Umstände«) an. Wer die juristischen Untiefen das »Beratungskonzepts« nicht durchschaut, kann hier leicht einem Irrtum unterliegen. Um so wichtiger wäre es gewe-

112 L'Osservatore Romano, 27. Januar 1998. Eberhard Schockenhoff meint ebenfalls, dass die Scheinausstellung »mit den klassischen Unterscheidungskriterien der moraltheologischen Lehre von der Mitwirkung am Bösen nicht angemessen erfaßbar« sei (Caritas 94 (1997), S. 357).

113 So Prälat Wilhelm Schätzler, DT v. 8.5.99.

114 Viele Formulierungen des Papstbriefes vom 11. Januar 1998 können ebenfalls in diesem Sinne gedeutet werden, auch wenn keine ausdrückliche Stellungnahme erfolgt. Vgl. Sala, JVL 15 (1998), S. 65 ff.

sen, bei den Beratungen der bischöflichen Arbeitsgruppe zur Schwangerschaftskonfliktberatung auch Gegner des »Beratungskonzepts« hinzuzuziehen, was jedoch nicht geschehen ist.[115] Diese Haltung könnte so verstanden werden, dass eine allzu kritische Sicht der Rechtslage nicht erwünscht war, um die Mitwirkung in der Schwangerschaftskonfliktberatung fortsetzen zu können. Unter diesem Blickwinkel wäre die Fehleinschätzung der Rechtslage nicht unverschuldet.

Wer das Vorliegen einer formellen Mitwirkung verneint und eine bloß materielle Mitwirkung annimmt, muss sich dennoch die Frage stellen, ob die Ausstellung von Beratungsscheinen gerechtfertigt werden kann. Auch eine »nur« materielle Mitwirkung ist nicht allein deshalb schon erlaubt. Sie bleibt eine Mitwirkung am Bösen und bedarf daher der Rechtfertigung. Als Rechtfertigung kommen positive Wirkungen in Betracht, die umso größer sein müssen, je schwerer das Übel wiegt, das durch die Handlung (mit-)bewirkt wird. Im vorliegenden Fall müssten die positiven Wirkungen die negativen sehr stark überwiegen, da an einem äußerst schwer wiegenden Übel mitgewirkt wird – der Tötung ungeborener Kinder. In den folgenden Kapiteln sind daher die positiven und negativen Folgen der Scheinerteilung zu untersuchen.

Heiligt der Zweck das Mittel?

3. Die neue Moral

Die Befürworter eines Verbleibs in der staatlichen Schwangerschaftskonfliktberatung verfolgen ein positives Ziel: es sollen möglichst viele Frauen erreicht und durch die Qualität der Beratung zum Austragen des Kindes bewegt werden. Bereits die Rettung *eines* Kindes, so wird argumentiert, rechtfertige die Mitwirkung im staatlichen System.[116] Diesem Ziel ist – isoliert be-

115 Siehe Teil III, Kap. 2 u. 4.

116 Vgl. Hans-Peter Röther, Der Sonntag Nr. 13/98 (Zeitung des Bistums Limburg), 29.3.98; Walter Bayerlein, Lebensforum 3/98, S. 19. Ähnlich Bischof Lehmann: »Wer einen Menschen rettet, rettet die ganze Welt« (s. Anhang, S. 240).

trachtet – uneingeschränkt zuzustimmen. Aber auch der beste Zweck heiligt nicht jedes Mittel.

Nur auf der Grundlage einer Morallehre, die keine *in sich schlechten Handlungen* kennt, könnte ein sehr guter Zweck jedes Mittel rechtfertigen. »Utilitaristische«, »konsequenzialistische« bzw. »proportionalistische« Moralbegründungen haben in den letzten 30 Jahren auch Einzug in die in Deutschland gelehrte Moraltheologie gehalten.[117] Nach diesen Theorien bemisst sich die Moralität[118] einer Handlung letztlich danach, ob die vorhersehbaren Konsequenzen der Handlung überwiegend positiv oder negativ sind bzw. ob die Verhältnismäßigkeit bezüglich der betroffenen Werte und Güter (Prinzip der Güterabwägung) gewahrt ist.[119] Diese »herrschende Meinung«[120] kann in der Tötung eines ungeborenen Kindes prinzipiell keine in sich – unabhängig von den Umständen – schlechte Handlung sehen. Hieraus folgt, dass auch die Mitwirkung an einer Tötung niemals als »formell« und damit als immer unzulässig qualifiziert werden kann, weil immer Umstände denkbar sind, die bei Betrachtung aller Folgen einen »positiven Saldo« ergeben oder die Abtreibung als das »kleinere Übel« erscheinen lassen können.

Diese Ansichten sind aber mit der Lehre der Kirche nicht in Einklang zu bringen, die für das Vorliegen einer sittlich guten Handlung voraussetzt, »dass sowohl das Objekt als auch die Absicht und die Umstände gut sind«.[121] Das Objekt einer Handlung ist das unmittelbare Ziel einer freien Entscheidung.[122] Allein schon die Auswahl eines schlechten Objekts kann eine

117 Gegen diese Entwicklung richtet sich u. a. die Enzyklika »Veritatis splendor« vom 6. August 1993 (VAS Nr. 111), Nr. 71 bis 83. Vgl. auch Robert Spaemann: »Die schlechte Lehre vom guten Zweck«, Beilage zur FAZ, 23.10.99.

118 Beurteilung als »gut« oder »böse/schlecht«.

119 Die Enzyklika »Veritatis splendor« fasst diese Denkströmungen unter dem Begriff der »teleologischen Ethiken« zusammen (Nr. 75). Robert Spaemann bezeichnet sie als Formen des »strategischen Moralverständnisses« (Anm. 117). Sala, (Anm. 61), S. 71 f., nennt als einen der wichtigsten Vertreter dieser Denkrichtung Prof. Johannes Gründel, der bereits maßgeblich dazu beigetragen hat, dass sich die katholische Kirche 1976 in das staatliche Beratungssystem hat einbinden lassen.

120 So Rupert Hofmann, Theologisches 1999, Sp. 520.

121 Katechismus der Katholischen Kirche (zit. »KKK«), Nr. 1755.

122 Vgl. Veritatis splendor, Nr. 78.

Handlung als Ganzes zu etwas Schlechtem machen.[123] »Somit ist es falsch, bei der Beurteilung des sittlichen Charakters der menschlichen Handlungen einzig die ihr zugrunde liegende Absicht oder die sie begleitenden Umstände (...) zu beachten. Es gibt Handlungen, die wegen ihres Objekts in schwerwiegender Weise, unabhängig von den Umständen und den Absichten, aus sich und in sich schlecht sind, z. B. Gotteslästerung und Meineid, Mord und Ehebruch. Es ist nicht erlaubt, etwas Schlechtes zu tun, damit etwas Gutes daraus entsteht.«[124]

Die Kirche lehrt, »dass die direkte und freiwillige Tötung eines unschuldigen Menschen immer ein schweres sittliches Vergehen ist. (...) Die willentliche Entscheidung, einen unschuldigen Menschen seines Lebens zu berauben, ist vom moralischen Standpunkt her immer schändlich und kann niemals, weder als Ziel noch als Mittel zu einem guten Zweck gestattet werden«.[125] Dies trifft auch auf die Abtreibung zu.[126] Wenn aber Abtreibungen immer verwerflich sind, ist die formelle Mitwirkung an Abtreibungen ebenfalls immer verwerflich.

Auch wenn die teleologische Ethik die deutsche Moraltheologie bereits stark durchdrungen hat, dürften die deutschen Bischöfe nach wie vor dem Satz zustimmen, dass man das Leben eines unschuldigen Menschen nicht zugunsten eines oder vieler anderer Menschen opfern dürfe. Viele erkennen aber nicht, dass dieser Grundsatz auch durch die Mitwirkung der katholischen Kirche am »Beratungskonzept« tangiert ist. Wenn man nur den einzelnen Beratungsfall und das Bemühen, die Frau zum Austragen des Kindes zu bewegen, betrachtet, erscheint es fern liegend, hierin eine »Mitwirkung am Töten« oder eine »Preisgabe des Lebensrechts ungeborener Kinder« zu sehen. Tatsächlich basiert das Beratungssystem aber genau auf der eben geschilderten »neuen Moral«, die keine in sich schlechten Handlungen kennt und daher durchaus Menschenleben opfern kann, um ein höher-

123 Vgl. KKK, Nr. 1755.

124 KKK Nr. 1756. Vgl. auch Röm. 3, 8: »Gilt am Ende das, womit man uns verleumdet und was einige uns in den Mund legen: Lasst uns Böses tun, damit Gutes entsteht? Diese Leute werden mit Recht verurteilt.«

125 Evangelium vitae, Nr. 57.

126 Vgl. Evangelium vitae, Nr. 62.

wertiges Ziel zu erreichen – z. B. die Rettung von mehr Menschen.[127] Das ist der Grundgedanke des »Beratungskonzepts«: um möglichst viele ungeborene Kinder über das Mittel der Beratung retten zu können, wird allen Frauen Straffreiheit zugesichert und damit ihren ungeborenen Kindern der Rechtsschutz entzogen. Diejenigen Kinder, die bei Fortbestand der Strafbarkeit (und zusätzlicher Beratung und Hilfe) nicht abgetrieben worden wären, werden geopfert, um eine bestimmte – angeblich höhere – Zahl anderer Kinder durch die von Strafdrohungen unvorbelastete Beratung retten zu können. Selbst wenn auf diesem Wege ungeborene Kinder objektiv nur durch die Beteiligung am staatlichen Beratungssystem gerettet werden könnten – wofür es keinerlei Nachweis gibt –, könnte dieses positive Ziel das negative Mittel, nämlich die Rechtlosstellung und Gefährdung vieler Tausender anderer Kinder, nicht rechtfertigen.

Wenn die Mitwirkung der Kirche im Beratungskonzept von manchen als »kleineres Übel« bezeichnet wird[128], dann wird zwar damit anerkannt, dass hier ein »Übel« vorliegt, aber gleichzeitig geleugnet, dass es um in sich schlechte Handlungen geht, die niemals gerechtfertigt werden können.[129] Bis zu einem gewissen Grad ist es auch verständlich, dass dieser Zusammenhang nicht gesehen wird, weil sich die Preisgabe des Lebens zahlreicher ungeborener Kinder »im System« verbirgt. »Die aktive Mitwirkung bei der Tötung eines unschuldigen Menschen darf nie als kleineres Übel eingestuft werden, auch wenn dadurch die Tötung mehrerer verhindert wird, denn die personale Würde und das Lebensrecht lassen sich nicht quantitativ gegeneinander aufrechnen.«[130]

Außerdem scheint die Überlegung, »wenn wir nicht beraten, tun es andere mit wesentlich weniger Engagement«, manche Bedenken zu zerstreuen. Ein »Mitmachen« kann dadurch aber nicht gerechtfertigt werden, wenn es – wie im Falle der Konfliktbera-

127 Spaemann (Anm. 117): »Ein Konsequenzialist muss immer bereit sein, einen Mord zu begehen, wenn man ihm droht, ansonsten zehn Menschen umzubringen«.

128 Vgl. Johannes Reiter, Bischof Kamphaus u. Bischof Spital in: Reiter (Anm. 20), S. 14, 91, 96.

129 Vgl. Rupert Hofmann, Theologisches 1999, Sp. 521.

130 Joachim Piegsa, Forum Katholische Theologie 1998, S. 126.

tung – mit der Förderung in sich schlechter Handlungen untrennbar verknüpft ist. Wer z. B. erfährt, dass ein Mord geplant ist, darf sich nicht bereit erklären, dem Täter die Waffe zu besorgen, um ihn bei Gelegenheit der Übergabe noch umstimmen zu können – auch wenn ansonsten ein anderer die Waffe liefern, dem Täter aber keine Vorhaltungen machen würde. Denn »für die Handlungen, die ein jeder persönlich vornimmt, gibt es eine sittliche Verantwortung, der sich niemand entziehen kann und nach der Gott selber einen jeden richten wird (vgl. *Röm* 2,6; 14,12).«[131] Wenn mit der beschafften Waffe tatsächlich ein Mensch getötet wird, kann sich derjenige, der sie dem Mörder übergeben hat, nicht von Schuld freisprechen und etwa auf andere Fälle verweisen, in denen der Versuch gelungen ist, dem Täter sein Vorhaben auszureden.

»Wenn jetzt die Rettungsringe eingesammelt (...) werden sollen, verzichtet die Kirche auf Lebensrettung«

4. Unterlassene Hilfeleistung?

Macht sich die Kirche dann aber nicht der »unterlassenen Hilfeleistung« schuldig?[132] »Wer kann den Bischöfen die ethische Ermächtigung geben, jährlich auf die Rettung von Tausenden von Kindern zu verzichten?« – fragt Bischof Lehmann.[133]

Diese im Grunde nur rhetorisch gemeinte Frage greift in zweifacher Weise zu kurz. Wer keine Beratungsscheine mehr ausstellt, verzichtet nicht auf die Rettung ungeborener Kinder, solange er weiterhin Beratung und Hilfe anbietet. Und wer im staatlichen System der Schwangerschaftskonfliktberatung berät, »rettet« nicht einfach, sondern fördert auch Abtreibungen, die alle mit den Beratungsscheinen durchgeführt werden.

131 Evangelium vitae, Nr. 74.
132 Vgl. Johannes Reiter, Bischof Spital in: Reiter (Anm. 20), S. 14, 96; Bischof Lehmann, Statement v. 23.6.99 (s. Anhang, S. 236).
133 Presseerklärung vom 24.9.99. Ähnlich Peter Hünermann, SZ v. 13.11.99: »Der Rückzug aus der Schwangerenkonfliktberatung bedeutet die verweigerte Hilfeleistung für die Schwächsten der Gesellschaft, die ungeborenen Kinder.«

Der Vorwurf der unterlassenen Hilfeleistung wäre nur dann berechtigt, wenn es eine Pflicht gäbe, nur auf eine ganz bestimmte Art und Weise zu helfen, nämlich im Rahmen der staatlichen Schwangerschaftskonfliktberatung. Eine Pflicht, die Hilfe für Schwangere so anzubieten, dass sie gleichzeitig – über die Bescheinigung – die Tötung des ungeborenen Kindes erleichtert, gibt es aber nicht. Wer sich einer solchen Zumutung verweigert, begeht daher auch keine unterlassene Hilfeleistung.

Rat und Hilfe kann im Grunde immer nur *angeboten* werden. Erzwungen werden kann die Annahme der Hilfe nicht. Die Kirche ist in vielen Bereichen tätig, um Menschen in schwierigen Lebenssituationen beizustehen. Das ist eine ihrer ureigensten Aufgaben, ein Gebot der Nächstenliebe. Dieser caritative Auftrag lässt sich sinnvollerweise nicht auf der Grundlage gesetzlicher Vorschriften erfüllen, die dazu zwingen, am Ende der Beratung dem Ratsuchenden genau das zu erleichtern, was durch die Beratung verhindert werden soll. Eine solche »Hilfeleistung« verdient diesen Namen nicht. Wie vernünftig wäre es denn, Menschen mit Selbstmordgedanken für ein Gespräch gewinnen zu wollen, an dessen Ende ein Giftrezept ausgehändigt wird? Wer ein solches System der »Hilfe« ablehnt, aber Rat und Hilfe ohne den »Pferdefuß« des Abtreibungsscheins anbietet, muss sich keine Vorwürfe gefallen lassen. Die Kirche macht sich schließlich auch nicht der »unterlassenen Hilfeleistung« schuldig, wenn sie gefährdeten Ehepaaren, Schuldnern, Nichtsesshaften etc. ihre Hilfe anbietet, ohne dabei die Zwangswirkung einer gesetzlichen Pflicht zur Beratung auszunutzen.

Besonders eingängig haben die ZdK-Mitglieder Walter Bayerlein und Werner Remmers den Vorwurf der »unterlassenen Hilfeleistung« formuliert. Der von Rom angeordnete »Ausstieg« der Kirche aus der gesetzlichen Schwangerschaftskonfliktberatung entspricht nach Ansicht Bayerleins dem Befehl eines Kapitäns, Ertrinkenden keine Rettungsringe mehr zuzuwerfen.[134] Werner Remmers verwendet das gleiche Bild: »Die Kirche macht sich die Hände nicht schmutzig, wenn ihre Beratungsstellen Rettungs-

134 Vgl. DT v. 23.11.99.

ringe auswerfen, um Leben zu retten. Wenn jetzt die Rettungsringe eingesammelt und hinter dem Altar hoch und trocken gestapelt werden sollen, verzichtet die Kirche auf Lebensrettung.«[135] Wie bereits dargelegt, trifft dieser Vergleich nicht, weil der Verbleib in der Schwangerschaftskonfliktberatung nicht nur als Rettungsaktion aufgefasst werden kann. Die mit dem »Beratungskonzept« verbundenen negativen Folgen dürfen nicht verschwiegen werden.

Der Vergleich mit den Rettungsringen hat nur die Frauen im Blick und lässt die Wirkung des Scheins für das ungeborene Kind außer Acht. Wenn man unbedingt ein Beispiel aus der Seefahrt benutzen und einigermaßen die Situation der Konfliktberatung abbilden will, dann müsste man sagen: Solange die Kirche in der Schwangerschaftskonfliktberatung bleibt, wirft sie von einem staatlich zur Verfügung gestellten Schiff aus ertrinkenden Frauen und ihren Kindern Rettungsringe zu, auf denen der Hinweis angebracht ist, dass es zu keinen negativen Folgen führt, wenn die Frauen ihre Kinder nicht ebenfalls retten, sondern ertrinken lassen. Kann es wirklich die Pflicht der Kirche sein, so zu handeln? Oder wäre es nicht besser, ein eigenes Schiff zu chartern und den Ertrinkenden Rettungsringe zuzuwerfen, deren Benutzung zu keinen tödlichen Folgen für die Kinder führen kann?[136]

»...Auftrag (...) zur Rettung ungeborener Kinder,
zur Zeit jährlich circa 5.000.«

5. Erreichbarkeit von Frauen im Schwangerschaftskonflikt

In seinem Statement vom 23. Juni 1999[137] beziffert der Vorsitzende der Deutschen Bischofskonferenz konkret die Zahl der

135 Werner Remmers, Die Welt v. 16.9.99.

136 Zu dem gleichermaßen schiefen Bild vom »Rettungssanitäter im kontaminierten Gelände«, das die bischöfliche Arbeitsgruppe in ihrem Bericht verwendet hat, vgl. Spieker, ZfL 1999, S. 8.

137 Anlässlich der Pressekonferenz zur Veröffentlichung des Schreibens von Papst Johannes Paul II. vom 3. Juni 1999 in Bonn (s. Anhang, S. 236).

durch die Beratungstätigkeit in der staatlichen Schwangerschaftskonfliktberatung geretteten Kinder. Man habe den »Auftrag zur Verringerung der Abtreibungszahlen und zur Rettung ungeborener Kinder, zur Zeit jährlich circa 5.000.« Auch die Initiatoren des Vereins »Donum vitae« nehmen auf eine Zahl von »ca. 5.000 Frauen« Bezug, die durch die kirchliche Beratung gewonnen werden konnten, ihr Kind auszutragen.[138] Kann diese auf den ersten Blick beeindruckende Zahl als Argument für den Verbleib in der Schwangerschaftskonfliktberatung verwendet werden – sei es für die künftige Beratungstätigkeit der Bischöfe, sei es für das Engagement katholischer Laien?

Laut Statistik des Deutschen Caritasverbandes wurden 1997 von katholischen Beratungsstellen 94.956 Erstberatungen durchgeführt, davon 20.097 nach § 219 StGB im Rahmen des »Beratungskonzepts« (21,2 Prozent).[139] In 15.243 Fällen (75,7 Prozent der § 219-Beratungen) wurde ein Beratungsnachweis ausgestellt.[140] Wenn somit in 24,3 Prozent der § 219-Beratungen kein Beratungsnachweis ausgestellt wurde, kann das bedeuten, »dass eine nicht geringe Anzahl von Frauen schon während der Beratung ihren Blick auf eine Zukunft mit dem Kind geöffnet hat. Es kann ferner bedeuten, dass die Beraterin aufgrund des Gesprächsverlaufs zu dem Ergebnis kommt, dass sie den Nachweis nicht ausstellen kann, da die Beratung nicht zustande gekommen ist oder weil die Ratsuchende die Beratung abgebrochen hat«.[141]

In 24,6 Prozent der Konfliktberatungen (absolut: 4.938) soll sich nach Angaben des Caritasverbandes die Frau für das Kind entschieden haben.[142] Zum Zeitpunkt der statistischen Erfassung seien 15,7 Prozent der Frauen noch schwanger gewesen

138 So Rita Waschbüsch, Statement bei der Pressekonferenz am 24.9.99 zur Gründung von »Donum vitae« in Bonn. Friedrich Kronenberg hält die Zahl von »mindestens 5.000« geretteten Kindern für »statistisch sicher nachgewiesen« (Salzkörner 6/99, Informationsdienst des ZdK, 13.12.99, S. 2).

139 Vgl. Deutscher Caritasverband (Hrsg.), 15. Erhebung (Anm. 49) S. 133.

140 Ebd., S. 133, 157.

141 Maier (Anm. 73), S. 162. Vgl. auch Anm. 139.

142 Diese Zahl ist nicht gleichzusetzen mit den Frauen, die keinen Beratungsschein erhielten. Sie setzt sich sowohl aus Fällen, in denen kein Beratungsnachweis ausgegeben wurde, als auch aus Fällen mit Beratungsschein zusammen. Nach mündlicher Angabe einer Mitarbeiterin des Caritasverbandes sollen im Jahr 1997 ca. 1.200 Kinder von Frauen ausgetragen worden sein, die einen Beratungsschein erhielten.

(3.148), 8,0 Prozent hätten das Kind bereits geboren (1.617), 0,9 Prozent hätten eine Fehl- oder Totgeburt gehabt (183).[143] Bei 6,6 Prozent (1.320) der Schwangeren habe eine »Tendenz zur Abtreibung« bestanden, in 68,7 Prozent der Fälle (13.805) sei der Ausgang der Schwangerschaft unbekannt geblieben.[144]

Unter Zugrundelegung dieser Zahlen aus dem Jahr 1997 käme man zu dem Ergebnis, dass durch die Tätigkeit der katholischen Beratungsstellen ca. 5.000 ungeborene Kinder gerettet werden konnten.[145]

Unzulässige Aufrechnung

Diese Zahl der geretteten Kinder lässt sich aber nicht als Argument für den Verbleib in der staatlichen Schwangerschaftskonfliktberatung anführen, wenn die Einbindung in das Beratungskonzept gleichzeitig zur Folge hat, dass die Kirche an der Tötung ungeborener Kinder mitwirkt. Wie bereits in Teil I, Kap. 1, dargelegt, beruht das »Beratungskonzept« auf der Vorstellung, die Beratung durch Straffreiheit für »beratene Abtreibungen« effektiver zu gestalten und damit ungeborene Kinder zu retten. Die Chance, sich im »Beratungskonzept« für das Leben ungeborener Kinder einsetzen zu können, wird mit der Verpflichtung erkauft, Beratungsscheine ausstellen zu müssen, die vorgeburtliche Kindestötungen erleichtern. Eine Aufrechnung der durch Beratung geretteten Kinder gegen die durch die Entziehung des Rechtsschutzes der Tötung ausgelieferten Kinder ist aber unzulässig (s. oben Teil II, Kap. 3).

Zahlen nicht gesichert

Die vom Caritasverband vorgelegte Statistik vermittelt keine Sicherheit hinsichtlich der Zahl der geretteten Kinder. Die Statistik beruht auf der Auswertung von Erfassungsbögen, die in den

143 Deutscher Caritasverband (Anm. 49), S. 145 u. Tab. 21, S. 160.

144 Vgl. ebd., S. 145; Angelika Maier (Anm. 73), S. 162.

145 Es könnten sogar etwas mehr sein, da in der großen Zahl der Fälle mit »unbekanntem« Ausgang noch eine Reihe ausgetragener Schwangerschaften zu vermuten sind.

katholischen Beratungsstellen jeweils am Jahresende anhand der Aufzeichnungen der Beraterinnen ausgefüllt werden. Hierbei stellt sich die Frage, ob die Einschätzungen der Beraterinnen zum Ausgang der Schwangerschaft ein zuverlässiges Bild ergeben.

Der Erfassungsbogen[146] enthält für die Rubrik »Ausgang der Schwangerschaft« fünf vorgegebene Antwortmöglichkeiten: »Noch schwanger«, »Kind geboren«, »Fehlgeburt/Totgeburt«, »Schwangerschaftsabbruch« und »Unbekannt«. Bei der Auswahl dieser Antwortmöglichkeiten kommt es darauf an, wie die Beraterin die Situation einschätzt. Da in ca. 75 Prozent der Fälle nur *ein* Beratungsgespräch stattfindet[147] und eine Rückmeldepflicht für die Frau nicht besteht, dürfte in den meisten Fällen keine sichere Kenntnis vorliegen, ob das Kind gerettet werden konnte. Dies drückt sich auch in dem hohen Prozentsatz der als »unbekannt« eingestuften Fälle aus.

Führt z. B. die Angabe einer Frau, dass sie das Kind austragen werde, dazu, dass in der Statistik dieser Fall als »noch schwanger« erfasst wird? Oder kommt bei solch einer Äußerung bezüglich des Ausgangs der Schwangerschaft ausschließlich die Angabe »unbekannt« in Betracht, weil nach Beendigung der Beratung der Verlauf des weiteren Entscheidungsprozesses – unter Berücksichtigung der möglichen Einflussnahme weiterer Personen – keinen sicheren Schluss zulässt? Fraglich ist auch, wie die in den letzten Wochen des Jahres zur Erstberatung kommenden Fälle erfasst werden. In vielen dieser Fälle könnte am Jahresende guten Gewissens »noch schwanger« angekreuzt werden, obwohl die Zwölf-Wochen-Frist der »Beratungsregelung« noch nicht abgelaufen ist, in der eine Abtreibung möglich wäre. Eine Wertung dieser Fälle als »Kind gerettet« wäre jedenfalls nicht korrekt.

Einigermaßen verlässlich kann der Ausgang der Schwangerschaft nur dann beurteilt werden, wenn sich die Frau nach Ablauf der Abtreibungsfrist wieder meldet und von sich aus das »Ergebnis« mitteilt. Wie oft dies vorkommt, ist aus der Statistik nicht ersichtlich. Eine weitere Ungereimtheit liegt in der Formulierung der Antwortmöglichkeiten und ihrer Interpretation.

146 Abgebildet in Deutscher Caritasverband (Anm. 49), S. 95.
147 Ebd., S. 157.

Während z. B. die Antwort »Schwangerschaftsabbruch« Eindeutigkeit vorspiegelt, heißt es in der Erläuterung hierzu, dass eine »Tendenz zum Schwangerschaftsabbruch« bestanden habe.[148] Soll dies nur den Eindruck erwecken, dass die tatsächliche Zahl der Abtreibungen geringer sein kann als angegeben, oder heißt das im Umkehrschluss, dass z. B. auch die Angabe »noch schwanger« nur als »Tendenz« aufzufassen ist, obwohl sie als »Kind gerettet« interpretiert wird?[149]

Noch verwirrender wird es, wenn man die Ergebnisse einer internen Studie des SkF mit berücksichtigt, soweit diese bekannt geworden sind.[150] Laut Meldung der Katholischen Nachrichten-Agentur vom 26. Januar 1999 ergibt sich aus der Studie, dass die Beraterinnen »nur in den wenigsten Fällen« Gewissheit über den Ausgang der Schwangerschaft erhalten. Nur bei 14,6 Prozent der Frauen sei bekannt geworden, dass das Kind ausgetragen wurde.[151] Dies widerspricht jedoch der Einschätzung in der offiziellen Erhebung des Caritasverbandes, nach der sich »24,6 Prozent« der Frauen für das Austragen der Schwangerschaft entschlossen haben sollen.

Als Zwischenergebnis lässt sich festhalten, dass die Aussage, durch die Mitwirkung in der staatlichen Schwangerschaftskonfliktberatung würden jährlich ca. 5.000 Kinder gerettet, statistisch nicht sicher belegt ist.[152]

148 Ebd., S. 55, 145.

149 In der Erhebung des Caritasverbandes (Anm. 49) wird auf S. 55 angegeben, dass bei der Alternative »noch schwanger« die Entscheidung für das Kind zum Zeitpunkt der Erhebung feststehe. Woraus sich diese Sicherheit ergibt, wird nicht mitgeteilt.

150 Laut KNA-Meldung vom 26.1.99 wurde diese Studie den Bischöfen vor ihrer Tagung in Lingen im Februar 1999 zugeleitet. Sie wird auch in der Stellungnahme der bischöflichen Arbeitsgruppe (vgl. Anm. 49), S. 21, Fn. 10, erwähnt. Auf Nachfrage war die Studie weder vom SkF noch vom Caritasverband zu erhalten, da sie nur »für den internen Gebrauch« bestimmt sei. In der KNA-Meldung werden aber einige Zahlen genannt, die hier ausgewertet werden können.

151 Bei weiteren 16,2 Prozent hätten die Beraterinnen eine »Tendenz zum Austragen des Kindes« wahrgenommen.

152 Auch Walter Bayerlein, Anzeiger für die Seelsorge 4/98, S. 153, räumt ein, dass es – mangels Rückmeldepflicht – keine genauen Zahlen gebe. Nach mündlicher Auskunft des Caritasverbandes v. 10.12.1999 kann »die Qualität der Kontakte mit der Erhebung nicht erfasst werden«. Eine Rückmeldepflicht sei auch mit der Ergebnisoffenheit der Beratung nicht vereinbar.

Ein »Lebensschutzkonzept« ohne lebensschützende Beratung?

Das Argument von den »5.000« geretteten Kindern setzt stillschweigend voraus, dass

- ohne die Ausstellung von Beratungsnachweisen gar keine Frauen mehr angesprochen und zum Austragen ihres Kindes bewegt werden können und
- in anderen Beratungsstellen eine das Leben des Kindes schützende Beratung nicht stattfindet.

Sind diese Annahmen haltbar? Oder muss nicht auch die »Gegenrechnung« aufgemacht werden: Wie viele Kinder können gerettet werden, ohne den für die Straflosigkeit der Abtreibung erforderlichen Schein auszustellen?

Angenommen, eine kirchliche Beratung ohne Schein führt dazu, dass Frauen, die sich mit dem Gedanken an eine Abtreibung tragen, überhaupt nicht mehr zu den katholischen Beratungsstellen kommen – das schlimmste denkbare Ergebnis eines »Ausstiegs«. Würde dies bedeuten, dass keines der Kinder dieser Frauen das Licht der Welt erblickt, weil alle anderen Beratungsorganisationen sich nicht für den Schutz des ungeborenen Kindes einsetzen? Das werden selbst die entschiedensten Anhänger des katholischen Beratungswesens so pauschal nicht behaupten wollen.

Zunächst wird man davon ausgehen können, dass auch in den Beratungsstellen anderer Träger Frauen für das Austragen des Kindes gewonnen werden. In Bayern gibt es z. B. 76 Beratungsstellen, die bei den staatlichen Gesundheitsämtern angesiedelt sind und die fast doppelt so viele Beratungen vornehmen wie die katholischen Beratungsstellen.[153] Man wird diesen nicht generell unterstellen dürfen, dass sie nicht zum Leben beraten. Das gilt umso mehr, als sie unter der Aufsicht einer Landesministerin stehen, die sich weit stärker als ihre Kolleginnen und Kollegen in anderen Bundesländern für den Schutz des ungeborenen Kindes eingesetzt hat.

153 Vgl. FAZ v. 24.9.99.

Soweit allerdings in nicht-katholischen Beratungsstellen eine im Sinne des Lebensschutzes weniger effektive Beratung stattfindet – was insbesondere bei »Pro Familia« zu erwarten ist –, ergibt sich hieraus nicht die Notwendigkeit, auch ein katholisches Konfliktberatungsangebot zu machen, sondern vielmehr die Verwerflichkeit des in Deutschland etablierten »pluralen« Beratungssystems.

Wenn dieses Konzept ein »Lebensschutzkonzept« wäre, müssten *alle* zugelassenen Beratungsstellen lebensschützend beraten. Dann könnte auf die Mitwirkung katholischer Beratungsstellen auch verzichtet werden. Aus Sicht des Staates kann es auf das »Katholische« in der Beratung gar nicht ankommen, denn die Frauen sollen nicht »katholisch«, sondern (bestenfalls) »lebensbejahend« beraten werden.[154] Wenn also die von den katholischen Beratungsstellen nicht mehr erreichten Frauen in dem angeblichen »Lebensschutzkonzept« von einer anderen Beratungsstelle genauso lebensschützend beraten würden, käme es bei einem Ausstieg der Kirche zu gar keinem schlechteren Gesamtergebnis.

Die Realität sieht aber anders aus. Auf der Sitzung des ZdK vom 19. November 1999 fragt die bayerische Sozialministerin Barbara Stamm »mit Verzweiflung in der Stimme«, was das für eine Kirche sei, »die sie vor die Situation stelle, möglicherweise bald Einrichtungen anerkennen zu müssen, die Frauen in Not nicht so zielorientiert beraten (...) wie die Beratungsstellen in Trägerschaft der katholischen Kirche.«[155] Ob Frau Stamm solche Einrichtungen anerkennen »muss«, richtet sich nicht nach dem Willen der Kirche, sondern nach den gesetzlichen Bestimmungen. Wenn diese dazu zwingen, Beratungsstellen anzuerkennen, die »nicht so zielorientiert« beraten, dann handelt es sich bei dem dahinter stehenden Konzept eben nicht um ein »Lebensschutzkonzept«. Der Hinweis auf die »5.000« gerade durch

154 Laut Statistik des Caritasverbandes (Anm. 49, S. 136) ist die Mehrzahl der beratenen Frauen nicht katholisch (17,7 Prozent sind evangelisch, 12 Prozent islamisch, 4,1 Prozent geben eine andere, 10 Prozent keine Religionszugehörigkeit an und bei 17,4 Prozent bleibt die Religion unbekannt), so dass eine »Glaubensberatung« ohnehin weitgehend zum Scheitern verurteilt wäre.

155 FAZ v. 22.11.99.

die katholischen Beratungsstellen geretteten Kinder setzt voraus, dass in anderen Beratungsstellen wesentlich schlechter beraten wird oder gar reine »Schein-Beratungen« im Wortsinne stattfinden (»Protokollberatungen«[156]). Wenn das so ist, dann wird den katholischen Beratungsstellen eine Alibifunktion zugedacht, die das lebensgefährliche Treiben anderer Beratungsorganisationen vertuschen und bemänteln soll. Während der Gesetzgeber und die für die Aufsicht zuständigen Landesregierungen offenbar »nicht so zielorientierte« Beratungen dulden, soll die Einbindung der katholischen Kirche dem ganzen System den Anschein der moralischen Vertretbarkeit geben. Dazu sollte sich die Kirche nicht missbrauchen lassen.

»Ohne den Schein werden die Frauen nicht erreicht«

Wie steht es aber mit der Behauptung, dass Frauen im Schwangerschaftskonflikt ohne das Angebot des Beratungsscheines durch katholische Beratungsstellen nicht erreicht werden können? Diese Frage lässt sich nicht pauschal beantworten. Je nach dem Grad der Vorentschiedenheit für oder gegen einen Schwangerschaftsabbruch ist zu differenzieren. Die große Zahl der bereits vor der Beratung auf einen Schwangerschaftsabbruch festgelegten Frauen[157] dürfte für die katholischen Beratungsstellen kaum ansprechbar sein. Wenn eine Frau letztlich nur die Formalie der Beratung erledigen und sich einen Beratungsschein verschaffen will, wird sie sich an eine andere Stelle wenden bzw. in dem – überwiegend nur einmaligen – Beratungsgespräch nicht umzustimmen sein. Auf der anderen Seite dürften diejenigen Frauen, die zwar Konflikte zu bewältigen haben, aber eine Abtreibung nicht ernstlich in Erwägung ziehen, durch katholische Beratungsstellen auch ohne das Angebot des Beratungsscheins erreicht werden können.

Was ist aber mit den »Unentschiedenen«, die sich weder für noch gegen eine Abtreibung entschieden haben und echten Rat

156 Vgl. Bischof Lehmann, Stellungnahme v. 27.1.98 (s. Anhang, S. 215).
157 Zwischen 75 und 90 Prozent (s. Anm. 86).

und Hilfe suchen? Kann man wirklich annehmen, dass diese Frauen nur deshalb zu katholischen Beratungsstellen kommen, weil ihnen dort ein Beratungsschein für die straflose Tötung des Kindes ausgestellt wird? Wären sie nicht auch ohne dieses Angebot für die Beratung zu gewinnen? Wer kann ausschließen, dass ein bewusst unabhängiges und offensiv lebensbejahendes Beratungsangebot nicht eine noch größere Anziehungskraft auf unentschlossene Frauen haben könnte, als das bisherige?

Diejenigen Frauen, die in einer echten Notsituation nach einer Lösung suchen, werden auch alle Möglichkeiten zur Vermeidung der Tötung ihres Kindes in Erwägung ziehen. Sie werden sich nicht einfach den Schein da »abholen«, wo sie ihn am leichtesten bekommen können. Gerade in dem existentiellen Konflikt zwischen den eigenen Entwicklungschancen der Frau und dem Recht des Kindes, das in ihr heranwächst, sollte man den Frauen nicht unterstellen, dass es ihnen gar nicht auf echte Hilfe ankommt, sondern nur darauf, das Kind »wegmachen« zu lassen. Den noch unentschiedenen, ambivalent eingestellten Frauen darf man zutrauen, dass sie auch ohne den Zwang des Gesetzes bereit sind, eine ernsthaft am Lebensschutz orientierten Beratung wahrzunehmen und gegebenenfalls – wenn sie denn gar keinen anderen Ausweg sehen – die kleine Mühe auf sich zu nehmen, bei einer anderen Stelle den Schein abzuholen. Warum sollten diese Frauen nicht erst zu einer katholischen Beratungsstelle kommen, wenn genau hier Hilfe und Beistand zu finden sind?

Ob die Scheinausstellung als »Lockmittel« notwendig ist, lässt sich in beschränktem Umfang durch einen Blick auf die Beratungssituation im Bistum Fulda, die Tätigkeit unabhängiger Beratungsstellen und einen Rückblick auf die kirchliche Beratung vor der Reform des Abtreibungsstrafrechts überprüfen.

Seitdem im Bistum Fulda keine Beratungsscheine mehr ausgestellt werden (1993) ist die Zahl der Beratungen nicht zurückgegangen. Wenn die Frauen, die angeblich nur wegen des Scheines bereit sind, sich auch in einer katholischen Beratungsstelle beraten zu lassen, weggeblieben wären, hätte ein Rückgang der Beratungszahlen von mindestens 20 Prozent eintreten müssen.[158] Tatsächlich stieg aber das Beratungsaufkommen Jahr für Jahr an. Während 1993 2.977 Beratungsfälle registriert wurden, waren es 1998 bereits 3.827[159] – eine Steigerung von 28,5 Prozent. Die Beratungsklientel ist dabei im Wesentlichen gleichgeblieben.[160]

Zieht man den Vergleich zum benachbarten Bistum Limburg, ergibt sich folgendes Bild: Im Jahr 1995 standen den 3.288 Beratungsfällen in den 5 Beratungsstellen des hessischen Teils des Bistums Fulda nur 2.845 Beratungsfälle in den 9 Beratungsstellen des hessischen Teils des Bistums Limburg gegenüber, obwohl dort Beratungsscheine ausgegeben werden.[161] Wenn es richtig wäre, dass vor allem die Möglichkeit, einen Beratungsschein zu erhalten, die Frauen zu den katholischen Beratungsstellen führt, dann müsste doch angenommen werden, dass viele Frauen den Beratungsstellen des Bistums Fulda den Rücken kehrten und zu den nahegelegenen Beratungsstellen des Bistums Limburg abwanderten. Das ist aber offensichtlich nicht der Fall. Vielleicht noch aussagekräftiger ist, dass die Beratungszahlen der örtlichen Konkurrenz in Fulda nicht angestiegen sind.[162] Eine Beraterin von Pro Familia in Fulda gibt unumwunden zu: »Es ist nicht so wie meist vermutet, dass wir einen hohen Zulauf haben, seit die kirchlichen Beratungsstellen keine Scheine mehr ausstellen«, die Nachfrage in der Schwangerschaftskonfliktberatung sei »seit 1993 eher gesunken«.[163] Wenn sich die Frauen mangels Aussicht auf einen Beratungsschein von den katholischen Beratungsstellen abwenden, aber bei der Konkurrenz nicht vorstellig werden, wo sind sie dann geblieben?

Die Tätigkeit einzelner unabhängiger Beratungsstellen, die Frauen im Schwangerschaftskonflikt beraten und vielen Kindern das Leben retten, zeigt ebenfalls, dass der Beratungsschein für

158 Das entspricht dem Anteil der Schwangerschaftskonfliktberatungen gem. § 219 StGB an allen Beratungen in katholischen Beratungsstellen.

159 Nach Angaben des SkF Fulda. Vgl. auch DT v. 11.2.99.

160 So die Angaben des SkF Fulda. Vgl. auch Erzbischof Dyba in DT v. 27.5.97, sowie DT v. 11.3.99.

161 Vgl. Erzbischof Dyba, DT v. 27.5.97.

162 Vgl. Generalvikar Schick, Bonifatiusbote v. 8.2.98, S. 21.

163 Fuldaer Zeitung v. 28.1.98.

eine effektive Beratungstätigkeit nicht notwendig ist. So bietet z. B. der Heidelberger Verein »Die Birke e.V.« seit Jahren eine von staatlichen Vorgaben völlig unabhängige Beratung in Schwangerschaftskonflikten an. Nach Angaben der Verantwortlichen beträgt die Erfolgsquote über 90 Prozent. Im Jahr 1996 haben sich 100 Frauen, die von der »Birke« beraten wurden, für das Kind entschieden.[164] Dies ist angesichts des flächendeckenden Netzes staatlich anerkannter Konfliktberatungsstellen erstaunlich. »Viele Frauen, die zu uns kommen, haben den Schein längst in der Tasche. Der größte Teil kommt mit einer klaren Option für eine Abtreibung. Teilweise kritisieren sie die vorausgegangene Beratung durch kirchliche Träger«, so eine Mitarbeiterin.[165] Vergleicht man die Erfolgsbilanz der »Birke« mit der katholischer Schwangerschaftskonfliktberatungsstellen, muss man feststellen, dass die Beratungstätigkeit der »Birke« etwa fünfmal so erfolgreich ist, wie die von Caritas und SkF.[166]

Schon in der Zeit vor der ersten Reform des Abtreibungsstrafrechts Mitte der 70er Jahre konnten die deutschen Bischöfe feststellen, dass auch ein nicht verpflichtendes Beratungsangebot wirksam sein kann. In einem Hirtenschreiben der deutschen Bischöfe aus dem Jahr 1973 heißt es, der Sozialdienst katholischer Frauen habe »in den letzten Jahren 3.000 bis 4.000 Frauen jährlich geholfen, die ohne diese Hilfe die Abtreibung als Ausweg aus ihrer Situation betrachtet hätten«.[167] Wenn es seinerzeit – ohne jede Beratungspflicht – gelungen ist, allein auf dem Gebiet der alten Bundesländer 3.000 bis 4.000 ungeborene Kinder zu retten, dann sollte das im wiedervereinigten Deutschland in noch größerem Umfang ebenfalls gelingen.

Fazit: Selbst wenn man außer Acht lässt, dass die Zahl der »geretteten Kinder« prinzipiell nicht gegen die Mitwirkung der Kirche an zahllosen Abtreibungen verrechnet werden kann, er-

164 So Sonja Dengler, Leiterin der »Birke« in: Lebensforum 3/98, S. 31.

165 Vgl. DT v. 1.12.98.

166 Wenn man von den für 1997 genannten ca. 5.000 geretteten Kindern in katholischen Beratungsstellen ausgeht, kämen auf jede der 270 Beratungsstellen durchschnittlich weniger als 20 Kinder, die nicht abgetrieben werden.

167 »Hirtenwort der deutschen Bischöfe zum Schutz des ungeborenen Lebens«, 25.4.73, S. 7. Vgl. auch DT v. 25.11.99.

weist sich das Schlagwort von den »5.000 geretteten Kindern« bei näherer Betrachtung als unbrauchbar, den Verbleib der Kirche im staatlichen Konfliktberatungssystem zu rechtfertigen. Im Ergebnis ist es sehr zweifelhaft, ob im Rahmen des »Beratungskonzepts« mehr Kinder gerettet werden können als mit einer Beratung ohne Schein. Ein statistischer Beweis ist jedenfalls nicht zu führen. Andererseits bestehen durchaus Chancen, nach einem Ausstieg aus dem staatlichen Beratungssystem eine erhebliche Zahl von ungeborenen Kindern zu retten, ohne zugleich an der Durchführung vieler straffreier Abtreibungen mitzuwirken. Eine solche Beratung, »die sowohl den Wert des ungeborenen Lebens wie auch die Schwierigkeiten der schwangeren Frau ganz ernst nimmt und eine Lösung auf der Basis von Wahrheit und Liebe anstrebt, wird die Gewissen vieler Ratsuchender anrühren und für die Gesellschaft ein mahnender Aufruf sein.«[168]

»Bescheinigung der moralischen Unbedenklichkeit des Abtreibungsrechts«

6. Systemstabilisierende Wirkung

Den erhofften, nicht erwiesenen und nur um den Preis der Zweideutigkeit erreichbaren positiven Wirkungen der kirchlichen Beratungstätigkeit im staatlichen System stehen schwerwiegende negative Effekte gegenüber. An erster Stelle ist die objektive systemstabilisierende Wirkung zu nennen. Das »Beratungskonzept« wird – wenn man sich in seine »Logik« einbinden lässt – nicht nur dazu genutzt, in Einzelfällen »zu retten, was zu retten ist«. Es wird durch die Mitwirkung der Kirche insgesamt, auch mit seinen negativen Seiten, stabilisiert.

Bundestagspräsident Wolfgang Thierse (SPD), der auch dem Zentralkomitee der deutschen Katholiken angehört, erklärte in der Debatte über die künftige Form der katholischen Schwangerenberatung im Jahr 1998, der Deutsche Bundestag habe sich zur

168 Papstbrief v. 11.Januar 1998, Ziff. 6 (s. Anhang, S. 204).

Lösung des Abtreibungsproblems mit großer Mehrheit »für die Grundentscheidung ausgesprochen: Beraten statt Strafen. Wollen die katholischen Bischöfe (...) diese Grundentscheidung in Frage stellen? Sie sagen nein.[169] Dann müssen sie sich aber auch der inneren Logik unseres Gesetzes stellen. Das Ja zum Kind ist ganz elementar an die verantwortliche Entscheidung der Frau gebunden. Diese Möglichkeit zur verantwortlichen Entscheidung setzt Straffreiheit voraus. Die Straffreiheit setzt die ergebnisoffene Pflichtberatung voraus. (...) Die Straffreiheit setzt für die Frau die Bescheinigung über die Beratung voraus. Das ist die Logik des Gesetzes. Die Beratungsbescheinigung in Frage stellen heißt deshalb, die innere Logik der gesetzlichen Regelung insgesamt in Frage stellen.«[170] Wer Beratungsscheine ausstellt, unterstützt damit die »innere Logik« der gesetzlichen Regelung, eine »Logik«, die mit der Unantastbarkeit jedes einzelnen Menschen nicht vereinbar ist (s. Teil I, Kap. 1 und Teil II, Kap. 3). Wer sich in dieser »Logik« nicht verfangen will, muss folglich auf die Ausstellung von Beratungsscheinen und damit die Einbindung in die staatliche Schwangerschaftskonfliktberatung verzichten.

Es wäre ein Irrtum anzunehmen, dass die Kirche durch ihre Mitwirkung das »Beratungskonzept« in einem christlichen, lebensbejahenden Sinn entscheidend prägen könnte. In Deutschland gibt es ca. 1.700 Beratungsstellen. Davon werden zur Zeit 270 von der katholischen Kirche (Caritas und SkF) getragen, die ca. 20.000 Konfliktberatungen (1997) vornehmen. Geht man von einer Abtreibungszahl von ca. 200.000 bis 250.000 im Jahr aus[171], fallen die in katholischen Beratungsstellen durchgeführten Schwangerschaftskonfliktberatungen nicht erheblich ins Gewicht. Sie machen gerade 8 bis 10 Prozent aller Beratungen aus. Die Verteilung der Beratungsfälle auf die verschiedenen Träger unterstreicht damit die bereits angesprochene Alibifunktion der katholischen Beratungsstellen (siehe Teil II, Kap. 5). Der Zweck des »pluralen« Angebots an Beratungsstellen besteht gerade darin, es den »weltanschaulich neutralen« Bera-

169 Er bezieht sich dabei auf ein Spiegel-Interview mit Bischof Kamphaus.
170 Deutscher Bundestag, Plenarprot. 13/219, 12.2.98, S. 20008 B – C.
171 Zur Bewertung der statistischen Zahlen vgl. Beckmann (Anm. 33), S. 151 f.

tungsträgern zu ermöglichen, ohne große Umstände die Straflosigkeitsvoraussetzungen des Gesetzes zu erfüllen und den Frauen, die auf Selbstbestimmung und Selbstverwirklichung fixiert sind, die risikofreie und kostengünstige Tötung ihrer Kinder zu gestatten. Der Verein »Pro Familia« sieht es sogar als seine Aufgabe an, in sogenannten »Familienplanungszentren« in grossem Umfang Kinder vor der Geburt zu töten.[172] »Eine solche Praxis wird ungehindert andauern, solange man darauf verweisen kann, man habe ja auch noch die kirchlichen Beratungsstellen im pluralen Angebot. Damit wird der Kirche eine Alibirolle zugewiesen, welche das System stabilisiert.«[173]

Indirekt hat Bischof Lehmann diese Funktion der kirchlichen Mitwirkung bestätigt. In einem Zeitungsbeitrag sagte er: »Einige Richter haben mir immer wieder gesagt: Wenn Sie ›aussteigen‹, gibt es in unserem Land keinen größeren Partner mehr, der flächendeckend in der Lage ist, so zu beraten, wie wir es im Urteil von 1993 formuliert haben.«[174] Aus diesen Worten ist zu entnehmen, dass eine »verfassungskonforme« Beratung scheinbar nur von den katholischen Beratungsstellen geleistet wird. Dann ist es aber unverantwortlich, mit dieser Tätigkeit ein System zu unterstützen, das in der Masse der Fälle eine im Sinne des Lebensschutzes ungenügende Beratung als Voraussetzung für die straflose Tötung ungeborener Kinder ausreichen lässt.

Hinter dem vielfältigen Lob für die Tätigkeit der katholischen Beratungsstellen – quer durch fast alle Parteien – steckt deshalb sicher auch ein hohes Maß an Berechnung. Wenn ausgerechnet die katholische Kirche, eine Institution mit bekanntermaßen strengen moralischen Grundsätzen, sich an der Verwirklichung des »Beratungskonzepts« beteiligt, kann dieses wesentlich leichter als »Lebensschutzkonzept« angepriesen und das Wiederaufflammen der leidigen § 218-Diskussion verhindert werden. »Der Staat will auf die Mitwirkung der Kirche nicht verzichten, weil

172 Helga Glufke, Pro Familia-Magazin 2/92, S. 22 f.: »Etwa 77 % aller gemeldeten Abtreibungen in der BRD werden in Pro Familia-Zentren vorgenommen«.
173 Memorandum der Juristen-Vereinigung Lebensrecht, ZfL 1998, S. 46.
174 RM v. 1.10.99.

er sie als Bescheinigung der moralischen Unbedenklichkeit des Abtreibungsrechts auslegt.«[175]

Wohl unfreiwillig hat auch Hans Maier, der ehemalige Präsident des Zentralkomitees der deutschen Katholiken, in einem Artikel für den »Rheinischen Merkur« die fatale Wirkung der Beratung für das Rechtsbewusstsein beschrieben, die auch von der Kirche mitverantwortet werden muss, wenn sie im staatlichen Beratungssystem verbleibt. Während in den meisten europäischen Ländern »rechtfertigungslos abgetrieben werden kann«, so schreibt Maier, »verlangt das deutsche Recht die Beratung der Schwangeren, und zwar verbindlich. Die Selbstbestimmung der Schwangeren soll durch die Beratung – also von außen – im Sinn des Lebensschutzes beeinflusst werden. Ein Element der Rechtfertigung wird damit eingeführt.«[176] Die Beratung dient also letztlich der *Rechtfertigung* der vorgeburtlichen Kindestötung. Das mag man auf formaler Ebene bestreiten können, hat aber für die Einstellung der Bevölkerung zur Abtreibung trotzdem fatale Folgen.[177] Wenn die Kirche nach eingehender Beratung einen Schein ausstellt, der als Berechtigungsschein für eine straffreie Abtreibungen verwendet werden kann, wird dies von vielen Frauen als Billigung der dann scheinbar »wirklich unvermeidlichen« Abtreibung verstanden.

Nach Auffassung des CDU-Bundestagsabgeordneten Hubert Hüppe, einem seit Jahren besonders im Lebensschutz engagierten Parlamentarier, wollen viele Abgeordnete die Kirche nur deshalb im staatlichen System halten, »damit nicht mehr darüber diskutiert wird, ob das ganze System noch in Ordnung sei. Diese Leute wollen keine neue Diskussion über Abtreibungen.«[178] Selbst der Spiegel, der keine Gelegenheit auslässt, die Haltung des Papstes in der Abtreibungsfrage zu kritisieren, kommt zu dem Resümee, dass der Austritt der Kirche aus der staatlichen Konfliktberatung die Politik »in Verlegenheit« bringt. Hierdurch »zerbricht (...) der mühsam genug erzielte gesellschaftliche Konsens

175 Patrick Bahners, FAZ v. 26.1.98.
176 RM v. 24.10.99.
177 Vgl. Teil I, Kap. 3.
178 Vgl. DT v. 30.9.99.

in der Frage des Schwangerschaftsabbruchs. Für alle Parteien war es ein Beruhigungspflaster auf eigene moralische Skrupel, dass die katholische Kirche sich nicht einfach aus der Verantwortung stahl. Dazu zwingt sie nun das Veto aus Rom.«[179]

Ein Konzept, »das in der Unbedingtheit des Ziels, ungeborenes Leben zu schützen, im Weltvergleich singulär ist.«

7. Nachlassender Widerstand gegen das Gesetz

Entgegen der oft wiederholten Erklärung, man werde sich mit diesem Gesetz nicht abfinden[180], wurde nach der Einführung der »Beratungsregelung« in der Kirche der Widerstand gegen dieses Gesetz immer geringer. Teilweise wird die gesetzliche Regelung im Grundsatz akzeptiert, teilweise sogar überschwänglich gepriesen.

Bischof Franz Kamphaus hat mit seiner am Anfang dieses Buches zitierten Äußerung (siehe Teil I, S. 14) deutlich gemacht, dass der von ihm befürwortete Verbleib im gesetzlichen System der Schwangerschaftskonfliktberatung eng mit der Akzeptanz des Beratungskonzepts zusammenhängt. Aufgrund von unzutreffenden rechtlichen Wertungen[181] meint Bischof Kamphaus das »Beratungskonzept« als solches nicht mehr in Frage stellen zu müssen. Da das »Beratungskonzept« aber das Rechtsbewusstsein zerstört, die Funktion des Beratungsscheins bestimmt und das Kind der straflosen, rechtlich und sozial abgesicherten Tötung ausliefert, ist es ein schwerer Fehler, wenn Bischof Kamphaus als namhafter Repräsentant der katholischen Kirche in der Grundkonzeption der geltenden Abtreibungsregelung keinen »Stein des Anstoßes« mehr sieht. Wer dieses Konzept mitträgt, wird zu Recht auch für seine Wirkungen mitverantwortlich gemacht.

Das Zentralkomitee der deutschen Katholiken hat ebenfalls seit langem den Widerstand gegen die »Beratungsregelung« aufgegeben und 1997 erklärt, der deutsche Gesetzgeber vertrete ein

179 Nr. 38/99, 20.9.99, S. 25.
180 So z. B. im Vorspann der Vorläufigen Bischöflichen Richtlinien (Anm. 69), S. 89.
181 Vgl. Teil I, Kap. 1, 2, 4 u. 6.

Konzept zum Lebensschutz, »das in der Unbedingtheit des Ziels, ungeborenes Leben zu schützen, im Weltvergleich singulär ist«.[182] Eine dermaßen übertriebene Schönfärbung des gesetzlichen Abtreibungssystems ist mit dem gesunden Menschenverstand nicht mehr nachzuvollziehen.

Auch auf der mittleren Ebene des deutschen Laienkatholizismus, den Diözesanräten, hat sich diese Sichtweise fest etabliert. Besonders bemerkenswert sind die Äußerungen von Dr. Hans-Peter Röther, dem Vorsitzenden des Diözesanrates im Bistum Limburg: »Weil wir am gesetzlichen Beratungsverfahren teilnehmen, machen wir uns nicht indirekt zum Mittäter an der Abtreibung. Eine solche Schlussfolgerung übersieht das bei uns gewachsene Verfassungsrecht in Deutschland, das Leben schützen, aber auch das Selbstbestimmungsrecht der Menschen garantieren will.«[183] Wie kann ein exponierter katholischer Laienvertreter zur Rechtfertigung von Abtreibungen auf das Selbstbestimmungsrecht verweisen? Abtreibung ist keine Selbstbestimmung, sondern die extremste Form der Fremdbestimmung, nämlich die Tötung eines anderen Menschen.

Röther fährt fort: »In der jahrelangen Diskussion um das strikte Verbot oder das Recht auf Abtreibung sind zwei Grundprinzipien in einen Kompromiss zusammengebunden worden: einerseits die Unantastbarkeit des menschlichen, auch des noch ungeborenen Lebens, andererseits das Recht und die Pflicht des Gesetzgebers, bei der Gesetzgebung den Interessen und verfassungsmäßigen Rechten der Gesamtbevölkerung Vorrang vor Interessen einzelner Teile der Gesellschaft zu geben.« Soll das etwa heißen, beim Schutz des Lebens handelt es sich um katholisches Sondergedankengut, das nur Katholiken etwas angeht und von der Gesamtgesellschaft nicht beachtet werden muss?

Röther weiter: »Auf der einen Seite steht die moralische, absolute Forderung zur Bewahrung des werdenden [!] Lebens, auf

182 Stellungnahme des ZdK (Anm. 73), S. 1. Solche Äußerungen werden natürlich von den Verfechtern der gesetzlichen Regelung aufgegriffen und als Bestätigung ihres Konzepts gedeutet (vgl. Inge Wettig-Danielmeier (SPD), Deutscher Bundestag, Plenarprot. 13/219 v. 12. Februar 1998, S. 20001 D).

183 Der Sonntag (Kirchenzeitung des Bistums Limburg), 29.3.98.

der anderen Seite das Recht zur Selbstbestimmung. Die im Gesetzeskompromiss gefundene Lösung des Beratungsscheins führt Beweis über die durchgeführte, ernsthafte und kompetente Beratung der Frau. Wer hier eine »Lizenz zum Töten« sieht, missachtet den ausbalancierten Gesetzesrahmen in Deutschland. Nach meiner Auffassung ist im Gesetzgebungsverfahren und den Verfassungsprozessen ein auch für katholische Christen annehmbares Ergebnis gefunden worden.« Wer aus der »Zwielichtigkeit des Scheins« aussteigen wolle, habe dann zwar eine »saubere Weste«. »Zugleich aber stellten wir uns ein Stück neben unsere Gesellschaft und die für sie geltenden Gesetze.« Soll die Kirche etwa alles mitmachen, was der Gesetzgeber beschließt? Soll sie Ehebruch, Pornographie und alle möglichen anderen Übel in unserer Gesellschaft akzeptieren, damit sie sich nicht »neben unsere Gesellschaft und die für sie geltenden Gesetze stellt«?

Ende 1998 haben die Bundesvorsitzende des SkF, Maria Elisabeth Thoma, und die SkF-Fachreferentin für Beratungsfragen, Christa Beermann, in einem Zeitungsbeitrag ihre Einschätzung der geltenden Abtreibungsregelung dargelegt: »Die derzeitige bundesgesetzliche Regelung ist nach langen, schwierigen Verhandlungen als parteiübergreifender Kompromiss mit unserer intensiven Beteiligung zustande gekommen. Ihr integratives Konzept von Beratung und Hilfe basiert auf der Überzeugung, dass der Lebensschutz zusammen mit der Frau, durch Beratung und Hilfe, besser zu gewährleisten ist, als durch Strafdrohung. Im Wissen um konkrete Verbesserungsmöglichkeiten der gegenwärtigen Gesetzeslage halten wir eine erneute *grundlegende* Diskussion der gegenwärtigen Rechtslage für ungeeignet, den Lebensschutz tatsächlich zu verbessern.«[184] Auch diese Ausführungen zeigen einen getrübten Blick für die Realität. Die gesetzliche Regelung wird als »integratives Konzept des Lebensschutzes« ausgelegt, obwohl jeder einigermaßen redliche Beobachter der Abtreibungspraxis in Deutschland zu der Erkenntnis kommen muss, dass jede Frau ihr ungeborenes Kind problemlos töten lassen kann, wenn sie es nicht haben will.

184 Konradsblatt (Kirchenzeitung des Erzbistums Freiburg), 29.11.98.

Besonders positiv hat sich der Vorsitzende der Deutschen Bischofskonferenz, Bischof Karl Lehmann, über das »Beratungskonzept« geäußert. Bereits die Entscheidung des Bundesverfassungsgerichts von 1993, in der das »Beratungskonzept« im Grundsatz akzeptiert worden war, bezeichnete Bischof Lehmann als »historische und wegweisende Entscheidung«, »der wahre Gewinner ist der Mensch«[185]. Merkwürdig, dass gleichzeitig die Mitverfasserin des Gesetzes, Uta Würfel (FDP), jubilierte: »Was wir nicht bekommen haben, sind 400 DM[186] – sonst alles. (…) Die freie Entscheidung der Frau war das Wichtigste, was ich angestrebt habe, und das habe ich erreicht.«[187]

In einem Buchbeitrag schreibt Bischof Lehmann gleichfalls euphorisch: Wegen des neuen Vorrangs der Prävention »wird das allgemeine Gewicht des Strafrechts keineswegs vernachlässigt (…). Die Strafdrohung wird nämlich, genauer besehen, eher verstärkt, weil das familiär-soziale Umfeld der Frau und der Arzt wesentlich stärker in die Verpflichtung zu einem positiven Lebensschutz einbezogen und gegebenenfalls auch mit Strafe belegt werden«.[188] Die Rechtswidrigkeit und das Unrecht der Abtreibung im Sozialrecht sei »offenkundig«.[189] Diese vorschnelle und unüberlegte Anerkennung eines in sich widersprüchlichen und daher rechtlich unbrauchbaren Verfassungsgerichtsurteils zeigt wenig Sachkenntnis. Eine Unrechtskennzeichnung von Abtreibungen im Sozialrecht gibt es nicht, sondern weitgehende sozialstaatliche Förderung (Gewährung von Sozialhilfe, Krankenhilfe, Lohnfortzahlung; siehe Teil I). In Bezug auf die Strafbarkeit des sozialen Umfeldes der Frau fiel schon in einer Debatte des Bundestages vom 29. Juni 1995 das Stichwort vom »symbolischen Strafrecht«. Die entsprechenden Strafvorschriften sind noch kein einziges Mal zur Anwendung gekommen, weil es sich um Fehlkonstruktionen ohne praktische Relevanz handelt.[190]

185 Vgl. DT v. 2.6.93.
186 Gemeint sind die unmittelbaren Abtreibungskosten.
187 Vgl. SZ v. 29.5.93.
188 Bischof Karl Lehmann (Anm. 53), S. 241.
189 Ebd., S. 247.
190 Vgl. Rainer Beckmann, ZfL 1995, S. 31; Herbert Tröndle, NJW 1995, S. 3017.

Bevor das »Beratungskonzept« etabliert wurde, hatte Bischof Lehmann im Rahmen der Gesetzesdiskussion noch erklärt: »Sollte der »Gruppenantrag« in der vorliegenden Gestalt Gesetz werden, wird es den kirchlichen Beratungsstellen unmöglich gemacht, weiterhin im Rahmen der gesetzlichen Bestimmungen an der Beratungsarbeit teilzunehmen. Die Beratungsstellen können sich nicht in ein Verfahren einbinden lassen, das die Ausstellung einer Beratungsbescheinigung zu einer wesentlichen Voraussetzung für die straffreie Tötung eines ungeborenen Menschen macht«.[191] Diese Aussage betraf zwar nicht das heute geltende Gesetz, aber einen Gesetzentwurf, der den geltenden Bestimmungen in den wesentlichen Punkten genau entsprach.[192] Die Situation, die Bischof Lehmann seinerzeit beschrieben hat, ist mittlerweile seit mehreren Jahren eingetreten. Die angekündigten Konsequenzen wurden von ihm jedoch nicht gezogen. Er hat sich vielmehr für eine Fortsetzung der Konfliktberatung eingesetzt. Nachdem er verschiedentlich an seine Erklärung von 1992 erinnert worden war – so z. B. im ersten Schreiben des Papstes von 1995 – hat Bischof Lehmann versucht, sich von ihrem Inhalt zu distanzieren.[193]

191 Bischof Karl Lehmann, Pressemitteilung vom 10. Juni 1992 (Nr. 6), abgedruckt z.B. im Amtsblatt der Diözese Augsburg v. 24. Juni 1992, S. 261.

192 Vgl. BT-Drs. 12/2605 [neu]. Zu diesem Gesetzentwurf hatte Bischof Lehmann u. a. erklärt, dass dem Lebensschutz neben Beratung und Hilfe auch das Strafrecht diene. »Dieses stellt vor allem den Unrechtscharakter heraus. Der »Gruppenantrag« belegt in seiner ganzen Anlage, dass diese Funktion des Strafrechtes durch die übrigen Maßnahmen nicht ersetzt oder durch Wegfall des Strafschutzes überzeugend ausgeglichen werden kann. ... Die Feststellung, die Beratung diene durch Rat und Hilfe dem Lebensschutz, hat eine reine Alibi-Funktion, zumal diese Beratung nicht einmal protokolliert und auf Wunsch anonym durchgeführt wird. Es bleibt der Schwangeren allein überlassen, von sich aus zu entscheiden, ob sie sich in einer Not- und Konfliktsituation befindet. Um diese »Eigenverantwortung der Frau« prinzipiell durchzusetzen, wird das Leben des ungeborenen Kindes in den ersten drei Monaten schutzlos preisgegeben« (vgl. Anm. 191, S. 260 f.).

193 Vgl. die Pressemitteilung v. 21.Februar 1997, S. 3: »Die Vollversammlung hat (...) alle an der Diskussion Beteiligten zur nüchternen Sachlichkeit, zur menschlichen Fairness und zu einem objektiven Eingehen auf die Beweggründe Andersdenkender aufgerufen. In diesem Zusammenhang habe ich selbst auch Aussagen aus dem Jahr 1992 klargestellt, die in letzter Zeit immer wieder als Beleg für einen angeblichen Positionswechsel zitiert worden sind.« Wie diese »Klarstellung« erfolgt ist, wird in der Presseerklärung nicht mitgeteilt.

Offenbar meint Bischof Lehmann, feinsinnig zwischen der 1992 beschlossenen »Fristenregelung«[194] und der 1995 verabschiedeten »Beratungsregelung« differenzieren zu können. Während das vom Verfassungsgericht teilweise aufgehobene Gesetz von 1992 als »Fristenregelung« verdammt wird, erfreut sich die »Beratungsregelung« von 1995 bei den Beratungsscheinbefürwortern großer Wertschätzung. So bemängelt ZdK-Präsident Meyer, dass weite Kreise der Öffentlichkeit die gesetzlich geregelte Schwangerschaftskonfliktberatung in Deutschland als Fristenlösung mit Pflichtberatung interpretierten. »Das ist aber genau das, was unter erheblichem Einsatz von Christen 1995 verhindert worden ist.«[195]

Bei genauer Analyse wird es aber schwer fallen, zwischen den beiden Gesetzen einen nennenswerten Unterschied auszumachen. Beide Regelungen sehen eine Beratungspflicht vor. Die Teilaufhebung des Schwangeren- und Familienhilfegesetzes durch das Bundesverfassungsgericht hat nicht zu substanziellen Änderungen geführt. Die formale Umetikettierung beratener Abtreibungen von »rechtmäßig« in »rechtswidrig« hat für die Rechtspraxis – und insbesondere die ungeborenen Kinder – keine Bedeutung (s. Teil I, Kap. 2).

Der Gesetzentwurf zum Schwangeren- und Familienhilfegesetz wurde von Zentralkomitee und Bischofskonferenz in einer am 15. Mai 1992 in Dresden beschlossenen gemeinsamen Stellungnahme entschieden abgelehnt: »Die vorgesehene Neuregelung der Beratungspflicht für die Schwangere gibt vor, dem Lebensschutz zu dienen. Im Rahmen der Bestimmungen des Gruppenantrags leistet sie das gerade nicht. Angesichts der generellen Preisgabe des Lebensschutzes in den ersten zwölf Lebenswochen hat sie nur Alibifunktion. Sie kann in keiner Weise die fehlende Kennzeichnung der Abtreibung als Unrecht ersetzen. Der Antrag versucht durch die vorgesehene Ausgestaltung der Beratung seine Verfassungswidrigkeit zu verschleiern. Der Gesetzentwurf verpflichtet die Beratungsstellen im Strafgesetz-

194 Schwangeren- und Familienhilfegesetz (BGBl. I, S. 1398).
195 Der Spiegel, Nr. 40/99, 4.10.99, S. 102.

buch zur Ausstellung einer Beratungsbescheinigung, die zu einer wesentlichen Voraussetzung für die Straffreiheit wird. Nicht die Abtreibung, sondern das Unterlassen der Beratung würde bestraft. Damit sollen die Beratungsstellen in ein Verfahren eingebunden werden, das in ethisch unverantwortlicher und verfassungswidriger Weise den Schutz menschlichen Lebens preisgibt. Eine solche Perspektive der Beratungsarbeit darf nicht hingenommen werden.« All dies trifft exakt auch auf die geltende »Beratungsregelung« zu. Können die Mitglieder des ZdK und weite Teile der Bischofskonferenz das nicht erkennen?

Eine wichtige Folge der positiven Bewertung der geltenden Abtreibungsregelung ist es, dass auch bei der Bewusstseinsbildung durch die Institutionen der katholischen Erwachsenenbildung große Defizite zu beklagen sind. Seit der Neuregelung der Abtreibungsvorschriften ist die Beschäftigung mit dem Thema der massenhaften vorgeburtlichen Kindestötung in den katholischen Akademien und Bildungshäusern praktisch zum Erliegen gekommen. Vor allem in den Einrichtungen der katholischen Erwachsenenbildung befasst man sich – von wenigen Ausnahmen abgesehen – vorzugsweise mit Themen, die in jeder Volkshochschule in gleicher Weise angeboten werden und sicher nicht zum Kern der christlichen Verkündigung gehören: Basteln, Malen, Klöppeln, Töpfern, Korbflechten, Batik, Ikebana, Fitness-Training (Power-Bodyforming, Power Callanetics, Problemzonentraining), internationale Friedenstänze, kreatives Gestalten, Atemschulung, »Taiji – für Anfänger«, »Qi Gong im Sitzen«, »Bioenergetik am Morgen«, »Autogenes Training«, »Indischer Tempeltanz«, »Orientalischer Tanz«, Yoga.[196] Wenn schon die Politiker schlechte Gesetze machen und die Medien bei der Bewusstseinsbildung für den Wert und die Schutzwürdigkeit des ungeborenen Kindes versagen, wäre es zumindest Aufgabe der Kirche, in ihren Bildungseinrichtungen das Rechtsbewusstsein zu stärken und das »Evangelium vom Leben« zu verkünden.[197]

196 Angebote aus dem Veranstaltungsprogramm des Katholischen Bildungszentrums »Matthias-Ehrenfried-Haus« der Diözese Würzburg, Sept. 99 bis Dez. 99.

197 Die jährlich durchgeführte »Woche für das Leben« reicht hierzu keineswegs aus, zumal im Rahmen dieser Veranstaltungsserie nur noch gelegentlich speziell auf das

Der Trend ist eindeutig: die offiziellen Laiengremien, die Bildungseinrichtungen und viele Hirten der Kirche haben den Widerstand gegen die »Kultur des Todes« in Deutschland weitgehend aufgegeben. Das zeitliche Zusammentreffen dieser Entwicklung mit der Einbindung der Kirchen in das »Beratungskonzept« dürfte kein Zufall sein.

»...in ihrer Entscheidungsautonomie offen und solidarisch ernst nehmen.«

8. Anpassung der Beratung an das gesetzliche System

Die gesetzlichen Vorgaben für die Beratung sind mehr als dürftig und ermöglichen es, auch ohne Kenntnis der für eine Abtreibung sprechenden Gründe den Beratungsschein auszustellen (siehe Teil I, Kap. 4). Da sich im Gesetz nur Mindestanforderungen für den Inhalt der Beratung finden lassen, ist es den unterschiedlichen Trägern der Schwangerschaftskonfliktberatung unbenommen, einen höheren Qualitätsstandard anzubieten. Diesen Umstand hat die katholische Kirche genutzt und eigene Richtlinien für die Tätigkeit der Schwangerschaftskonfliktberatungsstellen erlassen.[198] Die Grundtendenz dieser Richtlinien ist zu begrüßen und wurde auch vom Papst anerkannt.[199] Dennoch muss bei genauer Betrachtung festgestellt werden, dass sich die bischöflichen Richtlinien wesentlich stärker mit dem gesetzlichen System identifizieren, als es aus katholischer Perspektive vertretbar ist.

Positiv ist zunächst, dass im Vorwort der Richtlinien die euphorische Beurteilung der neuen Rechtslage durch Bischof Lehmann nicht geteilt wird. Dort wird »trotz einiger Verbesserungen«[200] eine »weitere Verschlechterung des Lebensschutzes«

Abtreibungsunrecht eingegangen wird. Kritik am Grundkonzept der »Beratungsregelung« ist seit langem nicht mehr zu hören.

198 Siehe die Vorläufigen Richtlinien von 1995 (Anm. 69).

199 Vgl. Papstbrief v. 11. Januar 1998, Ziff. 4 (s. Anhang, S. 203).

200 Es fragt sich allerdings: Welche?

festgestellt. Deshalb werde »sich die katholische Kirche mit diesem Gesetz nicht abfinden.« Anzuerkennen ist auch, dass – im Gegensatz zur gesetzlichen Regelung – in katholischen Beratungsstellen die Gründe für die eventuelle Abtreibung zur Sprache kommen sollen. In § 2 Abs. 2 S. 3 der Richtlinien heißt es: »Eine Beratung ist nur möglich, wenn sich die Ratsuchende ihrerseits auf das gemeinsame Bemühen um Konflikterhellung und Konfliktüberwindung im Beratungsgespräch einlässt«. Andernfalls wird gem. § 5 Abs. 3 kein Beratungsnachweis ausgestellt.

Zu bemängeln ist jedoch, dass die genannte Formulierung keineswegs klar und eindeutig ist. Es wird nicht ausdrücklich die Darlegung der Gründe verlangt, die aus Sicht der Frau für eine Abtreibung sprechen. Ein »gemeinsames Bemühen um Konflikterhellung und Konfliktüberwindung« könnte auch schon dann vorliegen, wenn die Gründe nur undeutlich und/oder unvollständig zur Sprache kommen. Offenbar konnten die Bischöfe in ihren Richtlinien nur in abgeschwächter Form die Darlegung der Gründe fordern, damit diese überhaupt von den Landesbehörden anerkannt wurden. Eine unzweideutige Formulierung wäre nicht mit der gesetzlichen Regelung vereinbar gewesen und hätte spätestens nach der Entscheidung des Bundesverfassungsgerichts vom 27. Oktober 1998 als »verfassungswidrig« angesehen werden müssen (siehe Teil I, Kap. 4)! In einer Debatte des Bundestages über die katholische Schwangerenberatung erinnerte deshalb die Abgeordnete Hanna Wolf (SPD) daran, »dass nicht die katholischen Beratungsrichtlinien, sondern die bundesgesetzlichen Richtlinien maßgeblich sind.«[201]

Die ehemalige SPD-Gesundheitsministerin in Hessen hielt die bischöflichen Richtlinien gerade noch für gesetzeskonform, weil die Formulierung »deutlich weicher« sei, als z. B. die Regelung im bayerischen Schwangerenhilfe-Ergänzungsgesetz.[202] Die seinerzeitige hessische Familienministerin Nimsch erklärte am 22. April 1997, dass noch kein einziger Fall von Verweigerung der Ausgabe des Beratungsscheines unter Hinweis auf die bischöf-

201 Deutscher Bundestag, Plenarprot. 13/219, 12.2.98, S. 20010 C.
202 Vgl. Hess. LT-Drs. 14/2173, S. 2.

lichen Richtlinien vorgekommen sei. Daher solle diese Frage auch nicht problematisiert werden.[203] Offensichtlich wurde der Streit um die Vereinbarkeit der bischöflichen Richtlinien mit dem Bundesgesetz aus taktischen Gründen nicht ausgetragen, weil man auf die Mitwirkung der Kirche – solange sie sich wohl verhält – nicht verzichten wollte. Genaugenommen zeigt sich bereits an diesem Punkt, dass die gesetzliche Regelung der Beratung nicht mit dem katholischen Beratungsverständnis in Einklang zu bringen ist.

Über die Qualität der Beratung im Einzelfall sind verlässliche Aussagen kaum möglich, da die Beraterinnen zur Verschwiegenheit verpflichtet sind. Grundsätzlich wird man davon ausgehen können und müssen, dass in katholischen Beratungsstellen im Sinne der Richtlinien der Bischofskonferenz beraten wird. Wenn man sich darüber hinaus ein Bild von der Beratungspraxis machen will, ist man auf die Äußerungen derjenigen angewiesen, die für das Beratungswesen in den damit befassten katholischen Verbänden Verantwortung tragen.

Die bereits erwähnten Repräsentantinnen des SkF, Maria Elisabeth Thoma und Christa Beermann, schreiben: »Wir sind als Kirche nur dann glaubwürdig, wenn wir die Würde der Frau respektieren und sie im Hinblick auf ihre Konflikte und Zweifel, Ängste und Hoffnungen, aber auch in ihrer Entscheidungsautonomie offen und solidarisch ernst nehmen.«[204] Entspricht es der Würde der Frau, von einer »Entscheidungsautonomie« hinsichtlich der Entscheidung über Leben und Tod des Kindes auszugehen?[205] »Den Menschen zum Herren über Leben und Tod machen, heißt ihn prinzipiell überfordern. Es bleibt noch genug Not, die u. U. durch das ungewollte Eintreten eines Kindes entsteht. Dieser Not muss gegengesteuert werden. Aber es darf ihr nicht jene Erniedrigung der Menschenwürde hinzugefügt werden, die darin besteht, dass man es ihm zubilligt, Tötung als mögliche Alternative in Betracht zu ziehen.«[206]

203 Vgl. Hess. LT-Drs. 14/2173, S. 1.
204 Konradsblatt, 29.11.98, S. 8.
205 Im AG-Bericht wird dies – insoweit zutreffend – abgelehnt (vgl. Anm. 49, S. 33).
206 Robert Spaemann, JVL 5 (1988), S. 20 f.

Brigitte Bläser, die langjährige Fachreferentin für Beratungsdienste in der Erzdiözese Freiburg, redet ebenfalls der Entscheidungsfreiheit der Frau das Wort. Sie vergleicht in einem Buchbeitrag die Situation einer Ratsuchenden mit einem Gefangenen, der die Tür zu seiner Freiheit nicht entdecken kann, weil seine Zelle so vollgestellt ist. Das Ziel der Beratung sei es, »(...) dazu beizutragen, die verschiedenen Dinge an ihren Platz zu rücken, freie Räume dadurch zu schaffen, die Tür freizumachen. Die *Ergebnisoffenheit* bezieht sich einmal auf die Haltung der Beraterin: es ist das Haus der Ratsuchenden, sie behält das Hausrecht; es ist zu respektieren. Zum anderen bezieht sie sich auf die Aufgabe und die Verantwortung der Ratsuchenden: sie ist frei in ihrer Entscheidung, diese Tür als ihre Tür ins Freie in Betracht zu ziehen, sie kann wählen, ob sie hindurchgeht oder nicht.«[207] Damit findet sich das bereits erläuterte Verständnis von »Ergebnisoffenheit« durch den Gesetzgeber im Sinne einer Wahlfreiheit zwischen Leben und Tod auch in der katholischen Beratungsarbeit wieder (siehe Teil I, Kap. 4).

Dass in der Beratungspraxis die »Entscheidungsautonomie« der Frauen akzeptiert wird, zeigt folgender Bericht über eine evangelische und eine katholische Beratungsstelle. »In der Haltung gegenüber ihren Klientinnen und in der Zielsetzung ihrer Arbeit sind sich die Beraterinnen der konfessionell verschiedenen Träger einig: Ihnen kommt es darauf an, dass die Frauen zu einer bewussten Entscheidung finden, »egal wie sie aussieht«, wie Annette Spiegel betont. Denn dann könnten sie später mit dieser Entscheidung auch leben.«[208] Die Auffassung dieser Beraterin vom SkF hat Tradition im katholischen Beratungswesen. Bereits 1980 hat Elisabeth Buschmann, die damalige Leiterin der Abteilung Familienhilfe im Deutschen Caritasverband erklärt, in

207 Brigitte Bläser, in: Reiter/Keller (Anm. 53), S. 439 f.

208 »Gespräch statt Predigt«, in: Das Sonntagsblatt v. 30.05.97. Ähnlich die Aussage einer anderen katholischen Beraterin in den Ruhrnachrichten v. 8.3.95: »Bei dem Gespräch wird keine Frau von mir zu einer Entscheidung gedrängt, die sie nicht will«. In die gleiche Richtung deutet auch die Bemerkung einer Beraterin: »Es gibt keine gute oder böse Entscheidung in diesem Fall. Es gibt eine Entscheidung: Ja, ich krieg's, oder nein, ich krieg's nicht« (zit. nach Weihbischof Andreas Laun, Kirche heute 11/97, S. 20).

der Beratung gehe es darum, der Frau »das Bewusstsein zu vermitteln, dass ich ihr helfen werde, eine freie Entscheidung zu treffen. Und ich muss ihr diesen Freiraum für eine freie Entscheidung ermöglichen. (...) Die Beraterin ist gehalten, alles zu tun, um der Frau eine Entscheidung zu ermöglichen, mit der sie auch später leben kann. Es kann sein, dass sie sich für den Schwangerschaftsabbruch entscheidet, dann aber hat sie diese Entscheidung überlegt und ist nicht bei einem panikartigen Entschluss stehengeblieben, den sie gar nicht reflektiert hat.«[209]

Auch in der aktuellen Diskussion um den Beratungsschein wird diese Einstellung weiterhin vertreten. Auf Einladung einer Wochenzeitung traf eine katholische Beraterin eine ehemalige Klientin und sprach mit ihr über den damaligen Entscheidungsprozess.[210] Mehrfach gibt die Beraterin zu erkennen, dass sie die Entscheidung der Schwangeren nicht zu beeinflussen versuche. »Ganz wichtig: Wir geben keine Empfehlungen ab. (...) Zur Entscheidung gehört die Freiheit der Wahl.« Es kann somit keine Rede davon sein, »dass jeder Frau, die an Abtreibung denkt, noch einmal eindringlich ins Gewissen geredet wird, ihr Kind leben zu lassen«, wie Bischof Lettmann meint.[211] Manche katholische Beraterin scheint ihren Auftrag ganz anders zu verstehen. In dem genannten Gespräch distanziert sich die Beraterin ausdrücklich von der Kirche: »Meine Aufgabe ist es nicht, verlängerter Arm der Amtskirche zu sein. (...) Die Bischöfe, glaube ich, verstehen uns nicht richtig. Der Papst versteht uns erst recht nicht.«

Die gesetzliche Regelung, dass in der Beratung nicht einmal die Gründe für die geplante Abtreibung zur Sprache kommen müssen, wird ebenfalls von einer Repräsentantin aus dem katholischen Beratungswesen verteidigt. Die Kölner Familientherapeutin Elisabeth Mackscheidt, die auch als Supervisorin für katholische Schwangerenberaterinnen tätig ist, gibt auf die Frage: »Was tun, wenn die Frau schweigt?« zur Antwort, dass derartigen Fällen »respektvoll zu begegnen« sei. »So kann es sein, dass die schwangere Frau den Eindruck hat, bei einem Offenlegen

209 Interview mit Elisabeth Buschmann, Herderkorrespondenz 12/80, S. 610.
210 Siehe Die Woche v. 19.11.99.
211 Vgl. Kirche + Leben (Kirchenzeitung für das Bistum Münster), 5.12.99, S. 3.

des Konflikts die Loyalität zu Menschen, die ihr nahe stehen, nicht wahren zu können, da sie sich dann möglicherweise doch noch zur Revision ihrer bisherigen Entscheidung veranlasst sehen könnte.«[212] Soll etwa die Loyalität zu nahestehenden Personen wichtiger sein als die Loyalität der Mutter zu ihrem eigenen Kind? Wie kann die Beratung dem Leben des Kindes dienen, wenn vor lauter Rücksicht auf das soziale Umfeld die Gründe für die geplante Abtreibung nicht zur Sprache kommen?

All diese Äußerungen sind umso unverständlicher, als sowohl der Deutsche Caritasverband als auch der SkF noch vor wenigen Jahren in vielen Punkten genau entgegengesetzte Positionen vertreten haben. Sie sind in den Stellungnahmen dieser Verbände für den Sonderausschuss »Schutz des ungeborenen Lebens« des Deutschen Bundestages, der die Neuregelung des Abtreibungsstrafrechts nach der Wiedervereinigung vorbereitete, nachzulesen. In der gemeinsamen Stellungnahme von Caritasverband und SkF vom 15. Juni 1992 wird z. B. der Ausschluss der Darlegungs- und Begründungspflicht in den seinerzeitigen Gesetzentwürfen scharf kritisiert. Nach diesem Verständnis von Beratung, das eine Nennung der Gründe für den Abbruchwunsch nicht als zwingend ansieht, könne »überhaupt kein Beratungsgespräch zustande kommen«. Derartige Bestimmungen seien für die Beratung »untauglich«.[213]

In der Stellungnahme des Caritasverbandes vom 8. November 1991 wird die Pflichtberatung als alleiniger Schutzmechanismus für das ungeborene Kind abgelehnt. »Nur wenn eine Pflicht zur Indikationsfeststellung vorliegt, kann eine Pflicht zur Beratung gefordert werden. Das heißt, die Beratung kann nicht alleinige Instanz zum Schutz des ungeborenen Kindes sein, sonst wird die Beratung korrumpiert und hat nur Alibifunktion.«[214] In der Stellungnahme des SkF vom 11. November 1991 heißt es: »Erfahrungen aus der Zeit der Fristenregelung in den alten Bundesländern 1974/1975 sowie mit den fristenregelungs-

212 Vgl. Elisabeth Mackscheidt, in: Reiter/Keller (Anm. 53), S. 454 f.

213 Vgl. Deutscher Bundestag, 12. Wahlperiode, Sonderausschuss »Schutz des ungeborenen Lebens«, Ausschuss-Drs. Nr. 100, S. 3.

214 Ebd., Ausschuss-Drs. Nr. 26, S. 10.

ähnlichen Bestimmungen der derzeitigen Indikationenregelung zeigen: je weniger Rechtsschutz für das Leben des Kindes, desto größer der Einfluss des Umfeldes zum Schwangerschaftsabbruch, der Druck auf die Frau, und umso geringer die Chancen und Möglichkeiten sowie lebenserhaltende Wirkung der Beratung.«[215]

Nach nur wenigen Jahren der weiteren Einbindung in das staatliche Konfliktberatungssystem sind diese Positionen schon in Vergessenheit geraten. In den katholischen Beratungsorganisationen, dem Deutschen Caritasverband und dem Sozialdienst katholischer Frauen, ist eine deutliche Tendenz zur Anpassung an die Beratungsideologie des Gesetzgebers festzustellen.

»Dann kann es doch nicht so schlimm sein...«

9. Verdunkelung des Zeugnisses der Kirche

Die Befürworter des Verbleibs in der Konfliktberatung wollen verhindern, dass sich gerade die Frauen, die noch unentschieden sind, ob sie eine Abtreibung vornehmen lassen wollen, von den katholischen Beratungsstellen abwenden. Sie sehen das Angebot, den für die Straflosigkeit einer Abtreibung erforderlichen Beratungsnachweis auszustellen, als entscheidendes Motiv dafür an, dass Frauen in die katholischen Beratungsstellen kommen. Das setzt voraus, dass sich diese Frauen die Tötung ihres ungeborenen Kindes zumindest als mögliche Alternative offen halten wollen. Durch das Angebot des Beratungsscheines entsteht damit unvermeidlich der Eindruck, dass die katholische Beratungsstelle ebenfalls eine Abtreibung als mögliche Alternative akzeptiert, obwohl dies eindeutig der gesamten Lehrtradition der Kirche widerspricht. Die Kirche kann für das Ergebnis »Abtreibung« nicht »offen« sein – obwohl es sich hierbei um ein Wesenselement der vom Gesetz geforderten »Ergebnisoffenheit« der Beratung handelt.

215 Ebd., Ausschuss-Drs. Nr. 25, S. 8.

Der vorgegebene Zielkonflikt ist klar: die Kirche kann nach außen hin nicht gleichzeitig Kompromisslosigkeit im Kampf gegen Abtreibung *und* Offenheit für die straflose Tötung des Kindes signalisieren. *Glaubwürdig* kann sie nur eines der beiden Ziele vertreten. Wer mit Entschiedenheit von vornherein erklärt – wie es Pflicht der Kirche ist –, dass es keine moralisch legitime Alternative zum Austragen des Kindes gibt und in der kirchlichen Beratung die Tötung des Kindes unter keinen Umständen »als Ausweg« akzeptiert wird, der kann letztlich nur diejenigen Frauen erreichen, die bereit sind, sich auch ohne das Lockmittel des Beratungsscheins helfen zu lassen. Jedes andere Vorgehen muss zwangsläufig zu einer »Zweideutigkeit« und einer »Verdunkelung des Zeugnisses« führen.[216]

Die Diskrepanz zwischen den Äußerungen von SkF und Caritas vor und nach der Einführung des »Beratungskonzepts« (s. Kap. 8) zeigt deutlich, dass es praktisch unmöglich ist, einerseits der Lehre der katholischen Kirche treu zu bleiben und andererseits einem Beratungssystem zu dienen, das auf Vorbedingungen beruht, die mit dieser Lehre nicht vereinbar sind. Dabei geht es gar nicht um persönliche Vorwürfe gegenüber den einzelnen Beraterinnen, die sich im Rahmen der gesetzlichen Bedingungen bemühen, eine Entscheidung für das Kind zu ermöglichen. Die Beachtung der gesetzlichen Vorgaben führt aber geradezu zwangsläufig zu einer Anpassung, die dem Auftrag der Kirche widerspricht, »Salz der Erde« und »Licht der Welt« zu sein.

Dass in Hirtenworten häufig gegen Abtreibung eindeutig Stellung bezogen wurde, ist für die Klarheit des kirchlichen Zeugnisses nicht der alleinige Maßstab. Die in den Gottesdiensten verlesenen Mahnungen nehmen heute die wenigsten Menschen in unserem Land tatsächlich zur Kenntnis. Viel nachhaltiger wird das Bewusstsein der Menschen vom gelebten Vorbild, dem Handeln in der Praxis, geprägt. Gerade durch die Mitwirkung am angeblichen »Schutzkonzept durch Pflichtberatung« wird diesem auch eine gewisse Legitimation gegeben. Mehr noch: Wer sich in die praktische Durchführung eines Gesetzes einbinden

216 Vgl. Papstbrief v. 11. Januar 1998, Ziff. 7 (s. Anhang, S. 205).

lässt, wird mit der Behauptung, es sei »unannehmbar«, über kurz oder lang unglaubwürdig. Wenn dann noch das Abtreibungsgesetz von wichtigen Repräsentanten der katholischen Kirche verharmlost wird und die Verantwortlichen für die katholische Schwangerenberatung sich mehr an den gesetzlichen Vorgaben als an der katholischen Morallehre orientieren, führt dies letztlich dazu, dass die Klarheit des Zeugnisses der Kirche entscheidend verdunkelt wird.

Der Kölner Generalvikar Norbert Feldhoff beschreibt die negativen Auswirkungen, die aus der Beteiligung der Kirche an der Durchführung des Abtreibungsgesetzes resultieren, folgendermaßen: »Die Entwicklung in Deutschland zeigt leider, dass der Schutz des ungeborenen Lebens im Bewusstsein immer mehr in den Hintergrund tritt. Man verdrängt mehr und mehr, dass hier Unrecht geschieht. Abtreibung ist unter gewissen Voraussetzungen straffrei, und die Kirche beteiligt sich an diesem Verfahren. Dann kann es doch nicht so schlimm sein, ja, es wird sogar von einem Recht auf Abtreibung gesprochen. Manche sehen nur noch die freie Entscheidung der Schwangeren und verdrängen mehr und mehr den eigenständigen Schutz des ungeborenen Lebens. Es ist nicht von der Hand zu weisen, dass in dieser Bewusstseinsentwicklung die Ausstellung des Scheins von Bedeutung ist. Sofern die Kirche in diesem System mitwirkt, ist sie nicht unschuldig an dieser Bewusstseinsentwicklung, und sie verdunkelt damit ihren Einsatz für den Schutz des ungeborenen Lebens.«[217] Als Gesamteindruck bleibt im öffentlichen Bewusstsein letztlich haften, was eine Zeitung treffend als Schlagzeile formulierte: »Kirchlicher Schein berechtigt zur Abtreibung«.[218]

Die Mitwirkung an einem ungerechten Gesetz mit dem Ziel, ungeborene Kinder zu retten, kommt immer einer gefährlichen Gratwanderung gleich. Einerseits könne sich – so schreibt der Papst in Evangelium vitae – »herausstellen, dass die Durchführung

217 Kirchenzeitung Köln 13/98, 27. März 1998, S. 8 f. Dies gilt nicht erst für die neue Rechtslage. Das System der Pflichtberatung mit strafbefreiender Wirkung hat allgemein »einen korrumpierenden Effekt. Es macht die Kirchen ungewollt zu Komplizen der Abtreibungsorganisation« (Robert Spaemann, JVL 5 (1988), S. 24).

218 Augsburger Allgemeine v. 30.6.99.

von an sich indifferenten oder sogar positiven Handlungen, die in den Artikeln von insgesamt ungerechten Gesetzgebungen vorgesehen sind, den Schutz bedrohter Menschenleben erlaubt. Andererseits darf man jedoch mit Recht befürchten, dass die Bereitschaft zur Durchführung solcher Handlungen nicht nur zu einem Stein des Anstoßes wird und dem Nachlassen des notwendigen Widerstandes gegen Anschläge gegen das Leben Vorschub leistet, sondern unmerklich dazu verleitet, immer mehr einer permissiven Logik nachzugeben.«[219] In Deutschland ist diese Entwicklung deutlich spürbar.

Hinzu kommt die weltkirchliche Dimension des Problems, auf die Papst Johannes Paul II. in seinen Briefen an die deutschen Bischöfe hingewiesen hat: »Auch wenn die gesetzliche Situation in Eurem Land einzigartig ist, so betrifft das Problem, wie wir das Evangelium des Lebens in der pluralistischen Welt von heute wirksam und glaubwürdig verkünden, doch die Kirche insgesamt. Der Auftrag, das Leben in allen seinen Phasen zu schützen, lässt keine Abstriche zu. Daraus folgt, dass die Botschaft und die Handlungsweise der Kirche in der Frage der Abtreibung in ihrem wesentlichen Gehalt in allen Ländern dieselben sein müssen.«[220] Der unbedingte Einsatz für jedes ungeborene Leben lasse »keine Zweideutigkeiten oder Kompromisse zu. Hier muss die Kirche in Wort und Tat immer und überall mit ein und derselben Sprache sprechen.«[221] Wäre es denn denkbar, dass Kleriker und Laien in anderen Ländern sich sagen, »jawohl, nicht allein der katholische Weltkatechismus setzt das Nein zur Abtreibung ins rechte Licht, sondern das Eintreten der deutschen Bischöfe für einen Schein zum Schutz des Lebens, der die Abtreibung ermöglicht«?[222] Wohl kaum. Völlig unannehmbar für die Glaubwürdigkeit der Kirche wäre schließlich ein »Beratungs- und Hilfeplan« gewesen, der zur straffreien Abtreibung verwendet werden kann, obwohl auf ihm das genaue Gegenteil geschrieben steht.[223]

219 Evangelium vitae, Nr. 74.
220 Brief v. 11. Januar 1998, Ziff. 5 (s. Anhang, S. 204).
221 Brief v. 3. Juni 1999, Ziff. 3 (s. Anhang, S. 225).
222 So Heinz-Joachim Fischer, FAZ v. 3.9.99.
223 Siehe dazu Teil III, Kap. 6.

Zusammenfassend zeigt sich, dass die Einbindung der katholischen Beratungsstellen in das staatliche System der Schwangerschaftskonfliktberatung unter keinem Gesichtspunkt akzeptabel ist. Das gesetzliche Abtreibungssystem wurde und wird durch die Mitwirkung der Kirche stabilisiert, die Tötung ungeborener Kinder objektiv gefördert und die eigene Widerstandskraft gegen die »Logik« des Systems geschwächt. In der Beratungstätigkeit zeigen sich Anpassungstendenzen, die mit der Lehre der Kirche nicht vereinbar sind. Wie man es auch dreht und wendet, ob man die Schwangerschaftskonfliktberatung nach den Grundsätzen des weltlichen oder kirchlichen Rechts beurteilt oder ob man die Lehre von der formellen Mitwirkung anwendet, die weitere Ausstellung von Beratungsscheinen kann nicht gerechtfertigt werden. Selbst wenn man nur von einer materiellen Mitwirkung ausgeht – wie viele Scheinbefürworter – oder im Sinne der »neuen Moral« allein auf die Konsequenzen des Handelns abstellt, geht »die Rechnung« nicht auf. Die negativen Auswirkungen der kirchlichen Mitwirkung sind in jedem Fall größer, als die positiven.

In diesem Sinne kann auch die Argumentation des Papstes in seinen Schreiben an die deutschen Bischöfe verstanden werden. Bei seiner bereits 1998 getroffenen Entscheidung, dass ein Schein, der eine Schlüsselfunktion für die Durchführung straffreier Abtreibungen hat, nicht mehr ausgestellt werden soll, hatte der Papst das Für und Wider sorgfältig abgewogen: einerseits die Gefahr, Frauen in Konfliktsituationen ohne Beistand zu lassen; andererseits die Mahnung, dass der Schein die Kirche in die Tötung unschuldiger Kinder verwickelt und ihren unbedingten Widerspruch gegen die Abtreibung weniger glaubwürdig macht.[224] Ohne sich auf eine konkrete Qualifizierung des Beratungsscheins einzulassen, sieht Johannes Paul II. in der Ausstellung eines solchen Beratungsscheins jedenfalls »eine Zweideutigkeit ..., welche die Klarheit und Entschiedenheit des Zeugnisses der Kirche und ihrer Beratungsstellen verdunkelt.«[225]

224 Vgl. Papstbrief vom 11. Januar 1998, Ziff. 8 (s. Anhang, S. 205).
225 Ebd., Ziff. 7.

Es gibt somit für Bischöfe wie Gläubige allen Anlass, sich nicht nur aus Glaubensgehorsam und kirchlicher Loyalität dem Willen des Papstes zu beugen. Es sollte vielmehr die Einsicht Platz greifen, dass der Papst die richtige Entscheidung getroffen hat. Nur aus dieser Überzeugung heraus kann die Befreiung von den Zwängen des staatlichen Konfliktberatungssystems und eine glaubwürdige Neuausrichtung der kirchlichen Beratungstätigkeit gelingen.

Teil III

Der innerkirchliche Streit um den Beratungsschein

»Ach, ich habe ein bisschen gelernt, mit Texten umzugehen.«

Bischof Karl Lehmann

Die Auseinandersetzung um den Beratungsschein hat nicht nur sachorientierte, »inhaltliche« Aspekte. Besondere Bedeutung kommt auch dem Prozess der Entscheidungsfindung zu. Über Jahre hinweg fand ein zähes Ringen zwischen Rom und der Deutschen Bischofskonferenz statt, das einer näheren Analyse bedarf. Immerhin waren drei offizielle päpstliche Schreiben und ein weiterer Brief aus dem Vatikan notwendig, um die deutschen Bischöfe zu veranlassen, eine Neuordnung der katholischen Beratungstätigkeit zu beschließen – ein kirchengeschichtlich einmaliger Vorgang. Auch wenn hier nicht auf alle Einzelheiten des Entscheidungsprozesses eingegangen werden kann, sollen doch die wichtigsten Stationen im Streit um den Beratungsschein seit dem ersten Papstbrief von 1995 nachvollzogen und kritisch gewürdigt werden.

»...in offenem Gegensatz zum Evangelium des Lebens«

1. Der erste Papstbrief

Im Einigungsvertrag für die Wiedervereinigung Deutschlands wurden zwei unterschiedliche Regelungen der Abtreibung anerkannt: im Westen die seit 1976 geltende Indikationsregelung, im Osten die in der ehemaligen DDR praktizierte Fristenregelung. Im Juni 1992 beschließt der Bundestag als gesamtdeutsche Regelung der Abtreibung das »Schwangeren- und Familienhilfegesetz«. Es sieht in den ersten zwölf Wochen nach Empfängnis Straffreiheit vor, wenn sich die Frau zuvor von einer anerkannten Beratungsstelle hat beraten lassen. In diesen Fällen wird der Schwangerschaftsabbruch als »nicht rechtswidrig« bezeichnet. Auf Antrag von Abgeordneten der CDU/CSU-Fraktion des Deutschen Bundestages und der Bayerischen Staatsregierung kommt es zur Entscheidung des Bundesverfassungsgerichts vom 28. Mai 1993, in der die vom Gesetzgeber verabschiedete Regelung als »Beratungsregelung« grundsätzlich akzeptiert wird. Die Karlsruher Verfassungshüter erklären zwar einige Bestimmungen des Gesetzes für verfassungswidrig, insbesondere die Bezeichnung »beratener Abtreibungen« als »nicht rechtswidrig«. Eine wesentliche Änderung der Vorschriften war aber nach dem Urteil im weiteren politischen Entscheidungsprozess nicht mehr zu erwarten. Die Vorlage einer Beratungsbescheinigung würde in Zukunft – daran bestand kein Zweifel – die entscheidende Bedingung für die Durchführung straffreier Abtreibungen sein.

In dieser Situation entscheidet Erzbischof Johannes Dyba im September 1993, dass von den Beratungsstellen seiner Diözese keine Beratungsbescheinigungen mehr ausgestellt werden dürfen. Seit diesem Zeitpunkt besteht in der Deutschen Bischofskonferenz ein offener Dissens über die Frage, wie künftig die Tätigkeit der katholischen Beratungsstellen zu gestalten sei.

Von Rom aus erfolgt keine sofortige Reaktion. Zunächst wird die Verabschiedung des »Schwangeren- und Familienhilfeänderungsgesetzes« im Juni 1995 abgewartet. Das erste Schreiben des

Papstes zur Schwangerenberatung in Deutschland datiert vom 21. September 1995 und liegt damit in zeitlicher Nähe zur Verabschiedung der neuen Abtreibungsregelung. Offenbar sieht der Papst aufgrund der geänderten Gesetzeslage sofortigen Anlass zum Handeln – noch bevor das Gesetz am 1. Oktober 1995 in Kraft tritt.

In seinem Brief[226] spricht der Papst von einer »Zweideutigkeit des neuen Abtreibungsgesetzes«. Trotz positiver Elemente stehe das Gesetz »in einigen wesentlichen Punkten in offenem Gegensatz zum Evangelium des Lebens, das die Kirche immer verkündet hat und immer verkünden wird« (Ziff. 2). Ausdrücklich erkennt der Heilige Vater an, dass der Schutz des Lebens das Ziel der Beratung sei. »Leider wird aber diese positive Definition durch die Bestimmung abgeschwächt, dass die Beratung ergebnisoffen zu führen sei. Das subjektive Bewusstsein der Frau, das vielen Einflüssen ausgesetzt ist und nicht selten durch Druck von dritter Seite mitbestimmt wird, scheint nun doch wieder dem unabdingbaren Lebensrecht des Kindes übergeordnet zu sein« (Ziff. 3). Diesem in der Tat »zweideutigen« Konzept stellt der Papst gegenüber, was Aufgabe der Kirche in der Beratung ist. Die Beratung müsse »unmissverständlich klarstellen, dass Gott allein Herr über Leben und Tod ist und dass die Tötung des Kindes niemals eine ›Lösung‹ sein kann« (Ziff. 4).[227]

Noch schwerwiegender als die Zweideutigkeit der Vorschriften über das Beratungsziel ist nach Auffassung des Papstes aber »der veränderte Stellenwert, den das neue Gesetz der Beratungsbescheinigung zuweist. Sie bestätigt, dass eine Beratung stattgefunden hat, ist aber zugleich ein notwendiges Dokument für die straffreie Abtreibung in den ersten zwölf Wochen der Schwangerschaft.« Die Beratungsbescheinigung sei nun »de facto die alleinige Voraussetzung für eine straffreie Abtreibung« (Ziff. 5).

In Ziffer 6 des Briefes zitiert der Papst schließlich wörtlich die Erklärung von Bischof Lehmann vom 10. Juni 1992: »Die Beratungsstellen können sich nicht in ein Verfahren einbinden

226 Siehe Anhang, S. 199 ff.; abgedruckt in DT v. 30.9.95.
227 Ein deutlich anderes Verständnis von Beratung als das des Caritasverbandes und des SkF. Vgl. Teil II, Kap. 8.

lassen, das die Ausstellung einer Beratungsbescheinigung zu einer wesentlichen Voraussetzung für die straffreie Tötung eines ungeborenen Menschen macht«. Dies ist bereits ein deutlicher Hinweis darauf, dass der Brief als Aufforderung zur »Kündigung« der Einbindung in das gesetzliche Verfahren zu verstehen ist. Hinzu kommt die Bemerkung: »Die kirchliche Beratung muss auf jeden Fall so erfolgen, dass die Kirche nicht mitschuldig wird an der Tötung unschuldiger Kinder« (Ziff. 7). Zwar kann man hieraus nicht unmittelbar die Behauptung ableiten, dass die Kirche sich durch ihre Mitwirkung an der Schwangerschaftskonfliktberatung an der Tötung unschuldiger Kinder schuldig macht. Andererseits wäre diese Aufforderung aber nicht recht nachvollziehbar und das ganze Papstschreiben letztlich überflüssig, wenn die Beratungstätigkeit der Kirche in keinster Weise moralisch zu beanstanden wäre.

Das Schreiben enthält jedoch keine konkrete Weisung, wie die deutschen Bischöfe sich verhalten sollen. Die in der Sache durchaus deutlichen Hinweise des Papstes wollen keinen Gehorsam erzwingen. Der Heilige Vater überlässt es seinen »Mitbrüdern im Bischofsamt«, die notwendigen Konsequenzen selbst zu ziehen. Er vertraut darauf, dass die deutschen Bischöfe in eigener Verantwortung zu einer Entscheidung kommen, die moraltheologisch vertretbar ist und die Glaubwürdigkeit der Kirche nicht beeinträchtigt.

Der erste Papstbrief zur Schwangerenberatung hat, nicht zuletzt wegen seines relativ unverbindlichen Charakters, keine unmittelbaren Auswirkungen. Die Position der Bischöfe bleibt grundsätzlich unverändert. Auf der Herbstvollversammlung am 21. November 1995 verabschieden die deutschen Bischöfe »Vorläufige Bischöfliche Richtlinien« für die Fortsetzung der Schwangerschaftskonfliktberatung, die in der Folgezeit in allen Bistümern – außer im Bistum Fulda – in Kraft gesetzt werden.

»...dass ein Schein solcher Art (...)
nicht mehr ausgestellt wird.«

2. Der zweite Papstbrief

Im Mai 1997 reisen zwanzig deutsche Ortsbischöfe und die Mehrzahl der Weihbischöfe zu Gesprächen mit Papst Johannes Paul II. und Kurienvertretern in den Vatikan. Alle Ortsbischöfe erhalten Gelegenheit, ihre Position darzustellen. Im Vatikan wird die Beratungsscheinfrage als Problem »von anerkannt großer Bedeutung nicht nur für die Kirche und die Gesellschaft in Deutschland, sondern in vielen anderen Ländern« bezeichnet. Es gehe um die »konkrete Anwendung der Lehre der Kirche in der gegenwärtigen Situation im Kontext einer pluralistischen Gesellschaft«.[228]

Der zweite Brief des Papstes vom 11. Januar 1998 erreicht die Bischöfe kurz vor der Sitzung des Ständigen Rats Ende Januar 1998. Er knüpft durch seinen »kollegialen, freundlichen, wohlwollenden und brüderlich-geschwisterlichen Ton«[229] im Stil an das erste Schreiben von 1995 an. Damit gelingt es Papst Johannes Paul II. zunächst, die Erwartungshaltung der Medien, die auf den großen »Show-down« zwischen Rom und der Deutschen Bischofskonferenz warten, zu unterlaufen.

Die einfühlsame Sprache, das Lob für die bisherigen Bemühungen der Bischöfe (Ziff. 2) und die als »Bitte« vorgetragene Forderung, Beratungsscheine der bisherigen Art nicht mehr auszustellen (Ziff. 7), sollten aber nicht darüber hinwegtäuschen, dass es dem Papst um eine verbindliche Wegweisung geht. In Ziff. 1 seines Briefes schreibt der Papst, dass er als »oberster Hirte« einige »Richtlinien für das künftige Verhalten« erteilt. Hier klingt die Lehre des Zweiten Vatikanischen Konzils an, dass die einzelnen Bischöfe »in Gemeinschaft mit dem Bischof von Rom, dem Nachfolger Petri« und »unbeschadet dessen primatialer Gewalt« ihr Hirtenamt ausüben und dass dem Papst »als Stellvertreter

228 Erklärung des vatikanischen Pressesaales v. 27.5.97.
229 Bischof Lehmann, in: Reiter (Anm. 20), S. 55.

Christi und Hirt der ganzen Kirche volle, höchste und universale Gewalt« zukommt.[230] Ferner schreibt Johannes Paul II., dass es um eine pastorale Frage »mit lehrmäßigen Implikationen« gehe, die »für die Gesellschaft in Deutschland und weit darüber hinaus von Bedeutung ist« (Ziff. 5). Es kann daher kein Zweifel daran bestehen, dass die Bitte des Papstes »eine unübersehbare Verbindlichkeit« hat, »die nicht weniger gegeben ist, wenn sie nicht mit betonter formaler Autorität ergeht«.[231]

Kern den Briefes ist die Kritik an der gesetzlichen Funktion des Beratungsscheines als Zugang für straffreie Abtreibungen und die Bitte, einen Schein solcher Art nicht mehr auszustellen. Die entscheidende Passage des Schreibens lautet:

»Die Frau kann den Schein aufgrund der gesetzlichen Bestimmungen dazu gebrauchen, um nach einer dreitägigen Frist ihr Kind straffrei und in öffentlichen Einrichtungen und zum Teil auch mit öffentlichen Mitteln abtreiben zu lassen. Es ist nicht zu übersehen, dass der gesetzlich geforderte Beratungsschein, der gewiss zuerst die Pflichtberatung sicherstellen will, faktisch eine Schlüsselfunktion für die Durchführung straffreier Abtreibungen erhalten hat. Die katholischen Beraterinnen und die Kirche, in deren Auftrag die Beraterinnen in vielen Fällen handeln, geraten dadurch in eine Situation, die mit ihrer Grundauffassung in der Frage des Lebensschutzes und dem Ziel ihrer Beratung in Konflikt steht. Gegen ihre Absicht werden sie in den Vollzug eines Gesetzes verwickelt, der zur Tötung unschuldiger Menschen führt und vielen zum Ärgernis gereicht.

Nach gründlicher Abwägung aller Argumente kann ich mich der Auffassung nicht entziehen, dass hier eine Zweideutigkeit besteht, welche die Klarheit und Entschiedenheit des Zeugnisses der Kirche und ihrer Beratungsstellen verdunkelt. Deshalb möchte ich Euch, liebe Brüder, eindringlich bitten, Wege zu finden, dass ein Schein solcher Art in den kirchlichen oder der Kirche zugeordneten Beratungsstellen nicht mehr ausgestellt wird. Ich ersuche Euch aber, dies auf jeden Fall so zu tun, dass die Kir-

230 Dogmatische Konstitution »Lumen gentium«, Nr. 22.
231 Insoweit zutreffend Bischof Lehmann, in: Reiter (Anm. 20), S. 60.

che auf wirksame Weise in der Beratung der hilfesuchenden Frauen präsent bleibt.«[232]

Nach Auffassung des Papstes soll demnach ein Schein, der eine »Schlüsselfunktion für die Durchführung straffreier Abtreibungen« hat, nicht mehr ausgestellt werden. Gleichzeitig soll die Kirche in der Beratung präsent bleiben.

Bischof Lehmann interpretiert den Brief des Papstes in dem einführenden Bericht auf der Sitzung des Ständigen Rates der Bischofskonferenz am 25. Januar 1998[233] jedoch auf seine eigene Weise. Der Papst habe nicht gesagt, dass überhaupt kein Schein mehr ausgestellt werden dürfe. »Scheine anderer Art« wären nicht ausgeschlossen.[234] Der Papst verlange »- recht verstanden – keinen völligen Ausstieg aus dem staatlich anerkannten Beratungssystem«, sondern wünsche, die darin gegebenen Spielräume soweit wie möglich zu nützen.[235] Dies gelte auch und gerade für die »Konfliktberatung«.[236]

Von »Konfliktberatung« spricht der Papst aber gerade nicht. Er lehnt eindeutig die Ausstellung von Beratungsscheinen ab, die für die Durchführung straffreier Abtreibungen verwendet werden können. Genau diese Funktion hat aber der Beratungsnachweis im Rahmen der »Konfliktberatung« nach dem Schwangerschaftskonfliktgesetz (SchKG). Wer den Papstbrief unbefangen liest, kann daher unmöglich zu der Auffassung kommen, dass der Papst eine Fortsetzung der »Konfliktberatung« will, die aufgrund der gesetzlichen Regelung untrennbar mit der Ausstellung des Straffreiheit garantierenden Beratungsscheins gem. § 7 SchKG verbunden ist. Der vom Papst geforderte »Verzicht auf diesen Schein ist deshalb mit dem Verzicht auf die Mitwirkung an der Konfliktberatung« identisch.[237]

232 Papstbrief, Ziff. 7 (s. Anhang, S. 205).
233 Bischof Karl Lehmann, »Einführung in den Papstbrief«, abgedruckt in: Reiter (Anm. 20), S. 54 ff.
234 Ebd. S. 61.
235 Ebd. S. 73.
236 Ebd. S. 74. In der Pressekonferenz vom 27. Januar 1998 gibt Bischof Lehmann dem Papstbrief die gleiche Auslegung: »Von einem Ausstieg kann nicht die Rede sein. Dies gilt (…) für die gesetzliche Schwangerenberatung und sogar für die Konfliktberatung im engeren Sinne« (s. Anhang, S. 213).
237 Sala (Anm. 114), S. 64.

Eine Abwandlung der genannten Fehlinterpretation des Papstbriefes findet sich in einem späteren Beitrag von Bischof Lehmann für die Mainzer Bistumszeitung. Unter der Überschrift »Korrektheit in schwierigen Dingen« wirft er »Vertretern und Sympathisanten der Lebensrechtsgruppen« vor, den Papstbrief im Sinne einer Aufforderung, keine Beratungsscheine mehr auszustellen, zu deuten. Dies sei nicht korrekt, da vergessen werde, »dass der Papst nicht schlechthin das Ausstellen von Beratungsnachweisen untersagt, sondern dass er ›Scheine solcher Art‹, die Voraussetzung sind für eine straffrei bleibende Abtreibung, für zwiespältig hält und darum fordert, dass sie *in der bisherigen Form* nicht mehr ausgestellt werden.«[238] Auch diese Darstellung geht an Intention und Wortlaut des Papstbriefes vorbei. Der Papst wünscht, dass »Scheine solcher Art« überhaupt nicht mehr ausgestellt werden – in welcher Form auch immer. Die *Form* der Bescheinigung spielt im Papstbrief keine Rolle, sondern die *Funktion* (Schlüsselfunktion für straffreie Abtreibungen). Wenn Bischof Lehmann den Scheinkritikern im gleichen Beitrag »mehr oder weniger absichtliche Missdeutungen, die mehr den Wunsch der Interpreten als den objektiven Gehalt der Texte wiedergeben«, vorwirft[239], dann fällt dies auf ihn selbst zurück.

In der – an sich selbstverständlichen – Bitte des Papstes, weiterhin in der Beratung präsent zu bleiben, verbunden mit der Aufforderung, keine »Scheine solcher Art« mehr auszustellen, wird von den Befürwortern eines Verbleibs der Kirche in der Konfliktberatung eine »doppelte Bitte«[240] oder ein »doppelpoliger Auftrag«[241] gesehen. Der Vizepräsident des ZdK, Walter Bayerlein, erkennt im Papstbrief eine »doppelte und in sich spannungsreiche Zielsetzung«. Während der erste Teil (Wegfall des Scheins) nur eine Bitte sei, komme der zweite Teil (wirksame Be-

238 Glaube und Leben, 10.1.99 (Hervorhebung d. d. Verfasser). Ähnlich Walter Bayerlein, in: Lebensforum 3/98, S. 18: Zu erwägen wäre, »ob nicht die Fassung der Beratungsbestätigung verändert werden könnte«. Im Brief des Papstes seien die Bedenken »ja gegen den Schein ›solcher Art gerichtet‹, nicht gegen jede Form einer Beratungsbestätigung« (Hervorhebung d. d. Verf.).

239 Ebd.

240 Vgl. Friedrich Kronenberg, Salzkörner, Nr. 1/98, 16.2.98, S. 6.

241 So Bischof Lehmann lt. DT v. 12.3.98.

ratung) »eher einer verbindlichen Weisung« nahe. Die Konfliktberatung habe deshalb für den Papst »den Vorrang«.[242] Friedrich Kronenberg, der seinerzeitige Generalsekretär des ZdK, behauptet, es entspreche »nicht der Bitte des Papstes, die gesetzlich vorgesehene Beratungsbescheinigung nicht mehr auszustellen, wenn dadurch die wirksame Präsenz der Kirche in der Beratung der hilfesuchenden Frauen in Frage gestellt wird.«[243]

Diese Interpretationen des Papstbriefes sollten sich nicht nur durch den weiteren Verlauf der Auseinandersetzung als falsch erweisen, sondern entbehrten bereits von Anfang an jeder nachvollziehbaren Grundlage. Der Forderung des Papstes, in der Beratung der Frauen auf wirksame Weise präsent zu bleiben, kommt keineswegs eine Vorrangstellung zu. Sie ist vielmehr mit der Forderung, keine zur Durchführung straffreier Abtreibungen verwendbaren Scheine mehr auszugeben, untrennbar verknüpft. Die Formulierung des Papstes, »ich ersuche Euch aber, dies [d. h. Nichtausstellen des Scheins] auf jeden Fall so zu tun (...)«, zielt darauf ab, auf jeden Fall keine Beratungsscheine mehr auszustellen. Die weitere Bitte nach Fortsetzung der Beratung kann nicht als Aufforderung zum Verbleib in der »Konfliktberatung« verstanden werden. Denn ein Verzicht auf den Beratungsschein in seiner Funktion als Berechtigungsschein für straffreie Abtreibungen und ein gleichzeitiger Verbleib in der staatlichen Konfliktberatung sind nicht möglich. Erst durch die offenbar interessengeleiteten Interpretationen der Scheinbefürworter wird aus der eindringlichen Bitte des Papstes eine an die »Quadratur des Kreises«[244] grenzende Aufgabe.

In der Erklärung des Ständigen Rates[245] zum Papstbrief vom 11. Januar 1998 werden bzgl. der Bitte, in der Beratung schwangerer Frauen präsent zu bleiben, die Begriffe »Konfliktberatung« bzw. Beratung in »Konfliktsituationen« verwendet. Beides stellt eine eindeutige Parallele zum Sprachgebrauch des Schwanger-

242 Anzeiger für die Seelsorge 4/98, S. 150, 154.

243 Salzkörner 1/98, 16.2.98, S. 6.

244 Vgl. Josef Schuster, Stimmen der Zeit 1998, S. 548; Walter Bayerlein, Anzeiger für die Seelsorge 4/98, S. 150.

245 Erklärung v. 26. Januar 1998 (s. Anhang, S. 210); abgedruckt in DT v. 29.1.98.

schaftskonfliktgesetzes dar, in dem der Begriff der »Schwangerschafts*konflikt*beratung« nur auf diejenige Beratung angewendet wird, die durch die Ausstellung eines Beratungsscheins charakterisiert ist.[246] Zwar könnte man isoliert betrachtet diesen Begriff auch »untechnisch« als Beratung von Frauen verstehen, die sich während der Schwangerschaft in einem Konflikt befinden. Angesichts der mehrmaligen Verwendung dieser Begrifflichkeit in der Interpretation des Briefes durch Bischof Lehmann, muss man davon ausgehen, dass eine bewusste Bezugnahme auf das Schwangerschaftskonfliktgesetz vorliegt und damit primär Lösungen gesucht werden sollen, die mit der Ausstellung des Scheins verbunden sind.[247]

Anschließend heißt es in der Erklärung: »Wir haben beschlossen, eine Arbeitsgruppe einzusetzen. Ihr wird der Auftrag erteilt, genauer nach möglichen neuen Wegen zu suchen, die dem Anliegen des Papstes und unserem Anliegen entsprechen, dass die Kirche auf wirksame Weise in der Beratung hilfesuchender Frauen präsent bleibt.« Hier wird zwar die Wortwahl des Papstes korrekt wiedergegeben, aber die Komponente »Wegfall des Beratungsscheins« – das primäre Anliegen des Papstbriefes – wird als Auftrag der Arbeitsgruppe nicht mehr erwähnt. Insgesamt entsteht damit auch in der Erklärung der Bischofskonferenz eine deutliche Akzentverschiebung dahin, dass vorrangig nach wirksamen Beratungsformen im Bereich der »Konfliktberatung« zu suchen sei. Das Hauptanliegen des Papstes, den Beratungsschein mit Schlüsselfunktion für die Tötung des ungeborenen Kindes nicht mehr auszustellen, wird in den Hintergrund gedrängt.[248]

Aus Sicht der Bischofskonferenz und ihres Vorsitzenden scheint allein die »Konfliktberatung« – mit Beratungsschein – eine »wirksame Beratung« zu sein. Auch diese Annahme steht in Widerspruch zum Papstbrief. Angesichts der Forderung, keine

246 Vgl. Abschnitt 2 des Schwangerschaftskonfliktgesetzes (Anhang, S. 195 ff.).

247 Aus dem Fax vom 12. Juni 1999 an den Apostolischen Nuntius (s. Anhang, S. 230 ff.) wird auch deutlich, dass sich jedenfalls Bischof Lehmann hinsichtlich der Terminologie der unterschiedlichen Bedeutungen genau bewusst war.

248 Das führte zu entsprechenden Deutungen: »Die Bischöfe haben sich (...) einstimmig für eine Fortsetzung der Schwangerschaftskonfliktberatung ausgesprochen« (Ilse Falk (CDU/CSU), Plenarprot. d. Dt. Bundestages, 13/219, 12.2.98, S. 20012 A).

Scheine mehr auszustellen, die als Schlüssel zur straffreien Abtreibung verwendet werden können, kann die »Konfliktberatung« nicht mit der vom Papst gewünschten »wirksamen Beratung« identisch sein. Papst Johannes Paul II. schreibt ausdrücklich, »die Präsenz der Kirche darf letztlich nicht vom Angebot des Scheins abhängen. Nicht nur der Zwang einer gesetzlichen Vorschrift darf es sein, der die Frauen zu den kirchlichen Beratungsstellen führt, sondern vor allem die sachliche Kompetenz, die menschliche Zuwendung und die Bereitschaft zu konkreter Hilfe, die darin anzutreffen sind«.[249] Der Hinweis, dass das Schwangeren- und Familienhilfeänderungsgesetz viele Möglichkeiten biete, um in der Beratung präsent zu bleiben (Ziff. 8 des Papstbriefes), kann deshalb nur als Anregung für einen »Umstieg« auf die Beratung gem. § 2 SchKG verstanden werden, die keine Scheinausstellung erfordert.[250]

»Ein ethisch spannungsvolles Schutzkonzept«

3. Die bischöfliche Arbeitsgruppe

Statt aus den eindeutigen Aussagen des zweiten Papstbriefes die notwendigen Konsequenzen zu ziehen, setzen die deutschen Bischöfe auf der Frühjahrsvollversammlung in Bad Honnef vom 2. bis 5. März 1998 eine Arbeitsgruppe ein, die nach Möglichkeiten suchen soll, den Wunsch des Papstes zu erfüllen.

Als Mitglieder der Arbeitsgruppe werden folgende Personen berufen:

- als bischöfliche Mitglieder: Bischof Dr. Dr. Karl Lehmann (Mainz), Erzbischof Oskar Saier (Freiburg), Bischof Joachim Reinelt (Dresden) und Weihbischof Dr. Josef Voß (Münster);
- als ständige Berater: der erste Vizepräsident des Deutschen Caritas-Verbandes, Generalvikar Dr. h. c. Norbert Feldhoff (Köln), der ehemalige Bundesverfassungsrichter Prof. Dr. Dr.

249 Papstbrief v. 11.1.98, Ziff. 8 (s. Anhang, S. 206).
250 Vgl. Sala (Anm. 114), S. 71 ff. Im Kommentar (s. Anhang, S. 208), ist wörtlich von »Umstieg« die Rede.

Ernst-Wolfgang Böckenförde, der Verwaltungsrechtler Prof. Dr. Peter Tettinger (Bochum), die Beraterin Anna Elisabeth Thieser (Würzburg), die Generalsekretärin des SkF, Annelie Windheuser, und die Vorsitzende der Caritas-Konferenzen Deutschlands, Elisabeth Freifrau von Lüninck;
- als ständige Gäste: die ehemalige ZdK-Präsidentin Rita Waschbüsch, der Leiter des Katholischen Büros in Bonn, Prälat Paul Bocklet und der Leiter des Katholischen Büros in Bayern, Prälat Dr. Valentin Doering;
- als Geschäftsführer: der Sekretär der Deutschen Bischofskonferenz, Pater Dr. Hans Langendörfer SJ, und Theo Rauschen, Mitarbeiter im Katholischen Büro Bonn.

Bei den Mitgliedern der Arbeitsgruppe handelt es sich fast ausnahmslos um Persönlichkeiten, von denen zu erwarten ist, dass sie sich für eine Fortsetzung der Schwangerschaftskonfliktberatung aussprechen werden. Der Vorschlag für die Zusammensetzung der Arbeitsgruppe stammt von Bischof Lehmann – bis auf eine Ausnahme. Freifrau von Lüninck wird aufgrund eines Vorschlags von Erzbischof Degenhardt in die Arbeitsgruppe entsandt. Sie hatte sich bis zu ihrer Benennung als Mitglied der Arbeitsgruppe öffentlich noch nicht zur Frage des Beratungsscheins geäußert. Aufgrund ihrer Funktion als Vorsitzende der Caritas-Konferenzen Deutschlands geht man jedoch davon aus, dass sie ebenfalls die »Verbandsmeinung« vertreten wird. Schon zu Beginn der Beratungen stellt sich dies aber als Fehlkalkulation heraus. Frau von Lüninck nimmt als einziges Mitglied der Arbeitsgruppe einen abweichenden Standpunkt ein.

Nicht nur die personelle Besetzung der Arbeitsgruppe sondern auch ihr Arbeitsauftrag lassen von Anfang an eine einseitige Behandlung des Themas erwarten. Im Pressebericht zur Frühjahrsvollversammlung der Bischofskonferenz heißt es, man habe »eine Arbeitsgruppe eingesetzt, die Möglichkeiten prüfen und untersuchen wird, wie wir dem Anliegen des Heiligen Vaters gerecht werden können, die Beratungstätigkeit für schwangere Frauen – *einschließlich der Konfliktberatung* [Hervorhebung d.

Verf.] – zu intensivieren, ohne eine Bescheinigung der bisherigen Art auszustellen«.[251] In der Formulierung des Arbeitsauftrags setzt sich damit die einseitige und irreführende Interpretation des zweiten Papstbriefes fort. Erneut wird der Sinn dessen, was der Papst in seinem Schreiben wirklich als Bitte ausgesprochen hatte, umgedeutet und der Arbeitsgruppe der Auftrag erteilt, Wege zur Fortsetzung der »Konfliktberatung« zu suchen.

In der Arbeitsgruppe wird von Anfang an nach einer Modifikation des Beratungsscheins gesucht, die an seiner »Schlüsselfunktion für die Durchführung straffreier Abtreibungen« nichts ändert. Hierfür nimmt man sich fast ein ganzes Jahr Zeit. Erst auf der Frühjahrsvollversammlung 1999 soll von den Bischöfen eine neue Entscheidung getroffen werden. Da im Herbst 1998 Bundestagswahlen anstehen, kann auch nicht ausgeschlossen werden, dass bei der Zeitplanung die Wahlchancen der Unionsparteien eine Rolle gespielt haben und eine öffentliche Debatte über die Abtreibungsregelung gerade im Vorfeld der Bundestagswahl vermieden werden soll. Daran ändert auch ein Brief des Vorsitzenden der Glaubenskongregation, Kardinal Joseph Ratzinger, im Mai 1998 nichts, in dem Bischof Lehmann aufgefordert wird, bereits bis zum Herbst ein neues Beratungsmodell vorzulegen.[252]

Der im Januar 1999 fertig gestellte Bericht der Arbeitsgruppe stellt vier Wege vor, wie der Bitte des Papstes entsprochen werden könne:[253]

- Aufhebung der Nachweispflicht,
- Beratung nach § 2 Schwangerschaftskonfliktgesetz,
- Einführung eines »Beratungs- und Hilfeplans« (in drei Textvarianten),
- Vergewisserung des Arztes durch Rückfrage bei der Beratungsstelle statt Ausstellung eines Beratungsscheins.

Während die Beratung nach § 2 SchKG als mehr oder weniger unwirksam[254] und für die Kirche auch inhaltlich problema-

251 Vgl. Pressebericht im Anschluss an die Frühjahrsvollversammlung der Bischofskonferenz in Bad Honnef vom 2. bis 5. März 1998, Ziff. I. 1.

252 Vgl. FAZ v. 24.6.98; DT v. 27.6.98.

253 AG-Bericht (Anm. 49), S. 12 ff.

254 Vgl. ebd., S. 15 ff.

tisch[255] dargestellt wird, favorisiert die Arbeitsgruppe den »Beratungs- und Hilfeplan«. Die Beratungsregelung wird im Grundsatz verteidigt und in ihren praktischen Wirkungen als überaus positiv beschrieben. Der »Beratungs- und Hilfeplan« biete innerhalb des Systems der Schwangerschaftskonfliktberatung einen erhöhten Grad der Verbindlichkeit der Hilfen und gewährleiste die Erreichbarkeit von Rat suchenden Frauen in Schwangerschaftskonflikten.[256]

In Abschnitt IV des Arbeitsgruppen-Papiers[257] wird zur »ethischen Vertretbarkeit der Beratung im Rahmen des Beratungskonzepts« Stellung genommen. Wie so oft schon in der Diskussion um den Beratungsschein, wird das »Beratungskonzept« in irreführender Weise dargestellt. An erster Stelle heißt es, dass nach dem »Beratungskonzept« eine Abtreibung »stets rechtswidrig und mit Unrecht behaftet« sei. Die Arbeitsgruppe behauptet ferner, die kirchliche Lehre, dass Abtreibung immer schweres Unrecht sei, werde »durch das Beratungskonzept weder verurteilt noch zurückgewiesen«. Auch diese Auffassung stellt eine Fehleinschätzung des »Beratungskonzepts« dar. Natürlich befasst sich das »Beratungskonzept« nicht ausdrücklich mit der kirchlichen Lehre zur Abtreibung. Indem »beratene Abtreibungen« aber ohne negative Folgen bleiben, wird die Tötung ungeborener Kinder im Rahmen des »Beratungskonzepts« gerade nicht wie Unrecht behandelt. Bezeichnenderweise erwähnt die Arbeitsgruppe mit keinem Wort das Urteil des Bundesverfassungsgerichts vom 27. Oktober 1998, in dem Abtreibungen sogar zum Gegenstand der ärztlichen Berufsfreiheit (Art. 12 Abs. 1 GG) erklärt werden.[258] Diese Umdeutung der vorgeburtlichen Kindestötung in ein »Grundrecht« steht in absolutem Gegensatz zur Lehre der katholischen Kirche. Hätte die Arbeitsgruppe sich mit der letzten Entscheidung aus Karlsruhe zur Abtreibung inhaltlich auseinander gesetzt, wäre den Beteiligten auch aufgefallen, dass die »Vorläufigen Bischöflichen Richtlinien« für

255 Vgl. ebd., S. 14. Siehe dazu unten Teil IV, Kap. 3.
256 Vgl. ebd., S. 21 ff. (der Schein als »Lockmittel«).
257 Vgl. ebd., S. 29 ff.
258 Vgl. Teil I, Kap. 2.

die Beratung »verfassungswidrig« sind, weil sie die Gründe für die Abtreibung erhellen wollen und ein Einlassen auf die Beratung zur Voraussetzung für die Erteilung des Beratungsscheines machen[259].

In der Stellungnahme der Arbeitsgruppe wird auch zu begründen versucht, dass ein Wegfall des Strafrechtsschutzes akzeptiert werden könne. Zum einen zeige die Erfahrung, »dass bestimmte Rechtsgüter durch generelle und unbedingte Strafbewehrung nicht mehr wirksam geschützt werden können, die Rechtsgutverletzung vielmehr gleichwohl eine Massenerscheinung bleibt«. Es könne daher »nicht von vornherein unerlaubt und in sich unsittlich sein, andere als strafrechtliche Schutzvorkehrungen, die geeignet erscheinen, (...) zu praktizieren«. Zum anderen betreffe die Frage, ob der gebotene Schutz für ungeborene Kinder nicht durch das Strafrecht, sondern durch andere Maßnahmen erreicht werden solle, »nicht mehr das Prinzip des Lebensschutzes selbst«, sondern nur »die Anwendung dieses Prinzips«.

Mit dem ersten Argument, das seit jeher von den Befürwortern der Fristenlösung verwendet wird, ließe sich die Abschaffung praktisch jeder Strafnorm begründen. Die unvollkommene Wirkung von strafrechtlichen Verboten kann jedoch niemals ein Argument dafür sein, ganz auf Strafnormen zu verzichten.[260] Würde man z. B. im Bereich des Umwelt- oder Naturschutzes so argumentieren, wäre die Empörung groß. Das zweite Argument ist ebenfalls nicht stichhaltig, da das »Beratungskonzept« sich gerade nicht mehr am »Prinzip des Lebensschutzes« orientiert, sondern an einer Pauschalbetrachtung, die das individuelle Recht auf Leben außer Acht lässt.[261] Zwar werden auch »Probleme« des Beratungskonzepts angesprochen. Die Charakterisierung der »Beratungsregelung« als »ethisch spannungsvolles Schutzkonzept«[262] geht aber an der Wirklichkeit meilenweit vorbei.[263]

259 Siehe Teil II, Kap. 8.
260 Vgl. Beckmann (Anm. 33), S. 105 ff. u. 117 ff.
261 Siehe Teil I, Kap. 1.
262 AG-Bericht (Anm. 49), S. 35.
263 Zu weiteren Mängeln des AG-Berichts vgl. Sabine Düren, DT v. 13.3.99.

Freifrau von Lüninck bringt auf der vorletzten Sitzung im Dezember 1998 gegenüber der Arbeitsgruppe ihre abweichende Meinung in einem gesonderten Votum zum Ausdruck.[264] Dieses Votum wird weder in der Stellungnahme der Arbeitsgruppe, noch von Bischof Lehmann bei der Vorstellung des Arbeitsgruppenpapiers am 25. Februar 1999 in Lingen erwähnt.

Im Minderheitsvotum wird der Bericht der Arbeitsgruppe abgelehnt, da er als Ergebnis einen Verbleib in der gesetzlichen Schwangerschaftskonfliktberatung nach § 219 StGB und § 5 ff. SchKG vorsehe. Alle Varianten des »Beratungs- und Hilfeplanes« seien weiterhin als Voraussetzung für straflose Abtreibungen zu verwenden. Dies widerspreche dem Papstbrief vom 11. Januar 1998. Sinnvoll sei stattdessen ein Umstieg auf eine Schwangerenberatung nach § 2 SchKG. »Das kirchliche Zeugnis in Wort und Tat ist der eindeutige und unmissverständliche Widerspruch gegen das Gesetz, indem die Kirche sich von der Fessel der (ungewollten) Mitwirkung an einem vom Staat verordneten Gesetz befreit, ihre ethische Ablehnung nicht nur theoretisch formuliert, sondern die Konsequenz zieht und im Umstieg auf die Beratung nach Paragraph 2 des Schwangerschaftskonfliktgesetzes Wort und Tat in Übereinstimmung bringt. Darin sehe ich das eindeutige Zeugnis der Kirche für das Lebensrecht des Kindes, das entgegen der Auffassung von der »Entscheidungsautonomie der Frau« unter keinen Umständen ihrer alleinigen Entscheidungsfreiheit unterliegt.«[265]

Nach Zeitungsberichten wird den Bischöfen auf der Vollversammlung in Lingen ein Brief von Kardinal Ratzinger ausgehändigt, in dem dieser seinen ablehnenden Standpunkt zum »Beratungs- und Hilfeplan« darlegt. Dieser sei kein »Schein anderer Art«. Ratzinger soll auch die Zusammensetzung der Arbeitsgruppe als »einseitig« und als »am Status quo interessiert« bezeichnet haben. In seinem Schreiben vom Mai 1998 habe er den Bischöfen eine Interpretation des Papstbriefes vorgetragen,

264 Abgedruckt in DT v. 6.3.99.
265 A.a.O.

die ihnen bei den jetzigen Beratungen vor Augen stehen müsse. Diese Interpretation sei die Meinung der gesamten Glaubenskongregation und vom Papst selbst approbiert.[266]

Im Februar 1999 sprechen sich die Bischöfe auf der Vollversammlung der Bischofskonferenz in Lingen mehrheitlich für einen Verbleib in der Schwangerschaftskonfliktberatung aus. Obwohl auch der von der Arbeitsgruppe vorgeschlagene »Beratungs- und Hilfeplan« straffreie Abtreibungen ermöglicht und damit »einen Beratungsnachweis im Sinne des Gesetzes darstellt«,[267] wird dieser als »ein Schein anderer Art« präsentiert.[268] Damit wird bewusst eine »Lösung« angestrebt, die der Bitte des Papstes aus seinem Schreiben vom 11. Januar 1998 nicht entspricht. Fünf Bischöfe – Kardinal Meisner, Erzbischof Dyba, Erzbischof Degenhardt, Erzbischof Braun und Bischof Mixa – sowie einige Weihbischöfe stimmen gegen den »Beratungs- und Hilfeplan«. Zudem gibt es einige Enthaltungen. Das Votum der Bischöfe wird nicht bekannt gegeben, sondern zunächst Papst Johannes Paul II. zugeleitet.

Bei den Politikern und in den kirchlichen Laienverbänden findet der »Beratungs- und Hilfeplan« breite Zustimmung.[269] Der Verbleib der Kirche im System der Schwangerschaftskonfliktberatung erscheint gesichert. Professor Böckenförde bescheinigt der Lösung, an der er selbst maßgeblich beteiligt war, Gesetzeskonformität: Die vom Bundestag 1995 verabschiedete Reform der Abtreibungsgesetzgebung verlange lediglich, dass der Beratungsnachweis die Beratung, ihren genauen Zeitpunkt und den Namen der Beratungsstelle bestätige. Diese Anforderungen erfülle auch der Beratungs- und Hilfeplan.[270]

266 Vgl. FAZ v. 26.2.99; DT v. 27.2.99.
267 Presseerklärung von Bischof Lehmann v. 25.2.99 (s. Anhang, S. 220).
268 Siehe hierzu Teil I, Kap. 8.
269 Vgl. DT v. 27.2.99.
270 Vgl. ebd.

»Diese Bescheinigung kann nicht zur Durchführung straffreier Abtreibungen verwendet werden«.

4. Der dritte Papstbrief

Die Antwort aus Rom entspricht wieder nicht den Erwartungen. Der Papst schließt sich weder der Mehrheitsmeinung der Bischöfe an, noch befiehlt er schlicht den »Ausstieg«. In seinem dritten Schreiben vom 3. Juni 1999[271] geht der Hl. Vater vielmehr auf den Vorschlag der Bischofskonferenz ein, den »Beratungs- und Hilfeplan« an die Stelle einer einfachen Bescheinigung zu setzen. Er schlägt jedoch eine gravierende Änderung vor.

Zunächst erkennt der Papst an, dass der »Beratungs- und Hilfeplan« gegenüber dem bisherigen Nachweis eine zusätzliche Funktion enthalte, nämlich eine Garantie für die Gewähr der in der Beratung zugesagten Hilfen. Entscheidend für die Bewertung des neuen Scheins sei aber die Frage, »ob der am Ende stehende Text weiterhin die Verwendung des Scheins als Zugang zur Abtreibung gestattet.« Wäre dies der Fall, so stünde er im Widerspruch zu seinen ersten beiden Schreiben (Ziff. 3).

Die Textvariante des »Beratungs- und Hilfeplans«, die keinen Hinweis auf die gesetzlichen Bestimmungen zur Beratung als Voraussetzung für die Straffreiheit der Abtreibung enthält (Variante 1), kommt nach Meinung des Papstes dem gemeinsamen Willen, einen »anderen Schein« zu verwenden, am nächsten. »Damit die rechtliche und moralische Qualität dieses Dokuments unzweideutig wird, ersuche ich Euch, im Text selbst klarzustellen, dass der Schein, der die kirchliche Beratung bestätigt und Anrecht auf die zugesagten Hilfen gibt, nicht zur Durchführung straffreier Abtreibungen gemäß StGB § 218a (1) verwendet werden kann.« Dies solle durch den Zusatz erfolgen: »Diese Bescheinigung kann nicht zur Durchführung straffreier Abtreibungen verwendet werden«.

Deutlicher als in seinen ersten beiden Schreiben verlangt der Papst Gehorsam aufgrund seiner Amtsautorität. Weiteren Ver-

271 Siehe Anhang, S. 224 ff.; abgedruckt in DT v. 24.6.99.

zögerungen wirkt er durch eine Fristsetzung entgegen. Der Papst erinnert in Ziff. 1 des Schreibens daran, dass er in dieser Frage als »oberster Lehrer der Kirche« spricht und fordert in Ziff. 3 die Bischöfe auf, seine Entscheidung »einmütig anzunehmen und innerhalb dieses Jahres in die Praxis umzusetzen«.

Die eindeutige Formulierungsanweisung des Papstes hat zum Ziel, dem Beratungsschein die Funktion eines »Berechtigungsscheines« für straffreie Abtreibungen zu nehmen. Der Schein soll in Hinblick auf seine Funktion im Beratungskonzept »entwertet« werden.[272] Der Papst setzt damit den abgeänderten »Beratungs- und Hilfeplan« inhaltlich in einen Gegensatz zur gesetzlichen Konzeption der Konfliktberatung – ohne jedoch den »Ausstieg« als solchen zu befehlen.

Der amtliche Kommentar[273] unterstreicht und erläutert diese Zielsetzung. »Damit die Verwendung des Scheins als Zugang zur Abtreibung nicht möglich ist, ordnet der Heilige Vater an, in Zukunft die erste von der Arbeitsgruppe vorgeschlagene Textvariante zu gebrauchen, in der nur das Ziel der kirchlichen Beratung und Hilfe erwähnt ist und nicht explizit auf die gesetzlichen Regelungen verwiesen wird, und den Vermerk anzufügen: ›Diese Bescheinigung kann nicht zur Durchführung straffreier Abtreibungen verwendet werden‹. Infolge dieses Zusatzes handelt es sich dann wirklich um einen Schein anderer Art, dessen Funktion allein darin besteht, die kirchliche Beratung zu bestätigen und ein Anrecht auf die zugesagten Hilfen zu geben.«

Ferner wird im Kommentar – wie schon im zweiten Papstbrief – die Auffassung zurückgewiesen, dass eine wirksame Präsenz in der Beratung nur über die »Lockmittelfunktion« des Beratungsscheins möglich sei: »Nicht der Schein, der zur Abtreibung verwendet werden kann, sondern die vielfältigen Beratungs- und Hilfsangebote sollen die Frauen, die sich ein Leben mit dem Kind kaum oder gar nicht vorstellen können, in die kirchlichen oder der Kirche zugeordneten Beratungsstellen führen. Die Qualität des ›Beratungs- und Hilfeplans‹ soll die

272 Ausdrücklich soll auch die »rechtliche« Qualität des Scheines durch den Zusatz klargestellt werden (Ziff. 3).

273 Siehe Anhang, S. 227 ff.; abgedruckt in DT v. 24.6.99.

wirksame Präsenz der Kirche in der Schwangerenkonfliktberatung garantieren.«

Hinsichtlich der praktischen Umsetzung greift der Papst ferner die Kritik auf, die der Osnabrücker Sozialwissenschaftler Manfred Spieker am »Beratungs- und Hilfeplan« geäußert hatte. Spieker hatte nach Bekanntwerden des Vorschlages der bischöflichen Arbeitsgruppe bemängelt, dass die Bischöfe nur abtreibungswillige Frauen mit den rechtsverbindlichen Hilfszusagen des »Beratungs- und Hilfeplans« anlocken wollen, »weil sie damit die nicht abtreibungswilligen Schwangeren in Not diskriminieren und indirekt dazu verführen, auch eine Abtreibungsbereitschaft vorzuspiegeln, um den ›Beratungs- und Hilfeplan‹ zu erhalten«.[274] Diesen »falschen Systemanreizen« will der Papst dadurch entgegenwirken, dass er empfiehlt, »den ›Beratungs- und Hilfeplan‹ nicht nur jenen Frauen anzubieten, die sich aufgrund ihrer Situation ein Leben mit dem Kind kaum oder gar nicht vorstellen können, sondern auch den anderen schwangeren Frauen, die in Not sind und Hilfe brauchen« (Ziff. 4).

Angesichts der Unvereinbarkeit zwischen dem in Bezug auf die Durchführung von straffreien Abtreibungen »entwerteten« päpstlichen Beratungsschein und der Konzeption des Gesetzes hätte es für die Bischöfe nur eine Konsequenz geben können: die Rückgabe der staatlichen Anerkennung für die Schwangerschaftskonfliktberatung. Doch bevor der Brief des Papstes vom Vorsitzenden der Bischofskonferenz an die anderen Bischöfe weitergeleitet wird, kommt es zu einem folgenschweren Briefwechsel.

»Der Heilige Stuhl würde sich einem Verbleib unter der Bedingung nicht widersetzen…«

5. Der Briefwechsel Lehmann/Lajolo

Bischof Lehmann, der als Erster den Papstbrief am 9. Juni in Händen hält, erfasst sofort den Ernst der Lage. Seine Taktik, den

274 Vgl. Spieker, ZfL 1999, S. 9; DT v. 4.3.99.

– unveränderten – »Beratungs- und Hilfeplan« als Erfüllung der päpstlichen »Bitte« auszugeben, droht zu scheitern. Per Fax wendet er sich daher am 12. Juni 1999 an den päpstlichen Nuntius in Deutschland, Erzbischof Giovanni Lajolo.[275] Lehmann hat die Folgen des päpstlichen Zusatzes erkannt: »Wenn dieser Zusatz wörtlich befolgt werden muss, ist dies nach meiner derzeitigen Einsicht nur möglich durch einen formellen Ausstieg aus dem staatlich geregelten Beratungsgefüge.« Damit verlange der Papst »als einzig klare logische Konsequenz des Briefes einen eindeutigen Ausstieg oder aber er will durch die Ausstellung eines rein kirchlichen Scheins das Ende der Beteiligung an der gesetzlichen Konfliktberatung. Es kann dann bestenfalls eine allgemeine Schwangerenberatung nach Paragraph 2 des Schwangerschaftskonfliktgesetzes stattfinden.«

Für Bischof Lehmann kommt dies aber nicht in Betracht. »Dieser Weg treibt uns in einen Widerspruch und in einen letztlich nicht auflösbaren Konflikt hinein. (…) Ich weiß noch nicht, wie die Deutsche Bischofskonferenz aus dieser Situation einigermaßen heil herauskommen kann. Wir können jedenfalls der Bundesregierung und den Länderregierungen dies nicht als einen Weg anbieten, dem die staatliche Autorität zustimmen würde. Es gibt hier nur die Alternative eines Ausstiegs oder der Veränderung des im Brief vorgeschriebenen Satzes in die Aussage: ›Diese Bescheinigung (statt: kann) soll (ergänzt:) *nach der Lehre der Kirche* nicht zur Durchführung straffreier Abtreibungen verwendet werden.‹ Wenn eine solche Modifizierung überhaupt nicht in Frage kommt, sehe ich keinen Ausweg.« Die vom Papst als entscheidend angesehene »Unbrauchbarmachung« des Beratungsscheines für straffreie Abtreibungen ist in den Augen von Bischof Lehmann kein gangbarer Weg. Dagegen hält er einen nur moralisch, aber nicht rechtlich relevanten Zusatz («soll nach der Lehre der Kirche«) für hinnehmbar.

Bischof Lehmann nutzt sodann die Abstimmungsergebnisse von Lingen, um auf den Nuntius Druck auszuüben. Die Formulierung des Kommentars, »eine nicht geringe Anzahl von

275 Siehe Anhang, S. 230 ff.; abgedruckt in DT v. 16.9.99.

Bischöfen« sei der Meinung gewesen, dass der »Beratungs- und Hilfeplan« der päpstlichen Bitte nicht voll entspreche[276], erwecke den falschen Eindruck, dass es sich um eine »erhebliche Gruppe« gehandelt habe. Wenn nach den wirklichen Abstimmungsergebnissen gefragt werde, so Lehmann, »könnte es hier peinlich werden«. Drohend fügt er hinzu, dass die Bischofskonferenz nie versprochen habe, »die Zahlen überhaupt nicht zu veröffentlichen, sondern nur, sie zunächst dem Heiligen Vater zu reservieren.«

Mit demselben Unterton verweist Lehmann auf seine »sehr gute Dokumentation« der Auseinandersetzung, die scheinbar belegen soll, dass ihn an eventuellen negativen Folgen der päpstlichen Entscheidung keine Schuld trifft: »Sehr verehrter Herr Nuntius, ich habe oft vor einer solchen Krise gewarnt. Nun wird sie kommen, innerhalb und außerhalb der Bischofskonferenz. Ich bin zutiefst beunruhigt über die entstandene Lage und weiß (noch) nicht, wie sie ohne Schaden nach innen und außen bewältigt werden kann. Für die Folgen nehme ich aber keine Verantwortung auf mich. Ich habe eine sehr gute Dokumentation über alles, was versucht worden ist.«

Die Antwort des Nuntius[277] lässt nicht lange auf sich warten. Am 16. Juni 1999 schreibt Erzbischof Lajolo, der Heilige Vater sei »nach gründlicher Überlegung zur festen Überzeugung gelangt, dass jede Zweideutigkeit nur durch die Hinzufügung des folgenden Satzes zu der ersten von den deutschen Bischöfen vorgezogenen Variante der Bescheinigung des Beratungs- und Hilfeplanes behoben werden kann: ›Diese Bescheinigung kann nicht zur Durchführung einer straffreien Abtreibung verwendet werden.‹ Mit dieser Entscheidung des Heiligen Vaters ist es den Bischöfen überlassen zu überprüfen, ob es noch möglich ist, dass die katholischen Schwangerschaftskonfliktberatungsstellen im staatlichen System, so wie es im Schwangeren- und Familienhilfeänderungsgesetz (Paragraph 5 ff.) vom 21. August 1995 vorgesehen ist, verbleiben. Der Heilige Stuhl würde sich einem Verbleib unter der Bedingung nicht wider-

276 Siehe Anhang, S.227, Ziff. 2.
277 Siehe Anhang, S. 233.

setzen, dass die Beratungsbescheinigung die oben angegebene Klausel enthält«.

Die letzten beiden Sätze sind überraschend. Können sie so verstanden werden, dass der vom Papst gewünschte Zusatz durch die Fortsetzung der Beratung im staatlichen System seiner rechtlichen Wirkung beraubt werden soll? Wie bereits dargelegt, gibt es innerhalb der gesetzlichen »Schwangerschaftskonfliktberatung« keinen Beratungsschein, der – wie es der Papst wünscht – nicht für straffreie Abtreibungen verwendet werden kann. Was ist aber dann unter »Verbleib im staatlichen System« zu verstehen?

Nach der unwidersprochenen Erklärung Lehmanns war der Brief des Nuntius »mit allen Verantwortlichen, also auch mit Kardinal Ratzinger und Kardinal Sodano, im Einzelnen abgestimmt«.[278] Man muss deshalb davon ausgehen, dass der Text des Schreibens den entsprechenden Stellen im Vatikan übermittelt worden ist. Wie können die zitierten Sätze unter diesen Umständen verstanden werden? Hierfür gibt es mehrere Möglichkeiten:

(1) Die Passage soll tatsächlich einen Verbleib der Kirche in der Schwangerschaftskonfliktberatung ermöglichen, einschließlich der bislang gegebenen rechtlichen Wirkungen (Straffreiheit für Abtreibungen mit Beratungsschein).

(2) Die genannten Sätze des Nuntiusbriefes zielen auf eine zwar unwahrscheinliche, aber vielleicht nicht völlig auszuschließende politische Lösung: Wenn der Staat den Zusatz und damit die strafrechtliche Wirkungslosigkeit (»Entwertung«) des Scheines akzeptiert, könnte die Kirche formell im System der Konfliktberatung bleiben. Die Kirche würde weiterhin im Rahmen der §§ 5 bis 7 SchKG beraten und auch Beratungsbescheinigungen ausstellen, die aber keine strafbefreiende Wirkung hätten. Dann müsste der Staat sein bisheriges Beratungskonzept entscheidend verändern, ja in gewissem Sinn sogar aufgeben und eine Sonderstellung der kirchlichen Beratungsstellen akzeptieren.

(3) Schließlich kommt als Beweggrund für die Aufnahme der zitierten Sätze in den Nuntiusbrief in Betracht, dass man der

278 Presseerklärung v. 24.9.99, I. (siehe Anhang, S. 246).

Überzeugung ist, der Schein werde durch den Zusatz im strafrechtlichen Sinn unwirksam und ein Verbleib im System der Konfliktberatung sei mit dem geänderten Schein gar nicht möglich. Gegen einen »Verbleib« muss dann kein Widerspruch angekündigt werden, da einer solchen Entwicklung keine Realisierungschancen eingeräumt werden.

Die *erste* der genannten Möglichkeiten könnte auf der Überlegung beruhen, dass die Einheit der deutschen Bischofskonferenz gewahrt werden sollte, nachdem Bischof Lehmann vor dramatischen Konsequenzen gewarnt hatte, falls der Zusatz wörtlich zu nehmen sei. Diese Annahme würde aber bedeuten, dass im Schreiben des Nuntius gerade das Gegenteil von dem gestattet wird, was der Papst in seinem Brief vom 3. Juni 1999 anstrebt. Der Papst will durch den Zusatz die Qualität des Scheins auch rechtlich eindeutig klären. Er soll untauglich für die Durchführung straffreier Abtreibungen sein. Eine Bescheinigung, auf der zwar steht, dass sie nicht zur Durchführung straffreier Abtreibungen verwendet werden kann, die aber tatsächlich eine solche Verwendung ermöglicht, würde die päpstliche Forderung unterlaufen. Sollten ausgerechnet die engsten Mitarbeiter des Papstes, die nicht nur aus dem Brief vom 3. Juni, sondern auch aus langjähriger enger Zusammenarbeit seine Haltung in der Beratungsscheinfrage genau kennen, ihm dermaßen in den Rücken fallen wollen? Dies ist so fern liegend, dass man diese Erklärungsmöglichkeit mit Sicherheit ausschließen kann.

Die *zweite Alternative* nimmt zwar den Willen des Papstes ernst, setzt aber auf ein weitgehendes Entgegenkommen der Politik. Der Staat müsste die von ihm gesetzlich vorgesehene Trennung zwischen Beratungsstellen mit Scheinausstellung (§§ 5 ff. SchKG) und solche ohne Bescheinigung (§ 2 SchKG) aufgeben. Dies würde der Idee des »Beratungskonzepts« zuwiderlaufen, da dieses gerade darauf beruht, als Anreiz für die Annahme des Beratungsangebots einen Beratungsnachweis anzubieten, der Straffreiheit garantiert. Frauen, die katholische Beratungsstellen nach dieser Variante aufsuchen würden, könnten mit dem »katholischen« Beratungsschein nicht straflos abtreiben. Sie müssten sich bei einer weiteren Beratungsstelle den Beratungsnachweis ausstellen lassen. Eine solche Lösung hätte aus staatlicher Sicht keine Vorteile. Sie würde das Konzept des Staates lediglich fragwürdig erscheinen lassen und hätte keine anderen Auswirkungen als die eines »Ausstiegs« oder »Umstiegs« der Kirche auf § 2 SchKG. Die Hoffnung, dass von Seiten der Politik eine solche Lösung akzeptiert werden könnte, kann man nicht einmal mehr als »vage«, sondern nur als illusorisch bezeichnen.[279]

Am wahrscheinlichsten ist die *dritte Alternative*, schon weil die ersten beiden Möglichkeiten praktisch ausscheiden. Darüber hinaus sind folgende Gesichtspunkte zu berücksichtigen. Vom Duktus des Schreibens her ist zu beachten, dass der »Verbleib« in der Schwangerschaftskonfliktberatung nicht als zentrale Botschaft im Mittelpunkt des Nuntiusbriefes steht. Ein »Verbleib« wird keineswegs als die sich anbietende oder auch nur wahrscheinliche Lösung angesehen, er wird auch in keiner Weise angeregt oder empfohlen. Die Prüfung, ob ein Verbleiben in der Konfliktberatung möglich ist, wird vielmehr den deutschen Bischöfen überlassen – unter der Bedingung, dass der päpstliche Zusatz in den Text des Scheines aufgenommen wird. Wenn aber dieser Zusatz aus römischer Sicht eine »Entwertung« des Beratungsscheins mit sich bringt, ist nicht damit zu rechnen, dass die zuständigen Stellen weiterhin katholische Beratungsstellen als »Konfliktberatungsstellen« im Sinne des Gesetzes anerkennen. Im übrigen wäre ein »Verbleib« in der Konfliktberatung – immer unter der Voraussetzung, dass der Schein laut Zusatz tatsächlich nicht für straffreie Abtreibungen verwendet werden kann – unschädlich. Die Alternativen 2 und 3 unterscheiden sich somit nur dadurch, dass in einem Fall der Verfasser trotz der »Entwertung« des Scheins davon ausgeht, dass die katholischen Beratungsstellen im System verbleiben können (Alternative 2), im anderen Fall dagegen ein formelles Ausscheiden erwartet (Alternative 3). Für letztere Alternative spricht, dass unmittelbar nach den fraglichen Formulierungen im nächsten Absatz des Nun-

279 Die zweite Interpretationsmöglichkeit des fraglichen Satzes im Brief des Nuntius wird von der FAZ (15.9.99) geteilt: Die päpstliche Seite sei von einem »rein innerkirchlichen Schein« ausgegangen, Lehmann und die deutschen Bischöfe jedoch von einem doppelt, auch staatlich verwendbaren.

tiusbriefes auf die anderen Möglichkeiten der Beratungstätigkeit verwiesen wird, nämlich die Möglichkeit der Beratung nach Paragraph 2 SchKG oder der vollständige Ausstieg aus dem gesetzlichen Beratungssystem. Dies deutet darauf hin, dass man einem wie auch immer gearteten »Verbleib« in der Schwangerschaftskonfliktberatung keine Realisierungschancen beimisst.

Es stellt sich natürlich die Frage, weshalb dann überhaupt ein Szenario erwähnt wird, dessen Verwirklichung nicht für wahrscheinlich gehalten wird. Dies kann nur auf das Drängen Lehmanns in seinem Schreiben vom 12. Juni zurückgeführt werden. Bischof Lehmann hatte in geradezu dramatischer Weise eine anstehende »Krise« als Drohkulisse aufgebaut. Einem solchen »Brandbrief« wollte man wohl kein schlichtes »Nein« entgegensetzen, auch wenn die angedeutete Lösungsvariante nicht als realisierbar eingeschätzt wurde. Im nachhinein wären der Nuntius und die beteiligten Kardinäle sicher froh gewesen, wenn der Brief des Nuntius gar keine Andeutungen in dieser Richtung enthalten hätte. Bei genauer Überlegung hätte man die Gefahr, die in einer solchen Formulierung liegt, wohl erkennen können und müssen.

Vielleicht hat die Sorgfalt bei der Abfassung des Textes darunter gelitten, dass hierfür nur eine kurze Zeitspanne zur Verfügung stand. Das Fax von Bischof Lehmann stammt vom 12. Juni 1999. Der Nuntius musste zunächst ein Antwortschreiben entwerfen und dieses an zwei römische Behörden übermitteln. Dort war eine interne Abstimmung erforderlich, bevor die Rückantwort an den Nuntius erfolgen konnte. Wenn dieser bereits am 16. Juni auf das Fax von Bischof Lehmann antwortete, war für römische Verhältnisse eine nur sehr kurze Zeitspanne vergangen.

Dafür, dass die fraglichen Sätze des Nuntiusbriefes unter Zeitdruck, jedenfalls nicht mit letzter Sorgfalt abgefasst wurden, gibt es auch ein objektives Indiz. Als Rechtsgrundlage für das staatliche System der Schwangerschaftskonfliktberatung wird das »Schwangeren- und Familienhilfeänderungsgesetz (Paragraph 5 ff.) vom 21. August 1995« benannt. Tatsächlich dürften jedoch die §§ 5 ff. des *Schwangerschaftskonfliktgesetzes* gemeint sein. Das Schwangeren- und Familienhilfeänderungsgesetz von 1995

(SFHÄndG) enthält als solches gar keinen »§ 5«, sondern ist ein so genanntes »Artikelgesetz«, dessen einzelne Artikel Gesetzesvorschläge oder einzelne Änderungsvorschläge für Gesetze enthalten. In Art. 5 des SFHÄndG geht es um das »Gesetz zur Hilfe für Frauen bei Schwangerschaftsabbrüchen in besonderen Fällen«.[280] Die Vorschriften über die Schwangerschaftskonfliktberatung sind dagegen in Art. 1 des SFHÄndG enthalten.[281]

Wie auch immer die fragliche Stelle des Nuntiusbriefes zustande gekommen ist, sie kann jedenfalls nicht so verstanden werden, dass sie das genaue Gegenteil von dem ermöglichen soll, was der Papst in seinem Schreiben ausdrücklich wünscht: »dass der Schein, der die kirchliche Beratung bestätigt und Anrecht auf die zugesagten Hilfen gibt, nicht zur Durchführung straffreier Abtreibungen gemäß StGB § 218 a (1) verwendet werden kann«.[282] Der Papstbrief war eindeutig. Bischof Lehmann hat in seinem Fax an den Nuntius die Intention des Papstes erkannt. Deshalb hat er sich auch bemüht, eine Änderung des Zusatzes zu erreichen. Die von Lehmann vorgeschlagene Formulierung hätte den päpstlichen Zusatz zu einer moralischen Aussage ohne rechtliche Wirkung abgeschwächt. Dies erreichte er jedoch nicht. Stattdessen enthielt das Schreiben des Nuntius eine auf den ersten Blick unklare und zweideutige Stelle, die man zugegebenermaßen auch so lesen kann, wie in der oben erwähnten ersten Alternative. Angesichts des Widerspruchs, der sich bei dieser Lesart zwischen dem Nuntiusbrief und dem Schreiben des Papstes ergibt, wäre bei redlicher Suche nach dem wahren Verständnis nichts näher gelegen, als sich direkt an den Papst zu wenden.

Bischof Lehmann sucht diese Klärung nicht. Es genügt ihm, dass der Brief des Papstes mit Hilfe des Nuntiusbriefes in seinem Sinngehalt ausgehebelt werden kann. Hierbei ist er sich auch darüber im Klaren, dass er das Gegenteil von dem bewirkt, was die Intention des Hl. Vaters ist. Einer seiner engsten Berater, Prof. Dr. Ernst-Wolfgang Böckenförde hat – nach Angriffen in der

280 Vgl. BGBl. I, S. 1054.
281 Ebd., S. 1050.
282 Papstbrief v. 3. Juni 1999, Ziff. 3.

Presse gegen die spätere »Schein-Lösung« der Bischofskonferenz – in einem Leserbrief klargestellt, dass er dieses Modell nicht empfohlen, sondern Bischof Lehmann »auf das Problem hingewiesen« hat, »dass mit ihm ersichtlich ausgehebelt werde, was mit der Entscheidung des Papstes intendiert sei«.[283]

Dennoch entscheidet sich Bischof Lehmann, den Nuntiusbrief im Sinne der o. g. Alternative 1 zu verstehen. Er erkennt hierin eine Chance, sein lange verfolgtes Ziel, den Verbleib in der Schwangerschaftskonfliktberatung einschließlich der strafrechtlichen Bedeutung des Beratungsscheins, doch noch zu erreichen.

An dem vom Papst gewünschten Zusatz kommt Bischof Lehmann – auch nach dem Briefwechsel mit dem Nuntius – nicht vorbei. Der Widerspruch zwischen dem Zusatz des Papstes und dem beabsichtigten Verbleib im System der Schwangerschaftskonfliktberatung ist allerdings offensichtlich und würde Widerstände in der Bischofskonferenz und auch in der Öffentlichkeit provozieren. Um diese überwinden zu können, gilt es drei Voraussetzungen zu schaffen:

- Die »Spannung« zwischen dem päpstlichen Zusatz (»kann nicht« für Abtreibungen verwendet werden) und dem angestrebten Verbleib im Konfliktberatungssystem («kann doch« für Abtreibungen verwendet werden) muss aufgehoben oder doch wenigstens abgemildert werden.
- Den Bischöfen, die der Haltung des Papstes zuneigen, muss die Vereinbarkeit der Lösung mit dem Papstschreiben vom 3. Juni aufgezeigt werden.
- Den staatlichen Stellen ist schließlich zu verdeutlichen, dass sie eine etwas »eigenwillige« kirchliche Regelung akzeptieren sollten.

Zur Erfüllung der ersten Bedingung legt sich Lehmann auf eine Interpretation des Papstbriefes fest, die dessen Wortlaut widerspricht: Wenn man das »kann nicht« in ein »soll nicht« oder

283 FAZ v. 17.08.99.

»darf nicht« umdeutet, wird aus der vom Papst gewollten »rechtlichen« Wirkung des Zusatzes eine bloße moralische Aufforderung. Was Lehmann durch sein Fax vom 12. Juni expressis verbis forderte, aber nicht erreichte, muss nun durch Uminterpretation bewerkstelligt werden. Für Lehmann kein echtes Problem, denn – so in einem späteren Spiegel-Interview – er hat ja »ein bisschen gelernt, mit Texten umzugehen«.[284]

Die zweite Voraussetzung hat der Vorsitzende der Bischofskonferenz bereits in der Tasche: den Nuntius-Brief. Der Widerspruch zwischen dem Schreiben des Papstes und der »Lösung« von Bischof Lehmann wird damit zwar nicht inhaltlich aufgelöst. Wenn man aber die Aufmerksamkeit auf die eine ominöse Passage des Nuntius-Briefes lenkt, kann die Illusion von der »römischen Zustimmung« vielleicht gelingen.

Die letzte Bedingung für einen Erfolg auf der anstehenden Tagung des Ständigen Rates der Bischofskonferenz kann nur durch die Mitwirkung juristischer Kapazitäten geschaffen werden. Noch kurz vor der Sitzung des Ständigen Rats, am 20. Juni, erstellt auf Vermittlung von Bischof Hohmeyer der Göttinger Verfassungsrechtler Christian Starck ein Gutachten, das die geplante »Lösung« stützt.[285] In seiner Expertise beruft sich Prof. Starck auf die in Art. 140 Grundgesetz garantierte selbstständige Verwaltung kirchlicher Angelegenheiten. Diese umfasse auch die Caritas und damit die Beratung schwangerer Frauen durch die Kirche. Nach der Rechtsprechung des Bundesverfassungsgerichts sei die Hoheit des Staates, Gesetze zu erlassen, die die Ausübung der Kirchenfreiheit einschränkten, selbst wieder durch die Religionsfreiheit beschränkt. Demnach dürften staatliche Gesetze nicht »die den Kirchen wesentlichen eigenen Ordnungen beeinträchtigen«. Nach diesen Grundsätzen »muss sich die Kirche nicht genau in das staatliche System der Schwangerschaftskonfliktberatung einpassen. Vielmehr kann sie ihrem Eigenverständnis folgend ihr eigenes System entwickeln, das der Staat anerkennen muss. (…) Wenn die Kirche ihrer Eigenart getreu beraten darf,

284 Der Spiegel 26/99, 28.6.99, S. 59.
285 Abgekürzt abgedruckt in FAZ v. 26.6.99.

dann muss es ihr aber auch erlaubt sein, der Beratungsbescheinigung einen einschränkenden Vermerk anzufügen.«

Mit diesem Rüstzeug ausgestattet, begibt sich Bischof Lehmann nach Würzburg ins Kloster Himmelspforten, um doch noch die »Quadratur des Kreises« in Angriff zu nehmen.

»Wir folgen diesem Ersuchen des Papstes, indem wir in der Schwangerschaftskonfliktberatung bleiben...«

6. Die »Schein-Lösung« vom Juni 1999

Auf der Sitzung des Ständigen Rats der Bischofskonferenz am 21. und 22. Juni 1999 in Würzburg gelingt es Bischof Lehmann tatsächlich, seine Amtsbrüder für einen Verbleib in der Schwangerschaftskonfliktberatung zu gewinnen. Geblendet von den Interpretationskünsten Lehmanns, dem Nuntius-Brief und dem verfassungsrechtlichen Gutachten von Prof. Starck, glauben die versammelten Diözesanbischöfe, sowohl dem Wunsch des Papstes entsprechen als auch die Konfliktberatung fortsetzen zu können.

In der vom Ständigen Rat im Anschluss an die Beratungen abgegebenen Erklärung wird zwar korrekt die Intention des Papstbriefes wiedergegeben: »Damit die rechtliche [!] und moralische Qualität dieses Dokumentes unzweideutig wird, soll in der brieflichen Bescheinigung, die den Frauen im Rahmen des Beratungs- und Hilfeplans auf Wunsch ausgehändigt wird, nur das Ziel der Beratung und Hilfe erwähnt und am Ende der Satz hinzugefügt werden: ›Diese Bescheinigung kann nicht zur Durchführung straffreier Abtreibungen verwendet werden.‹«[286] Doch dann folgt der in sich widersprüchliche Satz: »Wir folgen diesem Ersuchen des Papstes, indem wir in der Schwangerenkonfliktberatung bleiben und den klärenden Zusatz in das Dokument aufnehmen.« Wer nach den jahrelangen Beratungen und Diskussionen über die Einbindung der Kirche in die staatliche

286 Siehe Anhang, S. 234, Ziff. 1.

Schwangerschaftskonfliktberatung das gesetzliche System auch nur einigermaßen durchschaut hat, muss bei einer solchen Formulierung ins Stocken geraten. Soweit unter »Verbleib in der Konfliktberatung« zu verstehen ist, dass der Schein doch zur Durchführung straffreier Abtreibungen verwendet werden kann, liegt ein klarer Dissens zum Ersuchen des Papstes vor. Die Bischöfe folgen also entgegen ihrer Aussage dem Papst gerade nicht. Der innere Widerspruch dieser »Lösung« ist mit Händen zu greifen.

In der Erklärung wird nicht ausdrücklich gesagt, dass der geänderte Schein weiterhin seine Funktion als Berechtigungsschein zur Durchführung straffreier Abtreibungen behalten soll. Indirekt ergibt sich dies aber aus Ziff. 2 der Erklärung: »Schon bisher heißt es in dem vorgesehenen Beratungs- und Hilfeplan: ›Die Aushändigung dieses Beratungs- und Hilfeplans bedeutet keinerlei Akzeptanz eines Schwangerschaftsabbruchs.‹ Diese schon bisher zum Ausdruck gebrachte Intention wird durch den Zusatz nochmals verdeutlicht: ›Diese Bescheinigung kann nicht zur Durchführung straffreier Abtreibungen verwendet werden‹.« Dem päpstlichen Zusatz wird damit die gleiche Funktion zugedacht, wie der bisherigen Formulierung, die den Beratungsschein nicht rechtlich »entwerten« sollte, sondern nur die ablehnende Einstellung der Kirche zur Abtreibung zum Ausdruck bringt. Ferner gehen die Bischöfe in Ziff. 5 der Erklärung »davon aus, dass die kirchlichen Beratungsstellen im Rahmen des Schwangeren- und Familienhilfeänderungsgesetzes (§ 5 ff.) vom 21. August 1995 als anerkannte Beratungsstellen ihre eigene Aufgabe erfüllen und ihre Tätigkeit weiter ausüben.« Diese am Wortlaut des Nuntiusbriefes orientierte Aussage[287] bezieht sich auf die gesetzlichen Vorschriften über die Schwangerschaftskonfliktberatung (§§ 5 ff. SchKG), in denen das Ausstellen einer strafbefreienden Beratungsbescheinigung vorgeschrieben ist.

»Kann nicht« sagt der päpstliche Zusatz – »kann doch« ist die Wirkung, die von der Bischofskonferenz angestrebt wird. Wie

287 Sie enthält den gleichen Fehler in der Gesetzesbezeichnung. Vgl. S. 123 f.

konnten sich die Bischöfe auf eine solche »Schein-Lösung« einlassen? Unwillkürlich drängt sich das Jesus-Wort ins Bewusstsein: »Euer Ja sei ein Ja, euer Nein ein Nein; alles andere stammt vom Bösen« (Mt 5,37).

Es fällt schwer, die fast einstimmige Unterstützung der Bischöfe für diese »Schein-Lösung« zu erklären. Sicherlich haben mehrere Aspekte eine Rolle gespielt. Da ist zunächst das starke Beharrungsvermögen vieler Bischöfe, die sich bereits seit langem auf die Fortsetzung der Konfliktberatung festgelegt hatten. Ihnen kam wohl jeder Strohhalm recht, an den sie sich klammern konnten, um den bisherigen Kurs nicht ändern zu müssen. Bei den mehr an der Haltung des Papstes orientierten Bischöfen dürfte dagegen der von Lehmann provozierte Nuntiusbrief seine suggestive Wirkung nicht verfehlt haben. Wenn der Apostolische Nuntius – in Abstimmung mit Rom – erklärt, dass sich der Heilige Stuhl einem »Verbleib« in der Schwangerschaftskonfliktberatung nicht widersetzen werde, warum sollten es dann die Bischöfe tun? Schließlich erfüllt man doch den Wunsch des Papstes, wenn der Zusatz in den »Beratungs- und Hilfeplan« aufgenommen wird. Auch die Bischöfe müssen ja nicht »päpstlicher sein als der Papst«. Und schließlich haben angesehene Professoren bestätigt, dass der von Bischof Lehmann empfohlene Weg »gangbar« ist. Was will man mehr?

Doch die Einmütigkeit unter den Bischöfen hat einen Schönheitsfehler: Sie kam unter Umständen zustande, die man durchaus auch als Täuschung bezeichnen kann. Bischof Lehmann hat seinen Amtsbrüdern auf der Tagung des Ständigen Rates in Würzburg nicht alles mitgeteilt, was zuvor an Korrespondenz und Gesprächen stattgefunden hatte. Er legte sein eigenes Fax an den Nuntius nicht in die Tagungsunterlagen und erwähnte auch nicht, dass durch die von ihm befürwortete »Lösung« nach Meinung von Professor Böckenförde die Intention des Papstes »ersichtlich ausgehebelt« wird. Ob in Kenntnis dieser Unterlagen und Bewertungen das Abstimmungsergebnis genauso klar ausgefallen wäre, muss bezweifelt werden.

Bischof Lehmann verkündet die fast einstimmige Entscheidung des Ständigen Rates – nur Erzbischof Dyba hat sich enthalten – als Durchbruch in der jahrelangen Auseinandersetzung. Im Gegensatz zu seinem Fax vom 12. Juni an den Nuntius spielt er die Bedeutung des vom Papst geforderten Zusatzes herunter und stellt ihn als »letzte, ethisch orientierte Zuspitzung« vor, die nicht »einzelne Bestimmungen in einem rechtlichen Sinne außer Kraft zu setzen versucht«. Mit dem Zusatz solle klargestellt werden, »dass es eine moralische Unmöglichkeit ist, den zum Lebenserhalt bestimmten Beratungsnachweis zugleich im Zusammenhang einer Abtreibung zu benutzen.« Vor allem müsse aber gesehen werden, »dass wir auch mit diesem Zusatz in der gesetzlichen Schwangerenkonfliktberatung bleiben wollen und bleiben können.« Der »Apostolische Stuhl« teile diese Einschätzung.[288] Die zugespitzte Formulierung des Beratungsscheines müsse der Staat akzeptieren. Gegebenenfalls, so Lehmann, wollten die Bischöfe – bei einer nicht gesetzeskonformen Benachteiligung der katholischen Beratungsstellen – »überlegen, ob sie dann nicht den Rechtsweg beschreiten müssen.«[289]

Nachdem diese »Scheinlösung« verkündet war, erklärt auch Professor Böckenförde, dass der modifizierte Beratungsschein den rechtlichen Vorgaben entspreche. Die geforderte Bestätigung der Beratung durch die Beratungseinrichtung sei darin enthalten. Allein hierauf komme es dem Gesetzgeber an. Der Zusatz auf dem Schein betreffe die moralische Seite.[290] Obwohl er selbst genau weiß, dass mit dieser »Lösung« das Gegenteil von dem verwirklicht wird, was der Papst mit seinem Brief vom 3. Juni 1999 bezweckt, trägt Böckenförde dazu bei, den veränderten »Beratungs- und Hilfeplan« politisch durchzusetzen.

Wenige Tage nach der Sitzung des Ständigen Rates der Deutschen Bischofskonferenz gibt Bischof Lehmann dem Spiegel ein

288 Dass Lehmann hier nicht vom Papst, sondern vom »Apostolischen Stuhl« spricht, ist wohl darauf zurückzuführen, dass er selbst die wahre Intention des Papstes hinter der Formulierung des Zusatzes erkannt hat (vgl. sein Fax vom 12. Juni) und es daher vorzieht, in abstrakter Form auf den Vatikan zu verweisen.

289 Vgl. Statement von Bischof Lehmann v. 23.6.99 (Anhang S. 239).

290 Vgl. KNA-Meldung vom 23.6.99.

bemerkenswertes Interview[291], in dem er mit aller Deutlichkeit seinen Kurs in der Beratungsscheinfrage bestätigt. Er will die katholischen Beratungsstellen wie bisher im System der Schwangerschaftskonfliktberatung halten und ist mit der strafbefreienden Wirkung des mit dem päpstlichen Zusatz versehenen »Beratungs- und Hilfeplans« einverstanden. Hier einige Auszüge:

SPIEGEL: Aber der vom Papst verlangte Zusatz macht den Beratungsschein doch unwirksam.

LEHMANN: Was heißt unwirksam? Das kann der Papst für den staatlichen Bereich gar nicht.

SPIEGEL: Eine Frau, die sich von der katholischen Kirche hat beraten lassen, will trotzdem ihr Kind abtreiben. Sie geht mit dem Beratungsschein zum Arzt, und der liest dort den lapidaren Satz: »Diese Bescheinigung kann nicht zur Durchführung straffreier Abtreibung verwendet werden.«

LEHMANN: Der Arzt weiß doch ganz genau, dass diese kirchliche Bescheinigung, die von einer Beraterin unterschrieben ist, nicht ein staatliches Gesetz außer Kraft setzt oder aushebelt. Auch der Vatikan ist klug genug zu wissen, dass er nicht auf diese Art und Weise ein staatliches Gesetz einfach unterlaufen kann. Der Zusatz ist eine besondere, extreme Form einer ethischen Aufforderung (...) [Die Frau] kann mit dem Beratungsschein machen, was sie will. Sie kann ihn zerreißen und in den nächsten Bach werfen. Sie kann aber auch zum abtreibenden Arzt gehen.

Bischof Lehmann zeigt im weiteren Verlauf des Interviews, dass es ihm nicht darum geht, die Intention des Papstes zu verwirklichen, sondern die Interessen des Staates zu wahren:

SPIEGEL: Spielen Sie und Ihre Mitbrüder mit dem Papst nicht Till Eulenspiegel?

LEHMANN: Ach, ich habe ein bisschen gelernt, mit Texten umzugehen. Auch ich habe gegen unsere Lösung zunächst er-

291 Der Spiegel 26/99, 28.6.99, S. 59 ff.

hebliche Bedenken gehabt: Sieht das nicht nach Winkeladvokatenverhalten aus? Beim näheren Nachdenken und nach Konsultation von fachkundigen Juristen bin ich langsam darauf gekommen, dass wir es doch so machen könnten. Die Experten haben mir versichert: Den Staat interessiert das Faktum, dass die Beratung stattgefunden hat, und das steht auf dem Schein. Was sonst auf dem Schein steht, interessiert ihn nicht.«

Aber vielleicht interessiert es den Papst. Ungläubig fragt der Journalist nochmals nach:

SPIEGEL: Und sie glauben wirklich, der Vatikan gibt sich mit Ihrer Interpretation zufrieden?

LEHMANN: Davon bin ich überzeugt. Wenn das nicht so ist, würden wir das mit Sicherheit schon bald hören.«

Nun dauerte es zwar einige Wochen, aber die Antwort aus Rom kam. Merkwürdig ist, dass Lehmann nicht antwortet: »Ich weiß, dass der Vatikan mit der Lösung zufrieden ist, weil diese vorweg mit Rom abgestimmt worden ist«. Offenbar war er sich seiner Sache doch nicht so sicher. Hier dringt das Bewusstsein durch, den Nuntius-Brief nicht in redlicher Weise verwendet zu haben.

SPIEGEL: Und die betroffenen Frauen? Fürchten Sie nicht, dass die künftig Rat lieber woanders suchen?

LEHMANN: Das muss man abwarten. Ich glaube, dass durch die Interpretation, die wir gegeben haben, die Angst unbegründet ist, der Schein könnte unwirksam sein und gar nichts taugen.

Bischof Lehmann macht die »Tauglichkeit« des Scheins letztlich daran fest, dass er für straffreie Abtreibungen verwendet werden kann. Dies bestätigt, dass es innerhalb des Systems der Schwangerschaftskonfliktberatung keinen »Schein anderer Art« (d. h. ohne strafbefreiende Wirkung) gibt. Die Einsetzung der bischöflichen Arbeitsgruppe war daher von vornherein überflüssig.

Das elfte Gebot: »Du sollst nicht ernst nehmen, was wir schreiben«

7. Reaktionen der Medien und der Politik

Das Presseecho auf die bischöfliche »Schein-Lösung« ist – quer durch die Republik – verheerend. Auch wenn in der gesamten Diskussion um den kirchlichen Beratungsschein die Medien überwiegend gegen Rom eingestellt waren und den Kurs von Bischof Lehmann unterstützten, konnte dieser »faule Kompromiss« nicht ungeschoren davonkommen. Die Nachrichtenagentur Associated Press (AP) spricht von einem »Trick«, die Neue Presse (Hannover) von »Schlitzohrigkeit«, »bischöflicher Trickserei« und »Heuchelei«, das Darmstädter Echo von einem »zirkusreifen Kabinettstückchen«. In der Süddeutschen Zeitung heißt es: »Bis auf weiteres jedenfalls gilt in der Schwangeren-Konfliktberatung das Prinzip der Scheinheiligkeit« und auch nach Meinung der Magdeburger Volksstimme haben sich die deutschen Bischöfe »als Schein-Heilige erwiesen«.[292]

Patrick Bahners von der Frankfurter Allgemeinen Zeitung meint: »Unter der Maßgabe, Unzweideutigkeit herzustellen, hat man den Widersinn bis zum Äußersten betrieben.«[293] Und das Nachrichtenmagazin »Focus« amüsiert sich: »Die deutschen Bischöfe folgen dem strengen Papstverdikt – beten aber, dass sie nicht beim Wort genommen werden«. Sie hätten das »elfte Gebot« erfunden: »Du sollst nicht ernst nehmen, was wir schreiben«.[294]

Zunächst gibt es auch Stimmen, die eine Vereinbarkeit des ergänzten »Beratungs- und Hilfeplans« mit den gesetzlichen Bestimmungen bestreiten. So meint der Vorsitzende der Juristen-Vereinigung Lebensrecht e. V., Bernward Büchner, in einem Beitrag für die Zeitung »Die Welt«, dass die Beratungsstelle der Schwangeren eine Bescheinigung darüber auszustellen habe, dass eine Beratung nach den §§ 5 und 6 des Schwangerschaftskonfliktgesetzes stattgefunden hat. Wenn eine Bezugnahme auf die

292 Alle Meldungen jeweils vom 23. Juni 1999.
293 FAZ v. 26.6.99.
294 Focus 26/1999, 28.6.99, S. 44.

§§ 5 und 6 SchKG fehle, führe die Bescheinigung nicht zur Straffreiheit.[295] Nach ersten Einschätzungen des Ärzteverbandes Hartmannbund und des Präsidenten der Deutschen Gesellschaft für Gynäkologie und Geburtshilfe, Günter Kindermann, erfüllt der geänderte »Beratungs- und Hilfeplan« die Voraussetzungen für die Straflosigkeit der Abtreibung nicht.[296] Auch Familienministerin Christine Bergmann (SPD) stellt sich kurz nach Bekanntwerden der »Schein-Lösung« die Frage, »ist dieser Schein, der Voraussetzung für Straffreiheit ist, mit diesem Zusatz noch anzuerkennen? Denn eigentlich steht auf dem Schein: Dieser Schein ist kein Schein.«[297]

Die Idee der »Entwertung« des Beratungsscheins durch einen Zusatz – wie sie dem Papstbrief vom 3. Juni zugrunde liegt – kann daher nicht prinzipiell als ungeeignet angesehen werden, die rechtliche Bedeutung des Beratungsscheins klarzustellen. Wenn es nach den Regeln der Logik ginge, hätte der Beratungsschein mit dem päpstlichen Zusatz von den zuständigen Behörden nicht als »Schein im Sinne des Gesetzes« anerkannt werden dürfen. Eine Bescheinigung, auf der ausdrücklich die Verwendung für straffreie Abtreibungen ausgeschlossen wird, ist mit Sinn und Zweck des Systems der Konfliktberatung schlicht unvereinbar. Aber was ist schon logisch im deutschen »Abtreibungsrecht«. Der Papst und seine Berater haben offenbar das politische Interesse an der weiteren Einbindung der katholischen Kirche in die »Beratungsregelung« unterschätzt.

In der öffentlichen Diskussion gewinnen bald diejenigen die Oberhand, die den »Beratungs- und Hilfeplan« als ausreichend für den Nachweis der Beratung im Sinne des Schwangerschaftskonfliktgesetzes halten. Als einer der ersten Rechtsexperten äußert sich der Freiburger Strafrechtler Prof. Dr. Albin Eser gegenüber der Deutschen Presseagentur (dpa) am 25.6.99. Seiner Ansicht nach sei der von den katholischen Bischöfen beschlossene Zusatz zum Beratungsschein aus strafrechtlicher Sicht ohne

295 Vgl. Die Welt v. 24.6.99.
296 Vgl. die Meldungen der Nachrichtenagenturen Associated Press (ap) und Reuters v. 23.6.99.
297 Plenarprotokoll 14/47 d. Dt. Bundestages, 24.6.99, S. 3965.

Bedeutung. »Entscheidend ist, dass eine Beratung stattgefunden hat. Die Bescheinigung ist nur ein Beleg dafür. Der Zusatz, dass der Schein nicht zur Durchführung straffreier Abtreibungen verwendet werden darf, macht diesen als Beweisstück nicht ungeeignet.« Auch nach Auffassung des früheren Bundesverfassungsrichters Ernst Gottfried Mahrenholz[298] ergeben sich durch den künftigen Zusatz in der Bescheinigung bei katholischen Schwangerschaftskonfliktberatungen keine rechtlichen Änderungen. In einem am 25.6.99 in Hannover veröffentlichten NDR-Interview sagt Mahrenholz, die Bescheinigungen katholischer Einrichtungen würden auch künftig alle gesetzlichen Voraussetzungen erfüllen. Er stimmt der von den Bischöfen vertretenen Auffassung zu, dass das gesetzlich geregelte Beratungsverfahren auf die Eigenständigkeit des kirchlichen Rechts Rücksicht nehmen müsse.

Nach Ansicht von Bundesjustizministerin Herta Däubler-Gmelin (SPD) kommt es »auf die gesetzmäßige Beratung und den Nachweis darüber an.« Wenn beide Kriterien erfüllt seien, machten sich weder die Frau noch der Arzt strafbar. »Dann hat der vom Papst verlangte Zusatz auf dem Beratungsnachweis keine rechtliche Bedeutung.«[299] Der neue Beratungsnachweis der Kirche sei »zweifellos rechtsgültig«.[300]

Auch die für die Anerkennung der Beratungsstellen zuständigen Landesministerinnen und Landesminister sowie mehrere Generalstaatsanwälte erklären alsbald, dass der »Beratungs- und Hilfeplan« auch mit dem päpstlichen Zusatz die gesetzlichen Voraussetzungen für die Erlangung von Straffreiheit erfülle. Allenfalls bei der Ergebnisoffenheit der Beratung gebe es noch Klärungsbedarf.[301]

Von der »Lösung« des Ständigen Rats der Bischofskonferenz ist inhaltlich zwar niemand begeistert.[302] Sie scheint aber »mach-

298 Wie Böckenförde Mitverfasser des Bundesverfassungsgerichtsurteils zur Beratungsregelung von 1993.
299 Welt am Sonntag v. 27.6.99.
300 Vgl. FAZ v. 12.7.99.
301 Vgl. KNA-Meldung v. 1.7.99
302 Nur der Bonner Moraltheologe Gerhard Höver glaubt – mit reichlich unverständlicher Begründung – den »neuen« Beratungs- und Hilfeplan verteidigen zu müssen, vgl. Zeitschrift für medizinische Ethik 1999, S. 149 ff.

bar« zu sein, weil der politische Wille zur Anerkennung des geänderten Scheins vorhanden ist. Die geltenden Gesetze stehen dem, zumindest formal, nicht entgegen. Ein größerer inhaltlicher Widerspruch zwischen der Formulierung des Zusatzes auf dem »Beratungs- und Hilfeplan« und dem tatsächlichen Gebrauch der Bescheinigung ist nicht denkbar. Die Anerkennung des Scheins auch in dieser Variante zeigt, dass es im »Beratungskonzept« darauf ankommt, formale Straflosigkeitsbedingungen zu erfüllen, ohne dass es auf inhaltliche Gesichtspunkte ankommt.

Eine auch nur annähernd tragbare Lösung für die Zukunft der katholischen Schwangerenberatung ist die »Schein-Lösung« natürlich nicht. Der neue Schein gerät nicht nur mit dem Lebensschutz, sondern auch mit der Wahrhaftigkeit und der Glaubwürdigkeit des kirchlichen Zeugnisses in Konflikt. Eine größere »Zwielichtigkeit« ist kaum denkbar. Man stelle sich nur eine konkrete Beratungssituation vor. Nach dem Bemühen, die Frau für das Austragen des Kinde zu gewinnen, übergibt die Beraterin den »Beratungs- und Hilfeplan«, auf dem steht, dass er nicht zur Durchführung einer straffreien Abtreibung verwendet werden könne. Wenn sich die Frau dann erkundigt, was das zu bedeuten habe, wird sie die Antwort erhalten, dass es sich hierbei nur um die unverbindliche Moralauffassung der Kirche handele. Der Schein könne in Wirklichkeit durchaus zur Abtreibung verwendet werden. Wem kann man verübeln, ein solches Verhalten als »scheinheilig« zu bezeichnen?

Wieder einmal ist es Erzbischof Dyba, der den faulen Zauber nicht mitmacht. In einem Interview mit der Zeitung »Die Welt«[303] erklärt Dyba, dass durch die Lehmannsche Lösung »der Papst auf den Kopf gestellt« werde. Die Glaubwürdigkeit der Kirche stehe auf dem Spiel: »Wenn wir den Leuten auf einem Gebiet, auf dem es um Leben und Tod geht, sagen: Nehmt nicht ernst, was wir da schreiben; wenn wir dem Staat sagen: Nimm bloß nicht für bare Münze, was wir da erklären – welche Glaubwürdigkeit wollen wir denn da auf anderen Gebieten der Verkündigung noch in An-

303 Interview v. 9.8.99.

spruch nehmen? Wer wird denn von Bischöfen, die eine offensichtliche Heuchelei präsentieren, noch ein geistliches Wort oder, mehr noch, eine verpflichtende Botschaft entgegennehmen? (...) Diese Scheinlösung hat die Gefahr eines Tumors am Leib der Kirche, der rapide all ihre Glaubwürdigkeit auffrisst. Deshalb müssen wir da einen Schnitt machen, bevor die katholischen Moralaussagen hier zu Lande zu einem Scherzobjekt degenerieren.«

»... ist die Antwort (...) negativ«

8. Der vierte Brief aus Rom

Erzbischof Dyba hat zwar als Einziger der »Schein-Lösung« vom Juni nicht zugestimmt. Doch er ist nicht der Einzige, der Probleme mit dieser »Lösung« hat. Einige Tage nach dem Beschluss des Ständigen Rats wird auch Kardinal Meisner bewusst, dass der eingeschlagene Weg zu einem Glaubwürdigkeitsverlust führt und letztlich die Beraterinnen in eine unmögliche Situation bringt: einerseits müssten sie den Frauen die Bedeutung des Zusatzes erläutern, andererseits wären sie aber auch aufgrund der gesetzlichen Regelung zu dem Hinweis verpflichtet, dass mit dem Beratungsschein dennoch straffreie Abtreibungen möglich sind.[304]

Als sich abzeichnet, dass die Landesregierungen den Zusatz des Papstes ignorieren würden, entschließt sich Kardinal Meisner, beim Papst selbst anzufragen, ob diese Entwicklung dem entspricht, was er mit seinem Brief vom 3. Juni 1999 bezweckt hatte. In einem Schreiben an den Hl. Vater vom 30. Juli 1999 fragt Kardinal Meisner wörtlich: »Liegt das wirklich in Ihrer Intention, den Beratungsschein mit ihrem gewünschten Zusatz (»diese Bescheinigung kann nicht...«) zu versehen und trotzdem zu dulden, dass ihn der Staat ignoriert?«[305]

Zur Klärung dieser Frage werden die deutschen Kardinäle (Wetter, Meisner und Sterzinsky) sowie Bischof Lehmann nach

304 Vgl. Pressemitteilung Nr. 1883 des Erzbischofs von Köln v. 17.9.99, Ziff. 3; abgedruckt in DT v. 21.9.99.

305 Vgl. ebd., Ziff. 7.

Rom berufen. Im Beisein der Kurienkardinäle Sodano und Ratzinger findet am 15. September 1999 in der Sommerresidenz Castelgandolfo in der Nähe Roms ein Treffen mit dem Papst statt. In einem längeren Gespräch werden die Streitpunkte erörtert. Eine Presseerklärung des Vatikans kündigt ein weiteres Schreiben an die deutschen Bischöfe an, das endgültige Klarheit bringen soll.

Noch bevor der Inhalt der Gespräche bekannt gegeben wird »ruft das Zentralkomitee der deutschen Katholiken zu einer Initiative auf, die es in jedem Fall ermöglichen soll, die gesetzlich geregelte Schwangerschaftskonfliktberatung auf der Grundlage des bischöflichen Beratungs- und Hilfeplans fortzusetzen.«[306] Unter dem Stichwort »Donum vitae« (Geschenk des Lebens) wollen namhafte Persönlichkeiten des deutschen Katholizismus innerhalb und außerhalb des ZdK zu Spenden aufrufen, um die Tätigkeit dieses Vereins zu finanzieren.

Wie vom ZdK befürchtet, beantworten die Kardinäle Ratzinger und Sodano mit einem Schreiben vom 18. September 1999[307] im Auftrag des Papstes die von Kardinal Meisner gestellte Frage negativ. Den Bischöfen wird in Erinnerung gerufen, dass der Papst in seinem Brief vom 3. Juni 1999 seinen Wunsch »klar« zum Ausdruck gebracht habe, dass die kirchlichen Beratungsstellen ›keine Bescheinigung mehr ausstellen, die zur Durchführung straffreier Abtreibungen verwendet werden kann‹. Entscheidend sei, ›ob der am Ende stehende Text weiterhin die Verwendung des Scheins als Zugang zur Abtreibung gestattet‹. (...) Würde der Schein weiterhin als Zugang zur Abtreibung dienen, wäre der in den vergangenen Wochen von vielen erhobene Vorwurf berechtigt, dass die Kirche eine bloß theoretische Aussage ohne reale Konsequenzen macht. Dem Heiligen Vater liegt es außerordentlich am Herzen, dass die Kirche ein Beispiel großer Transparenz gibt und alles meidet, was als Doppeldeutigkeit oder Mangel an Klarheit interpretiert werden könnte. Dies ist wichtig nicht nur für die Glaubwürdigkeit der Kirche, sondern auch für die Bildung der Gewissen« (Ziff. 1).

306 Presseerklärung des ZdK vom 16.9.99.
307 Siehe Anhang, S. 241 ff.; abgedruckt in DT v. 23.9.99.

Ferner widersprechen die Kardinäle ausdrücklich der Meinung, dass der vom Papst geforderte Zusatz zum Beratungsschein »nur einen kraftvollen letzten moralischen Aufruf« bilde. »Die Intention des Papstes ist auch darauf gerichtet zu bewirken, dass der Schein nicht mehr geeignet ist, den Zugang zur Abtreibung nach StGB § 218 a (1) zu eröffnen.« Ferner sei nicht zu sehen, wie die Kirche in der Schwangerschaftskonfliktberatung bleiben könne, »falls die staatlichen Stellen den genannten Zusatz faktisch ignorieren« (Ziff. 2).

In Ziffer 3 des Schreibens wird nochmals auf den Papstbrief vom 3. Juni Bezug genommen und der Kommentar zu diesem Schreiben zitiert, wonach es sich infolge des päpstlichen Zusatzes bei dem geänderten Beratungs- und Hilfeplan »dann wirklich um einen Schein anderer Art« handelt, »dessen Funktion allein darin besteht, die kirchliche Beratung zu bestätigen und ein Anrecht auf die zugesagten Hilfen zu geben«.

Die mehrfache Bezugnahme auf den Papstbrief vom 3. Juni spricht Bände. Die Aussagen des Papstes sind klar, bedürfen keiner Erläuterung und müssen nur wiederholt werden. Die Umdeutungen durch Bischof Lehmann erweisen sich als unzutreffend. Das Schreiben des Nuntius, ohne das die »Schein-Lösung« der Bischöfe vom 21./22. Juni nicht möglich gewesen wäre, wird mit keinem Wort erwähnt. Ihm wird offenbar keinerlei maßgebliche Bedeutung zugemessen. Der Nuntius erklärt vielmehr in einem eigenen Brief vom 19. September, dass die missverständliche Stelle in seinem Schreiben vom 16. Juni »überholt« sei.[308] Damit sind die wesentlichen Voraussetzungen für den Juni-Beschluss des Ständigen Rats weggefallen – die Fehlinterpretation des Papstbriefes und der Nuntiusbrief. Jetzt ist auch Bischof Lehmann mit seinem Latein am Ende. Ihm bleibt nur noch, den möglichst geordneten Rückzug anzutreten. In seinem Resümee des Konfliktverlaufs vom 24. September 1999 stellt er sich als Opfer der Medien und der unklaren, missverständlichen Haltung Roms dar.[309]

308 Vgl. Erklärung der Bischofskonferenz vom 23.9.99 (Anhang, S. 244 f.), Ziff. 1.
309 Siehe dazu unten Teil IV, Kap. 1.

»...dem Heiligen Vater ihre verbleibenden Bedenken vorzutragen...«

9. Ausstieg auf Raten

Wer jetzt mit einem raschen Ausstieg der Bischöfe aus der gesetzlichen Schwangerschaftskonfliktberatung rechnet, wird enttäuscht. Auf der Herbstvollversammlung der Bischöfe Ende September 1999 in Fulda kommt es zu einer Spaltung. Während »eine Anzahl« der Bischöfe sich für eine Neuordnung der Beratungstätigkeit ausspricht, »die eine Ausstellung von Beratungsnachweisen, die straffreie Abtreibungen ermöglichen, nicht mehr vorsieht«, sehen sich andere Bischöfe verpflichtet, »dem Heiligen Vater ihre verbleibenden Bedenken vorzutragen und die Umgestaltung des Beratungskonzeptes hinsichtlich der Voraussetzungen und Konsequenzen zunächst noch einmal zu prüfen«.[310] Den sofortigen Ausstieg aus der Schwangerschaftskonfliktberatung verhindern die Bischöfe Kamphaus (Limburg), Lettmann (Münster), Müller (Regensburg), Mussinghoff (Aachen), Nowak (Magdeburg), Spital (Trier) und Wanke (Erfurt).[311] Einig ist man sich nur darin, dass die Neuordnung der Beratung eine angemessene Übergangszeit erfordere.

Erzbischof Johannes Joachim Degenhardt (Paderborn) zieht für seine Diözese die Konsequenzen und gibt bereits wenige Tage nach der Bischofskonferenz[312] bekannt, dass im Erzbistum Paderborn ab 1. Januar 2000 keine Beratungsscheine mehr ausgestellt werden. Bischof Anton Schlembach (Speyer) schließt sich dieser Haltung an.[313] Auf Bitten der Landesregierungen von Rheinland-Pfalz und des Saarlandes soll die Schwangerschaftskonfliktberatung übergangsweise noch im ersten Quartal des Jahres 2000 fortgesetzt werden.[314] Kardinal Meisner beantragt für das Erzbistum Köln keine Ver-

310 Vgl. Presseerklärung der DBK vom 23.9.99, Ziff. 2 (s. Anhang, S. 244).
311 Vgl. FAZ v. 24.9.99; SZ v. 25.9.99.
312 Brief an die Beraterinnen vom 27.9.99; Pressekonferenz v. 29.9.99.
313 Vgl. Presseerklärung des Bistums Speyer vom 15.10.99; DT v. 16.10.99.
314 Vgl. KNA-Meldung v. 15.12.99.

längerung der staatlichen Anerkennung der katholischen Beratungsstellen. Die Anerkennung läuft zum 31. Dezember 1999 aus. Auch er ist bereit, auf Bitte der Landesregierung eine Übergangsfrist zu akzeptieren.[315]

In der ersten Oktoberwoche 1999 schreiben zwölf Bischöfe noch einmal an Papst Johannes Paul II. und legen ihre Bedenken gegen eine Ausstieg aus der Schwangerschaftskonfliktberatung dar.[316] Der Bischof von Münster, Reinhard Lettmann, wendet sich in einem eigenen Schreiben an den Papst, in dem er den Verbleib in der staatlichen Beratung »für moraltheologisch vertretbar« hält.[317] Man solle anerkennen, »dass es bei gleicher Gläubigkeit, gleicher Kirchlichkeit und gleicher Gewissenhaftigkeit zu unterschiedlichen Wegen kommen kann.« Auch bei unterschiedlichen Verfahrensweisen in den Bistümern könne die Einheit im Grundlegenden gewahrt werden, untereinander und auch mit dem Papst.[318]

Nach Angaben der »Frankfurter Allgemeinen Zeitung« erklärt jedoch Kardinalstaatssekretär Sodano in einem Antwortschreiben Ende Oktober 1999 »alle Bedenken dieser Bischöfe gegen das Ende der kirchlichen Schwangerenkonfliktberatung unter Verweis auf den bindenden Charakter der päpstlichen Weisungen vom 18. September für unmaßgeblich«.[319]

Bei den turnusmäßigen »Ad-Limina-Besuchen« in Rom vom 8. bis 20. November 1999 sprechen viele Bischöfe den Papst noch einmal auf die Frage des Beratungsscheines an und tragen ihre Bedenken gegen die Weisung, keine Beratungsscheine mehr auszustellen, vor. Bischof Lehmann übergibt dem Papst am 17. November sogar ein Schreiben, in dem er sich für eine Lösung ausspricht, die auch den Vorstellungen von Bischof Lettmann entspricht. Er fragt an, »ob man nicht doch einen vorläufigen Ausweg aus den Schwierigkeiten finden könnte, indem man für

315 Vgl. Erklärung des bischöflichen Presseamts Köln v. 24.11.99.

316 Vgl. FAZ v. 7.10.99, DT v. 12.10.99.

317 Vgl. DT v. 12.10.99.

318 Vgl. Bischofsbrief v. 24.11.99 an die Katholiken im Bistum Münster, Ziff. 2, abgedruckt in: Kirche+Leben, 5.12.99.

319 FAZ v. 5.11.99.

eine bestimmte Zeit mehrere Beratungssysteme nebeneinander gewähren lässt«.[320]

Papst Johannes Paul II. ändert seine Haltung nicht. Bei der Ansprache für die dritte Gruppe der Bischöfe am 20. November 1999 spricht er direkt den Konflikt zur Schwangerenberatung an. Es komme wesentlich darauf an, »dass das Zeugnis aller Bischöfe der ganzen Kirche eindeutig und einmütig ausfällt.« Er hoffe, dass die Beratungstätigkeit der Kirche in Deutschland »gemäß meiner Weisung bald endgültig neu geordnet wird. Ich bin überzeugt: Eine kirchliche Beratung, die sich durch ihre Qualität auszeichnet, wird ein entsprechendes Zeichen für die Gesellschaft und ein wirksames Mittel sein, um Frauen in Not für das Leben zu gewinnen, das sie in ihrem Leibe tragen.«[321]

Noch bevor der Ständige Rat im Anschluss an die Ad-limina-Besuche zusammentritt, antwortet der Papst auf den Brief von Bischof Lehmann vom 17. November 1999. Er will keinerlei Zweifel daran aufkommen lassen, dass seine Entscheidung endgültig ist und von allen Bischöfen gleichermaßen befolgt werden soll. Der Papst bittet Bischof Lehmann, den Mitarbeitern der Beratungsstellen seine Wertschätzung und zugleich seinen Wunsch zu überbringen, »dass die katholischen Beratungsstellen auch in Zukunft eine so verdienstvolle Tätigkeit zugunsten des Lebens fortführen und verstärken, ohne jedoch die Bestätigung auszustellen, die die katholischen Beratungsstellen in ein System mit hineinzieht, welches die Abtreibung zulässt.« Was den Vorschlag betrifft, mehrere Beratungssysteme zeitweise nebeneinander gelten zu lassen, bittet der Papst Bischof Lehmann und »alle anderen Diözesanbischöfe Deutschlands, sich für eine einheitliche Lösung einzusetzen, weil ich es in einem hohen Maß für schädlich halte, in einer so kennzeichnenden Angelegenheit zwei verschiedene Vorgehensweisen innerhalb desselben Episkopats zu akzeptieren. Ich vertraue also darauf, dass man bei der nächsten Sitzung des Ständigen Rates der Deutschen Bischofskonferenz einmütig und einträchtig zu einer endgültigen Ent-

320 So die eigene Darstellung Lehmanns in einem Beitrag für den RM v. 26.11.99.
321 Vgl. DT v. 23.11.99.

scheidung kommt, um die Weisungen zügig zu verwirklichen.« Lediglich für die praktische Durchführung gesteht der Papst gegebenenfalls unterschiedlich lange Übergangsfristen zu, »um zu einer konkreten Möglichkeit zu gelangen, die Beratung zu erhalten ohne jedoch die Bestätigung auszustellen.«

Nachdem alle Möglichkeiten, sich von der Endgültigkeit der päpstlichen Entscheidung zu überzeugen, ausgeschöpft sind, erklären die deutschen Bischöfe auf der Sitzung des Ständigen Rates der Bischofskonferenz am 23. November in Würzburg:

»Der Papst hat uns ermutigt, eine intensive Beratung fortzusetzen, allerdings mit der Weisung verbunden, keinen Beratungsnachweis ausstellen zu lassen, der den Weg zu einer straffreien Abtreibung ermöglicht. Im Lauf des Jahres 2000 werden wir deshalb eine Neuordnung der katholischen Beratung im Sinn der Weisung des Papstes durchführen.«[322]

Aber selbst diese eindeutig formulierte Entscheidung steht für die Bischöfe Kamphaus, Nowak und Spital unter einem Vorbehalt. Sollte sich keine »überzeugende Alternative« finden lassen, wollen sie an der »bewährten Praxis« in ihren Diözesen festhalten.[323] Dagegen scheint Bischof Lehmann einzusehen, dass die Auseinandersetzung mit dem Papst nicht auf unbestimmte Zeit fortgesetzt werden kann. Es habe keinen Sinn, »diese Entscheidung irgendwie zu unterlaufen. (...) Eine Beratung mit dem bisherigen Schein ist den kirchlichen Beratungsstellen nicht mehr möglich.«[324]

322 Siehe Anhang, S. 255.
323 Vgl. FAZ v. 24.11.99.
324 RM v. 26.11.99.

Teil IV

Die Zukunft der katholischen Schwangerenberatung

»Es bedarf dringend einer allgemeinen Mobilisierung der Gewissen und einer gemeinsamen sittlichen Anstrengung, um eine große Strategie zugunsten des Lebens in die Tat umzusetzen. Wir müssen alle zusammen eine neue Kultur des Lebens aufbauen ...«

Johannes Paul II.

Der Streit um den Beratungsschein hat tiefe Gräben aufgerissen. Die Diskussion verlief nicht immer sachlich. Auf der einen Seite wurden diejenigen, die sich für einen stärkeren rechtlichen Schutz ungeborener Kinder und gegen eine Mitwirkung der Kirche im System der Schwangerschaftskonfliktberatung einsetzten, als »so genannte« oder »selbsternannte Lebensschützer« abqualifiziert. Auf der anderen Seite erhielten Bischöfe, die in der Konfliktberatung bleiben wollten, bösartige Schmähbriefe. Diese Spaltung muss überwunden werden. Das allen Katholiken gemeinsame Ziel, Müttern in Konfliktsituationen zu helfen und ungeborene Kinder zu schützen, sollte es ermöglichen, zur Einheit auch in der Beratungsscheinfrage zurückzufinden.

Dazu bedarf es einiger Voraussetzungen. Die Zukunft der katholischen Schwangerenberatung kann nicht darin liegen, den Irrwegen der Vergangenheit nachzutrauern. Aus dem Rückblick auf den innerkirchlichen Streit müssen die richtigen Lehren gezogen und der Beratungstätigkeit neue Formen gegeben werden.

Wie kann es in der innerkirchlichen Auseinandersetzung, der katholischen Schwangerenberatung und dem Verhältnis zwischen Kirche und Staat konkret weitergehen?

»Die vom Papst gestellte und vom Ständigen Rat erfüllte Bedingung hat sich (...) in der Praxis als unwirksam erwiesen.«

1. Neuanfang ohne Legenden

Grundvoraussetzung eines Neuanfangs in der katholischen Schwangerenberatung ist zunächst, dass keine falsche Legendenbildung betrieben wird. Nur wer sich bemüht, das Vergangene objektiv zu bewerten, Sackgassen als solche zu erkennen und gegebenenfalls auch eigene Fehler einzugestehen, kann die richtigen Entscheidungen für die Zukunft treffen. Häme und unberechtigte Schuldzuweisungen führen nicht weiter. Solange die katholische Kirche innerlich zerstritten ist, ist die Kraft ihres Zeugnisses geschwächt. Bei der Suche nach einem Konsens darf aber die Wahrheit nicht auf der Strecke bleiben. Es muss daher – in der gebotenen Sachlichkeit – auf einige »Erklärungsversuche« eingegangen werden, die von Befürwortern des Beratungsscheins verbreitet worden sind.

Die Schuld an der ganzen Misere wird einer »lautstarken kleinen Minderheit« zugewiesen, die mit »Manipulation«, »Druck« und »Desinformation« den Papst für ihre Interessen instrumentalisiert habe. Insbesondere Bischof Lehmann hat sich eine Art »Dolchstoßlegende« zurechtgelegt, die sein Scheitern im Kampf um den Verbleib in der Konfliktberatung erklären soll: die »Schein-Lösung« vom Juni 1999 sei durch missverständliche Vorgaben aus Rom bedingt gewesen, erst eine diplomatische Kehrtwende im Vatikan habe ihr nachträglich den Boden entzogen. Was ist von diesen Darstellungen zu halten?

Die falsche Perspektive

Im Pressebericht vom 24. September 1999 nach der Herbstvollversammlung der Bischofskonferenz in Fulda[325] vertritt der Vorsitzende der Konferenz die Auffassung, dass die »Schein-Lösung« vom Juni 1999 »juristisch ... durchaus akzeptabel« gewesen sei.

325 Siehe Anhang, S. 247, I.

Durch »ständige Simplifizierung«, »Irreführung« und »systematische Desinformation« – »auch in seriöseren Presseorganen«[326] – sei dieser Ansatz zunichte gemacht worden.

In den Worten Bischof Lehmanns zeigt sich zunächst die völlig falsche Perspektive, aus der heraus er die Beratungsscheinfrage zu lösen versuchte. Sein Blick war immer auf die Interessen des *Staates* und die Bedingungen gerichtet, unter denen die Schwangerschaftskonfliktberatung im gesetzlichen System hätte fortgesetzt werden können. Ob die »Schein-Lösung« für Juristen noch »akzeptabel« war, ist aber gar nicht der entscheidende Punkt. An erster Stelle war und ist zu fragen, was die *Kirche* aus Sicht des Glaubens und aus Rücksicht auf ihre eigene Glaubwürdigkeit noch mittragen kann. Hierzu hatte der Papst eindeutig Stellung bezogen: Ein Schein, der zur Verletzung des Fünften Gebotes – »Du sollst nicht töten« – verwendet werden kann, darf von der Kirche nicht ausgestellt werden. Einen Beratungsschein, der insoweit durch den päpstlichen Zusatz »ungültig gestempelt« gewesen wäre, glaubte Bischof Lehmann der »staatlichen Autorität« nicht zumuten zu können.[327] Das Anliegen des Papstes, das Bischof Lehmann durchaus erkannt hatte, musste dem eigenen Anliegen, der Vermeidung des »Ausstiegs«, weichen.

Das am 20. Juni 1999 noch kurz vor der Sitzung des Ständigen Rates der Bischofskonferenz eingeholte Gutachten von Prof. Starck hatte auch nur unter dieser Perspektive einen Sinn. Staatskirchenrechtlich war es sicher begründbar, dass die Kirche auch mit dem Zusatz zum Beratungsschein in der Schwangerschaftskonfliktberatung verbleiben konnte. Für die Frage, was der Papst mit dem Zusatz bezweckte, oder die Frage nach der Glaubwürdigkeit der Kirche, waren diese Überlegungen aber nicht von Bedeutung. Sie konnten nur gegenüber dem Staat als Rechtfertigung benutzt werden.

Die »Schein-Lösung« ist sicher auch nicht an irgendeiner

326 Gemeint ist wohl in erster Linie die FAZ, in der zahlreiche kritische Artikel zur Haltung der Bischofskonferenz erschienen sind.

327 Vgl. Schreiben von Bischof Lehmann an den Apostolischen Nuntius v. 12.6.99 (Anhang, S. ...).

»Simplifizierung«, »Irreführung« oder »Desinformation«[328] gescheitert. Sie *musste* scheitern, weil sie in sich zutiefst widersprüchlich war. Sie sollte nach dem Willen von Bischof Lehmann und der Mehrheit der deutschen Bischöfe die Verwendung des Beratungsscheins als Zugang zur straffreien Abtreibung ermöglichen, obwohl auf dem Schein selbst das genaue Gegenteil geschrieben stand. Damit war diese »Lösung« zutiefst unglaubwürdig und »hebelte ersichtlich aus«, was der Papst mit dem Zusatz bezweckte.[329] »Hier wurde kein dritter Weg gegangen, keine goldene Mitte gefunden, sondern eine juristische Abstraktion in die Welt gesetzt, die sich selbst ad absurdum führte, ...«.[330]

Es mag auch bei Gegnern des Beratungsscheines in der Argumentation Vereinfachungen und im Einzelfall auch ungerechte oder verleumderische Vorwürfe gegeben haben. Eine irreführende Darstellung der Rechtslage ging aber gerade von den Scheinbefürwortern aus. Wer glaubt, durch die Verwendung der Worthülsen »Unrecht« und »rechtswidrig« für »beratene« Abtreibungen die kirchliche Mitwirkung am »Beratungskonzept« rechtfertigen zu können oder immer wieder behauptet, der Beratungsschein habe lediglich eine Dokumentationsfunktion, »simplifiziert« die rechtliche Problematik. Realistischer ist in diesem Fall die Einschätzung des Spiegel: »Die Scheinlösung war von vornherein ein unredlicher Kompromiss – der Papst, der in seinem Brief an die deutschen Hirten vom Juni eindeutig gegen das Festhalten am staatlich vorgeschriebenen Beratungspapier votiert hatte, musste sich verschaukelt fühlen.«[331]

Druck und Intrigen einer lautstarken Minderheit?

Neben dem Vorwurf der »Desinformation« findet sich in der Presseerklärung von Bischof Lehmann der Hinweis, es habe »im August 1999 einen recht starken Druck auf den Heiligen Vater«

328 Siehe Anhang, S. 249 f., VI.
329 So Prof. Böckenförde, vgl. Teil II, Kap. 5.
330 Christian Geyer, FAZ v. 20.9.99.
331 Der Spiegel 38/99, 20.9.99, S. 25.

gegeben.[332] Soll dies nahe legen, dass der Papst gegen seine eigene Überzeugung nur aufgrund äußerer Einwirkung die »Schein-Lösung« abgelehnt hat? Durch das Gespräch vom 15. September 1999 in Castelgandolfo und das anschließende Schreiben der Kardinäle Ratzinger und Sodano vom 18. September 1999 sind derartige Spekulationen widerlegt. Papst Johannes Paul II. konnte mit der »Schein-Lösung« nicht zufrieden sein. Dem Papst ging es von Anfang an um ein klares, von jeder Zweideutigkeit freies Zeugnis der Kirche. Die »Schein-Lösung« war genau das Gegenteil: doppelbödig, zweideutig und unglaubwürdig.

Es ist daher auch unsinnig, die schriftliche Anfrage von Kardinal Meisner beim Papst vom 30. Juli 1999 als die eigentliche Ursache dafür anzusehen, dass der im Juni ohne Gegenstimmen gefasste Beschluss der Bischofskonferenz bereits im September »unter putschartigen Umständen«[333] wieder gekippt worden ist.[334] Die Ursache lag in der »Schein-Lösung« selbst. Auch ohne das Schreiben von Kardinal Meisner hätte es mit Sicherheit eine Reaktion aus Rom gegeben.

Kardinal Meisner hat sich nicht leichten Herzens dazu entschlossen, den Papst um Klärung der Situation zu bitten. Er wusste, dass er dadurch auch sein eigenes Verhalten in der Diskussion um den Beratungsschein der Kritik aussetzen würde. Meisner war nie restlos davon überzeugt, dass die Mitwirkung der Kirche in der Schwangerschaftskonfliktberatung der richtige Weg sei. Er hat aber lange Zeit die gemeinsame Suche der Bischöfe nach einer vertretbaren Lösung solidarisch mitgetragen. Den Vorschlag, einen »Beratungs- und Hilfeplan« einzuführen, der auch weiterhin den Zugang zu straffreien Abtreibungen eröffnen sollte, lehnte er im Februar 1999 ab. Der »Kann nicht/kann doch«-Lösung vom Juni 1999 hat er dann aber zugestimmt und diese »Lösung« in seinem Bistum begründet und verteidigt. Wahrscheinlich war auch er verunsichert und überrascht gewe-

332 Siehe Anhang, S. 247, II.

333 So der ehemalige ZdK-Präsident Hans Maier, vgl. SZ v. 25.9.99.

334 Im – evangelischen – Deutschen Allgemeinen Sonntagsblatt v. 24.9.99 wird Meisner vorgeworfen, er habe »hinterrücks eine römische Intrige« eingefädelt.

sen, dass Bischof Lehmann mit dem Nuntius-Brief die Zustimmung Roms zu dieser »Lösung« behaupten konnte. Im Nachhinein regten sich bei ihm jedoch starke Bedenken, so dass es zur direkten Anfrage beim Papst kam.[335]

Es spricht für den Kardinal, dass er das Ansehen seiner Person vernachlässigte, um dem kirchlichen Zeugnis wieder Klarheit und Eindeutigkeit zu verleihen. »Dass Meisner Handlungsbedarf sah, um einen Widerspruch aufzulösen, der der Kirche in Deutschland landauf landab zu Recht den Heucheleivorwurf eintrug, erscheint nicht nur als das Recht, sondern geradezu als die Pflicht eines Kardinals, der mit seinem Amt für die Glaubwürdigkeit einer Überzeugungsgemeinschaft einzustehen hat.«[336]

Nach Meinung des ZdK-Hauptausschusses ist das Scheitern der deutschen »Schein-Lösung« auf das unheilvolle Wirken einer Minderheit zurückzuführen: »Eine kleine, aber lautstarke Minderheit verunglimpft durch ihre Behauptungen und durch gezielte Desinformation das eindeutige Eintreten der Katholischen Kirche in Deutschland für den Schutz des Lebens und trägt an der gegenwärtigen Situation die Schuld.«[337] Aufgrund dieser »Desinformation« soll es in Rom zu einer verzerrten Sicht der Dinge gekommen sein. Nach Meinung von ZdK-Präsident Hans Joachim Meyer bestimmten »jene das Bild, die sich nicht zu schade sind, die gleiche Unwahrheit, ohne auf Fakten und Argumente zu hören, so lange zu wiederholen, bis tatsächlich das Zeugnis der katholischen Kirche in Deutschland verdunkelt ist – auf Leserbriefseiten und in römischen Kanzleien.«[338] Den allermeisten Bischöfen – so Bischof Lehmann – habe auch »die mangelnde, mindestens nicht erkennbare Auseinandersetzung mit unseren Argumenten missfallen«.[339]

335 Vgl. die Presseerklärung von Kardinal Meisner v. 17.9.99, abgedruckt in DT v. 21.9.99.

336 Christian Geyer, FAZ v. 20.9.99.

337 Presseerklärung v. 3.9.99. Ähnlich ZdK-Präsident Meyer, der meint, es gehe in erster Linie um eine Auseinandersetzung unter deutschen Katholiken, in die Rom »von einer lautstarken kleinen Minderheit, die sich in der deutschen Kirche nicht hat durchsetzen können«, hineingezogen worden sei (vgl. Der Spiegel 40/99, 4.10.99, S. 101).

338 Salzkörner 5/99, 25.10.99, S. 1.

339 Schreiben an die Vorstände und Berater der Caritasverbände und des SkF im Bistum Mainz vom 1.10.99.

Der sich über mehrere Jahre hinziehende Dialog mit Rom spricht jedoch eine andere Sprache. Die zahlreichen Konsultationen mit den vatikanischen Behörden und die mehrfachen persönlichen Schreiben des Papstes zeigen deutlich, dass man sich in Rom durchaus mit den Argumenten der Scheinbefürworter auseinander gesetzt hat. Die Ursache für das Scheitern der Bischofskonferenz in der Beratungsscheinfrage sollte daher nicht in mangelnder Dialogbereitschaft des Heiligen Stuhls gesucht werden.

Unklare Vorgaben aus Rom?

Der Kern der Legendenbildung besteht in der Behauptung, dass die unklaren Vorgaben Roms zur »Schein-Lösung« der Bischöfe geführt hätten. Bischof Lehmann beruft sich in seiner Erklärung vom 24. September 1999 auf ein Schreiben des Apostolischen Nuntius vom 19. September 1999, das die Ursachenzusammenhänge folgendermaßen darstellt[340]:

»Die Stellen des Briefes des Hl. Vaters vom 3. Juni und des Briefes des Apostolischen Nuntius desselben Monats, soweit sie geeignet waren, im Sinne einer bedingten Möglichkeit des Verbleibens der katholischen Beratungsstellen im System der Schwangerschaftskonfliktberatung nach §§ 5 ff. des einschlägigen Gesetzes ausgelegt und angewandt zu werden – wie es im Beschluss des Ständigen Rates vom 22. Juni geschehen ist – sind jetzt durch den Brief, den der Kardinalstaatssekretär und der Präfekt der Glaubenskongregation auf der Grundlage präziserer Anweisungen des Hl. Vaters am 18. September an sie gerichtet haben, als endgültig klargestellt bzw. – was den Brief des Nuntius betrifft – als überholt zu betrachten. Die vom Papst gestellte und vom Ständigen Rat erfüllte Bedingung hat sich nämlich bei der von den Bischöfen vorgeschlagenen Lösung in der Praxis als unwirksam erwiesen.«

Bischof Lehmann zieht hieraus die Schlussfolgerung, dass sich der Ständige Rat mit seinem Beschluss »an die Vorgaben des Vatikans gehalten hat, dass diese Vorgaben aber heute hinfällig sind,

340 Siehe Anhang, S. 248, V.

weil der Heilige Stuhl sie zurückgezogen hat. (Im Falle des Papstbriefes selbst durch endgültige Klärung, im Blick auf den Nuntius-Brief durch die Feststellung: ›Der Brief sei überholt.‹)« Auch in der Erklärung der Bischofskonferenz vom 23. September 1999 heißt es, die Mitteilung des Nuntius vom 16. Juni sei »überholt«, »entsprechende Stellen im Brief des Heiligen Vaters vom 03.06.1999 sind damit klargestellt.«[341]

Soweit diese Darstellung sich auf den Nuntiusbrief bezieht, ist sie nachvollziehbar. Das Schreiben des Apostolischen Nuntius an Bischof Lehmann vom 16. Juni 1999 enthielt zwei Sätze, die Anlass für Missverständnisse sein konnten – auch wenn man bei verständiger Würdigung die von Bischof Lehmann gewählte Auslegung hätte verwerfen müssen.[342] Irreführend ist dagegen die Behauptung, dass es auch im Brief des Papstes vom 3. Juni »Stellen« gegeben habe, die »geeignet waren, im Sinne einer bedingten Möglichkeit des Verbleibens der katholischen Beratungsstellen im System der Schwangerschaftskonfliktberatung« ausgelegt zu werden. Der Papstbrief forderte zwar nicht ausdrücklich den »Ausstieg«. Von einem möglichen Verbleib in der Schwangerschaftskonfliktberatung war im Papstbrief aber an keiner Stelle die Rede. Der Papst hatte eindeutig die rechtliche »Entwertung« des »Beratungs- und Hilfeplans« zum Ziel. Das war und ist mit einem Verbleib im System der Konfliktberatung unvereinbar.[343]

Aufschlussreich ist, wie der angeblich »nachträgliche Wegfall« der »Vorgaben des Vatikans« begründet wird: Die vom Papst gestellte und »vom Ständigen Rat erfüllte« Bedingung habe sich bei der von den Bischöfen vorgeschlagenen Lösung »in der Praxis als unwirksam erwiesen.« Hier wird der Eindruck erweckt, als hätten sich lediglich die staatlichen Stellen über die Intention des Papstes hinweggesetzt und den Beratungsschein auch mit

341 Siehe Anhang, S. 244, 1.

342 Siehe Teil III, Kap. 5.

343 In seinem Statement vom 29. September 1999 vor der Presse in München zu den Ergebnissen der Beratungen der Deutschen Bischofskonferenz erklärte Kardinal Wetter sogar: »Wie steinig dieser Weg zu einer Entscheidung der sich hier stellenden Fragen ist, hat sich auch daran gezeigt, dass auch römische Weisungen an die deutschen Bischöfe korrigiert wurden.« Der Nuntius-Brief enthielt aber keine »Weisung«. Alles andere, insbesondere der Brief des Papstes vom 3. Juni, musste nicht korrigiert werden und wurde auch nicht korrigiert.

dem päpstlichen Zusatz als gesetzliche Voraussetzung für straffreie Abtreibungen anerkannt. Tatsächlich verfolgten aber die Bischöfe genau das gleiche Ziel. Ihre »Lösung« (Schein mit Zusatz, aber Verbleib in der Konfliktberatung) sollte von vornherein den Wunsch des Papstes nicht erfüllen. Bischof Lehmann und wohl die Mehrheit seiner Amtsbrüder hatten es darauf angelegt, dass der Zusatz – im Sinne des Papstes – wirkungslos bleiben sollte. Lehmann wollte von Anfang an keinen »unwirksamen« Schein und drohte dem Staat sogar mit einer Klage, wenn sich herausstellen sollte, dass der Zusatz die vom Papst gewünschte Wirkung entfaltet.

Es kann deshalb keine Rede davon sein, dass der Vatikan irgendwelche »Vorgaben« für den Beschluss des Ständigen Rates vom 22. Juni 1999 erst nachträglich »zurückgezogen« hat. »Vorgaben« für die »Schein-Lösung« hat es aus Rom nicht gegeben und konnten daher auch nicht zurückgezogen werden. Der Papst wollte eine »Entwertung« des Scheins in Bezug auf die Möglichkeit, straffrei abtreiben zu können. Bischof Lehmann und der Ständige Rat wollten eine solche »Entwertung« nicht und haben damit den Willen des Papstes umgangen.[344]

Die Bewältigung des »Lehmann/Lajolo-Briefwechsels« in den Erklärungen der Deutschen Bischofskonferenz vom 23. September und ihres Vorsitzenden vom 24. September 1999 muss als Versuch der Schadensbegrenzung gewertet werden. In dem von Bischof Lehmann zitierten Schreiben des Nuntius vom 19. September nimmt dieser nach außen hin mehr oder weniger die Schuld am Zustandekommen der »Schein-Lösung« vom Juni 1999 auf sich (und überträgt sie zu Unrecht auch teilweise auf den Papst), damit Bischof Lehmann sich einigermaßen unbeschädigt aus der Affäre ziehen kann. Nachdem die von Lehmann erzeugte Illusion von der Übereinstimmung der »Schein-Lösung« mit dem Willen des Papstes wie eine Seifenblase zerplatzt war, sollte es die Legende vom nachträglichen Wegfall der Entscheidungsgrundlage der Bischofskonferenz und ihrem Vorsitzenden ermöglichen, das Gesicht zu wahren.

344 Wobei vieles dafür spricht, dass nicht alle Bischöfe auch subjektiv den Widerspruch zwischen ihrer »Lösung« und der Intention des Papstes erkannten.

Gelungen ist dieses Manöver nicht. Bischof Lehmann hat im Verlauf der Auseinandersetzung mehrfach bewiesen, dass er jede interpretationsfähige oder missverständliche Formulierung sofort auszunutzen versteht, um seine eigene Sichtweise durchzusetzen (»doppelte Bitte«, »Schein anderer Art«, Nuntiusbrief). Obwohl er die Intention des Papstes richtig erkannte, legte er den Nuntius-Brief so aus, dass er gegen diese Intention instrumentalisiert werden konnte.

Die »Mitschuld« Roms

Wenn man dem Papst einen Vorwurf machen kann, dann den, dass er den deutschen Bischöfen zu lange einen eigenen Entscheidungsspielraum zugestanden hat. Während er in seinem ersten Brief vom September 1995 nur »an einige Grundsätze« erinnert, richtet er im zweiten Brief vom Januar 1998 eine »dringliche Bitte« an seine Mitbrüder im Bischofsamt. Aber auch in diesem Schreiben befiehlt er nicht den »Ausstieg« aus der Schwangerschaftskonfliktberatung, sondern überlässt es den deutschen Bischöfen, die notwendigen Konsequenzen zu ziehen. Nachdem diese seiner Bitte nicht nachkamen und einen »Beratungs- und Hilfeplan« vorschlugen, der nach wie vor den Zugang zu straffreien Abtreibungen eröffnete, ging der Papst abermals nicht auf Konfrontationskurs, sondern griff den Vorschlag auf. In der unverfänglichsten Variante des »Beratungs- und Hilfeplans« sollte ein Zusatz sicherstellen, dass er nicht für straffreie Abtreibungen verwendet werden kann. Auch an diesem Punkt war das Verhalten des Papstes noch vom Vertrauen in die Bereitschaft der deutschen Bischöfe geprägt, sich für eine glaubwürdige Lösung zu entscheiden.

Der Papst verlangte zwar unmissverständlich den Zusatz, hob dadurch aber die Eigenverantwortung der Bischöfe nicht völlig auf. Die rechtliche »Entwertung« des Beratungsscheins wäre mit dem Zusatz nur sichergestellt gewesen, wenn der Staat ihn anerkannt hätte. Andernfalls wären die Bischöfe verpflichtet gewesen, den »Ausstieg« formell selbst zu vollziehen. Da die Bischöfe aber – trotz Zusatz – auf einen Verbleib in der Schwangerschaftskonfliktberatung hinarbeiteten, zahlte sich das Vertrauen des Papstes letztlich nicht aus. Hätte der Papst dies vorhersehen und durch eine klare Anweisung zum »Ausstieg« oder »Umstieg« (gem. § 2 SchKG) verhindern müssen?[345] Vielleicht wäre eine solche Weisung tatsächlich besser gewesen. Sie hätte aber nicht der Auffassung des Papstes von der Würde der Person und der menschlichen Freiheit zur sittlichen Entscheidung entsprochen. Papst Johannes Paul II. »versteht den Personalismus vor allem auch als eine besondere Hochachtung der Freiheit und freiheitlichen Entscheidung der Person und ›kann‹ deshalb gar nicht anders handeln«.[346] Hinzu kommt die Rücksichtnahme des Papstes auf die bereits in seiner Antrittsenzyklika »Redemtor hominis« hervorgehobene Bedeutung der Kollegialität der Bischöfe.

Von einer echten »Mitschuld« Roms kann man daher nicht sprechen. Die verständnisvolle, einfühlsame, zur eigenen Entscheidung einladende, nicht aber befehlende Art der Papstschreiben hatte auch den Effekt, dass es zu keinem Zeitpunkt zu der von manchen erhofften »Revolte« der Bischöfe gekommen ist. Unabhängig von den noch zu erwartenden Schwierigkeiten bei der Neuordnung der katholischen Beratungstätigkeit ist es dem Papst immerhin gelungen, einen offenen Bruch zu vermeiden.

Der Bischofskonferenz muss dagegen ein nicht unerhebliches Verschulden an der bestehenden Situation angelastet werden. Jahrelang wurden die Argumente zahlreicher Lebensrechtsgruppen und die fundierten Ausführungen von Kritikern des Beratungsscheins[347] nicht beachtet. Immer wieder wurde nach neuen »Spielräumen« und Interpretationsmöglichkeiten gesucht. Teilweise entstand der Eindruck, dass Bischof Lehmann an der Rolle des eloquenten und medienwirksamen Taktierers durchaus Gefallen gefunden hatte. Er galt als der »Macher«, der den Kurs der deutschen Bischöfe gegenüber der Kirchenleitung in Rom geschickt verteidigte.

Am Ende war aber nur ein Schein-Kompromiss, eine Schein-

345 So der Vorwurf von Christian Geyer, FAZ v. 20.9.99.
346 Norbert u. Renate Martin, DT v. 7.8.99
347 Z. B. von Giovanni B. Sala, Robert Spaemann, Manfred Spieker, Herbert Tröndle, Rupert Hofmann, Andreas Laun u.a.

Einheit entstanden. Auch wenn manches formell von der Vollversammlung oder dem Ständigen Rat der Bischofskonferenz verantwortet werden muss, war doch immer Bischof Lehmann persönlich die treibende Kraft. Er muss sich deshalb den Vorwurf gefallen lassen, die Deutsche Bischofskonferenz in einer Frage großer Bedeutung, die im Mittelpunkt des öffentlichen Interesses steht, in eine Sackgasse geführt zu haben.

»Österreichischer Kleininquisitor«

2. Der Umgang mit den Gegnern des Beratungsscheins

Während der »Dialog« mit gesellschaftlichen Gruppen, anderen Konfessionen und »fortschrittlichen« Kirchenkritikern im deutschen Katholizismus seit vielen Jahren groß geschrieben wird, zeigte sich gerade in der »Scheindebatte«, dass die Dialogbereitschaft manchmal enge Grenzen hat. Die romtreuen, vom Zeitgeist unangefochtenen, eher traditionell bzw. »konservativ« eingestellten Gegner des Beratungsscheins fanden bei der Deutschen Bischofskonferenz wenig Gehör. Mit den Argumenten, die von Einzelpersönlichkeiten und Lebensrechtsgruppen gegen den Verbleib in der staatlichen Schwangerschaftskonfliktberatung vorgebracht wurden, setzte man sich nicht, nur oberflächlich oder schlicht unsachlich auseinander.

Schon früh hatte zum Beispiel die Juristen-Vereinigung Lebensrecht e. V. (Köln) die neue Abtreibungsregelung scharf kritisiert und in Schreiben an den Vorsitzenden der Bischofskonferenz und an alle Diözesanbischöfe darauf hingewiesen, dass eine Mitwirkung an dem »Beratungskonzept« untragbar sei. Namhafte Mitglieder der Vereinigung äußerten sich in Gutachten und Stellungnahmen im gleichen Sinne.[348] Im Oktober 1998 verfasste schließlich der Vorstand der Juristen-Vereinigung ein »Memorandum«, in dem die wesentlichen Argumente für einen »Aus-

348 So z. B. Herbert Tröndle, ZfL 1995, S. 46 ff.

stieg« aus dem staatlichen System der Konfliktberatung nochmals zusammengefasst waren.[349] Je kritischer sich jedoch die Juristen-Vereinigung zur Scheinvergabe durch die katholische Kirche äußerte, desto stärker kühlte sich das Verhältnis zur Bischofskonferenz und ihrem Vorsitzenden ab.

Angesichts dieser Entwicklung muss man es fast schon als »logisch« bezeichnen, dass in die von den Bischöfen 1998 eingesetzte Arbeitsgruppe keine ausgewiesenen Beratungsscheingegner berufen wurden. Hinsichtlich des juristischen Sachverstandes setzte man ganz auf den ehemaligen Bundesverfassungsrichter Prof. Ernst-Wolfgang Böckenförde, der selbst an dem Urteil zur Beratungsregelung von 1993 beteiligt gewesen war, und einen Verwaltungsrechtler, Prof. Peter Tettinger, der in Sachen Abtreibung als unbeschriebenes Blatt bezeichnet werden muss. Kritische Stimmen waren offenbar unerwünscht. Bei dieser Beraterauswahl war es von vornherein ausgeschlossen, dass die gebotene Kritik am »Beratungskonzept« im Dunstkreis der Bischofskonferenz Platz greifen konnte. Erwartungsgemäß liest sich die Stellungnahme der Arbeitsgruppe, die der Entscheidung der Bischofskonferenz auf der Vollversammlung in Lingen im Februar 1999 als Grundlage diente, über weite Strecken als Rechtfertigung und Verteidigung des »Beratungskonzepts«.[350]

Wie unsensibel und abweisend man mit Kritik umging, zeigte sich zum Beispiel in der Reaktion auf ein Schreiben, in dem 112 Professoren, Adelige, Unionsabgeordnete und Ordensleute im Dezember 1998 an die Bischöfe appellierten, keine Beratungsscheine mehr auszustellen.[351] In dem Schreiben hieß es unter anderem, dass die Aushändigung des Scheines »Förderung der Abtreibung und daher Beihilfe zum Unrecht« sei. Das Beratungskonzept sei »nichts anderes als eine Fristenregelung mit Beratungsangebot«. Diese Äußerungen stammten keineswegs von Unkundigen, sondern von den führenden Vertreterinnen deutscher Lebensrechtsgruppen: Johanna Gräfin von Westphalen, Vorsitzende der »Christdemokraten für das Leben«, Dr. Claudia

349 Vgl. ZfL 1998, S. 48 ff.
350 Vgl. hierzu Spieker, ZfL 1999, S. 9.
351 Vgl. FAZ v. 19.1.99; DT v. 21.1.99.

Kaminski, Vorsitzende der »Aktion Lebensrecht für Alle«, und der ehemaligen Vorsitzenden dieser Gruppierung, Dr. Ruth Reimann, die sich im Rahmen ihrer von der Kölner Universität ausgezeichneten Promotion speziell mit dem Abtreibungsstrafrecht befasst hatte.[352]

Als Reaktion hat der Pressesprecher der Deutschen Bischofskonferenz, Dr. Rudolf Hammerschmidt nicht die Diskussion in der Sache aufgegriffen, sondern »angemerkt«, dass sich Frauen in Konfliktsituationen in erheblich anderen – auch finanziellen – Verhältnissen befänden, als die Unterzeichner. »Diejenigen, die unterschrieben haben, verfügen doch über ausreichende finanzielle Mittel und vielleicht sogar über Personal, um Konfliktsituationen leichter zu bewältigen.«[353] Mit demselben »Argument« könnte man natürlich auch den Bischöfen absprechen, sich überhaupt zur Abtreibung zu äußern, denn auch ihre Lebensumstände unterscheiden sich von denen der Rat suchenden Frauen erheblich.

Wenig angemessen – um es vorsichtig auszudrücken – war auch der Umgang Hammerschmidts mit dem Salzburger Weihbischof Andreas Laun, der im Sommer 1999 die »Schein-Lösung« der Bischöfe scharf kritisiert hatte.[354] Hammerschmidt quittierte die Meldung der Katholischen Nachrichten-Agentur über die Ausführungen Launs mit den Worten, die deutsche Bischofskonferenz bedürfe nicht der Belehrung eines »österreichischen Kleininquisitors«.[355] Eine sachliche Reaktion auf seine Einwände gegen die »Schein-Lösung« erhielt Weihbischof Laun nach eigenen Angaben nicht: »Kein Brief, kein Fax, kein Anruf«.[356]

352 Vgl. Ruth Esser (verh. Reimann), Der Arzt im Abtreibungsstrafrecht – Eine verfassungsrechtliche Analyse, Berlin 1992. Unterzeichner des Schreibens waren u. a. Fürstin Gloria von Thurn und Taxis, der damalige Europaabgeordnete Otto von Habsburg, die Unternehmensberaterin Gertrud Höhler, die Publizistin Christa Meves, der Strafrechtskommentator Prof. Dr. Herbert Tröndle, der Philosoph Prof. Dr. Robert Spaemann, der Dogmatiker Prof. Dr. Leo Scheffczyk, der Osnabrücker Professor für Christliche Gesellschaftslehre Dr. Manfred Spieker sowie die Unionsabgeordneten Norbert Geis, Manfred Carstens, Hubert Hüppe und Monika Brudlewsky.

353 Vgl. Münchner Merkur, 20.1.99.

354 Vgl. Andreas Laun, Die leidvolle Frage des Beratungsscheins – eine Zwischenbilanz, Kirche heute 7+8/99, S. 5 ff.

355 KNA-Meldung v. 21.7.99.

356 Vgl. DT v. 4.9.99.

Auch in den Veröffentlichungen der »Scheinbefürworter« sucht man vergebens nach einer profunden Auseinandersetzung mit den Argumenten der »Scheingegner«. Das von dem Mainzer Moraltheologen Prof. Dr. Johannes Reiter Anfang 1999 herausgegebene Buch, »Der Schein des Anstoßes«[357], enthält ausschließlich Stellungnahmen von Befürwortern des Verbleibs im staatlichen Konfliktberatungssystem. Im Umschlagtext heißt es, der Band dokumentiere »die wichtigsten Positionen in einer unübersichtlichen Diskussion«. Waren die Argumente der Scheingegner nicht wichtig?[358] Auch in der deutschen Kirchenöffentlichkeit wurde die Kritik am Beratungsschein weitgehend unterdrückt. In den meisten Pfarrgemeinden wurde das Thema ängstlich gemieden, in den Kirchenzeitungen kamen die Beratungsscheingegner – mit wenigen Ausnahmen – nur in den Leserbriefspalten zu Wort.[359]

Weder an »der Basis« noch in den Entscheidungsgremien (Bischofskonferenz, Arbeitsgruppe der Bischofskonferenz) kam es zu einem ernsthaften Dialog mit den Kritikern des Beratungsscheines. Möglicherweise war man inhaltlich von Anfang an so festgelegt, dass eine Änderung der eigenen Auffassung nicht in Betracht kam. Dieses Verhalten ist psychologisch verständlich – denn wer setzt sich schon gerne der Gefahr aus, eigene Fehler eingestehen zu müssen –, stellt aber keine gute Basis für eine Problemlösung dar.

Stattdessen wird der Vorwurf der Dialogverweigerung an die Kritiker des Verbleibs in der Schwangerschaftskonfliktberatung gerichtet. So schreibt der neue Generalsekretär des ZdK, Stefan Vesper, die Kritiker eines Verbleibs im Beratungssystem widersetzten sich den zentralen Argumenten und versuchten diese »mit verleumderischen Unterstellungen und öffentlichkeitswirksamen Wortkeulen zu diskreditieren ... Der Dialog wird verweigert, stattdessen werden alte Argumente lediglich in neuer Polemik formuliert«.[360] Ein Musterbeispiel von Dialogverweigerung

357 Herder-Verlag, Freiburg 1999.
358 Vgl. hierzu auch die Rezension von Bernward Büchner, DT v. 21.1.99.
359 Vgl. Spieker, ZfL 1999, S. 9.
360 Salzkörner 5/99, 25.10.99, S. 2

ist dagegen sein eigener Beitrag. Auf die Argumente der Scheingegner geht Vesper mit keinem Wort ein. Zur Stützung der eigenen Position zeichnet er ein positives Bild des »Beratungskonzepts« (siehe dazu Teil I, Kap. 1), stellt die Behauptung auf, das Gesetz schreibe fest, dass Abtreibungen nach Beratung »Unrecht« seien (s. Teil I, Kap. 2), beruft sich auf den angeblich statistisch erwiesenen Erfolg der Konfliktberatung (s. Teil II, Kap. 5) und die zustimmenden Erklärungen von Theologenvereinigungen, die ihrerseits keine inhaltliche Argumentation enthalten.[361]

Auch auf den unteren Ebenen des deutschen Laienkatholizismus werden die Scheingegner zu Sündenböcken abgestempelt. So heißt es z. B. in einem Schreiben des Vorsitzenden des Diözesanrates im Bistum Würzburg an alle Mitglieder des Diözesanrates und alle Pfarrgemeinderatsvorsitzenden vom 29. September 1999: »Mit Bedauern und in Sorge um unsere Kirche stelle ich fest, dass diejenigen, die sich in unüberbietbarer Arroganz für die einzig wahren Katholiken halten, die »Knüppel nach Rom« trugen, zentrale Unkenntnis über örtliche Verhältnisse ausnutzten und so den Würzburger Beschluss des Ständigen Rates vom 21./22.06.1999 torpedierten, unserer Kirche und dabei insbesondere den Ortskirchen in der Bundesrepublik Deutschland, sowie darüber hinaus dem Schutz des ungeborenen Kindes in höchstem Maße geschadet haben.«

Die Bitte der Kardinäle Ratzinger und Sodano an Hirten und Gläubige, »auf polemische Äußerungen zu verzichten«[362], wurde im Streit um den Beratungsschein von beiden Seiten nicht immer beachtet. Eine sachliche und gegebenenfalls auch harte Auseinandersetzung um den richtigen Weg sollte nicht in persönliche Diffamierung ausarten. Eine besondere Ungerechtigkeit stellt es aber dar, wenn gerade diejenigen ausgegrenzt und beschimpft werden, die sowohl die Sachlage als auch die Haltung Roms rich-

361 Stellungnahmen der Internationalen Vereinigung deutschsprachiger Moraltheologen v. 23.9.99, der deutschen Sektion der Europäischen Gesellschaft für Katholische Theologie v. 4.10.99 und der Konferenz der deutschsprachigen Pastoraltheologen und Pastoraltheologinnen v. 29.9.99.

362 Siehe Anhang, S. 242., Ziff. 4.

tig eingeschätzt haben. Auf dieser Basis werden Eintracht und Vertrauen unter den Gläubigen und auch unter den Hirten nicht wiederhergestellt werden können.

Die unterschiedlichen Auffassungen über die Mitwirkung im System der Schwangerschaftskonfliktberatung haben darüber hinaus zu einer Entfremdung zwischen der katholischen Kirche in Deutschland und den überwiegend christlich motivierten Lebensrechtsinitiativen geführt. Hier gilt es, die Zusammenarbeit wieder zu vertiefen, um dem Eintreten für die Rechte des ungeborenen Kindes in der gesellschaftlichen Diskussion größere Durchschlagskraft zu verleihen.

«...die Präsenz der Kirche darf letztlich nicht vom Angebot des Scheins abhängen.«

3. Beratungsmodelle ohne Schein

Nach der Entscheidung der Bischofskonferenz, eine Neuordnung der kirchlichen Beratungstätigkeit im Sinne der Weisung des Papstes durchzuführen, stellt sich die Frage, welche Beratungsmodelle ohne Schein künftig in Betracht kommen. Nach Meinung des Papstes bietet das Schwangeren- und Familienhilfeänderungsgesetz »viele Möglichkeiten, um in der Beratung präsent zu bleiben; die Präsenz der Kirche darf letztlich nicht vom Angebot des Scheins abhängen. Nicht nur der Zwang einer gesetzlichen Vorschrift darf es sein, der die Frauen zu den kirchlichen Beratungsstellen führt, sondern vor allem die sachliche Kompetenz, die menschliche Zuwendung und die Bereitschaft zu konkreter Hilfe, die darin anzutreffen sind«.[363]

Ein Verbleib in der Schwangerschaftskonfliktberatung scheidet aus, weil dieser mit der Verpflichtung verbunden ist, Beratungsscheine auszustellen. Ein Verbleib *in der Konfliktberatung ohne Ausstellung des Scheins*, wie ihn offenbar der Ständige Rat

363 Papstbrief v. 11.1.98, Ziff. 8 (s. Anhang S. 206). Ähnlich: Kommentar zum Papstbrief v. 3.6.99, Ziff. 4 (s. Anhang S. 229).

der Bischofskonferenz noch im November 1999 für möglich gehalten hat[364], ist ebenfalls zum Scheitern verurteilt. Er würde eine Gesetzesänderung voraussetzen, für die eine Mehrheit weit und breit nicht in Sicht ist. Selbst die bayerische Sozialministerin Barbara Stamm hat dieses Ansinnen sofort zurückgewiesen: »Niemand will das Bundesgesetz ändern, um der katholischen Kirche den Verbleib im staatlichen System zu ermöglichen«.[365]

Beratung nach § 2 Schwangerschaftskonfliktgesetz

Als künftige Form der Beratung bietet sich für die katholische Kirche die Beratung nach § 2 Schwangerschaftskonfliktgesetz an. Als der Papst in seinem Brief vom 11. Januar 1998 schrieb, dass das Schwangeren- und Familienhilfeänderungsgesetz viele Möglichkeiten biete, um in der Beratung präsent zu bleiben, konnte dies von jedem Sachkundigen nur als Hinweis auf die Beratungstätigkeit gemäß § 2 SchKG aufgefasst werden. Im Rahmen dieser allgemeinen Schwangerenberatung muss kein Beratungsschein ausgestellt werden, der für eine spätere Abtreibung verwendet werden kann.

Diese Form der Beratung umfasst den Anspruch auf Informationen über

- Aufklärung, Verhütung und Familienplanung,
- familienfördernde Leistungen,
- Vorsorgeuntersuchungen und Entbindungskosten,
- soziale und wirtschaftliche Hilfen für Schwangere,
- Hilfsmöglichkeiten für behinderte Menschen und ihre Familien,
- Methoden des Schwangerschaftsabbruchs einschließlich ihrer körperlichen und psychischen Folgen,
- Lösungsmöglichkeiten für psychosoziale Konflikte in Zusammenhang mit einer Schwangerschaft und
- die rechtlichen und psychologischen Aspekte einer Adoption.[366]

364 Vgl. Erklärung des Ständigen Rats vom 23.11.99 (s. Anhang, S. 255).
365 SZ v. 24.11.99.
366 Vgl. § 2 Abs. 2 SchKG (Anhang S. 194).

Auch die bischöfliche Arbeitsgruppe hatte sich mit der Beratung nach § 2 SchKG befasst[367], aber kaum eine gutes Haar an ihr gelassen. Als Hauptproblem wurde die mangelnde »Reichweite« dieser Beratungsform angesehen[368] (siehe dazu Teil II, Kap. 5). Darüber hinaus sei die Beratung nach § 2 SchKG auch inhaltlich »für kirchliche Beratungsstellen in zentralen Punkten problematisch.« Dies gelte vor allem für die Bereiche »Sexualaufklärung, Verhütung und Familienplanung, aber auch für Informationen über die Methoden zur Durchführung eines Schwangerschaftsabbruchs«.[369]

Diese Argumentation ist nicht nachvollziehbar. Zu den Themen Sexualaufklärung, Verhütung und Familienplanung gibt es klare Positionen der katholischen Kirche, die in den Beratungsstellen vertreten werden könnten, ohne in Konflikt mit der Lehre der Kirche zu geraten. Die Darstellung der »Methoden zur Durchführung eines Schwangerschaftsabbruchs« bietet darüber hinaus die Chance, das wirkliche Geschehen bei einem »Schwangerschaftsabbruch« ins Bewusstsein der Frau zu rufen. Das ungeborene Kind und sein Schicksal wird in der gesamten Abtreibungsdiskussion ohnehin weitgehend totgeschwiegen.

Im Rahmen von § 2 SchKG könnten Frauen mit Problemen familiärer, sozialer, finanzieller, psychischer oder sonstiger Art wirksame Beratung und Hilfe erfahren. Gleichzeitig wäre diese Beratungstätigkeit frei von jeder Art der Mitwirkung an straflosen Abtreibungen. Die Kirche könnte sogar staatliche Fördermittel hinsichtlich der Personal- und Sachkosten in Anspruch nehmen.[370] Diese Form der Beratungstätigkeit würde den päpstlichen Schreiben in vollem Umfang entsprechen. Einerseits würde die Ausstellung von Beratungsscheinen mit Schlüsselfunktion für die Durchführung straffreier Abtreibungen unterbleiben. Andererseits bliebe die Kirche wirksam in der Beratung

367 Vgl. AG-Bericht (Anm. 49), S. 13 ff.

368 Vgl. ebd., S. 15 ff.

369 Ebd., S. 14. Bischof Kamphaus hat in einem Beitrag in der SZ v. 2.9.98 ebenfalls vor einem Umstieg auf die Beratung nach § 2 SchKG gewarnt. Wer glaube, hier »auf festem Terrain zu stehen«, täusche sich. Auch hier gebe es »vom Gesetz her erhebliche Konflikte mit der kirchlichen Lehre«.

370 Vgl. § 4 SchKG.

schwangerer Frauen präsent, wobei die vom Staat eröffneten Spielräume zugunsten des Lebens und der Beratung so weit wie möglich genutzt würden. Die Aushändigung eines »Beratungs- und Hilfeplans« wäre im Rahmen der Schwangerenberatung nach § 2 SchKG – ob mit oder ohne Zusatz – unschädlich und würde die Verbindlichkeit der Hilfsangebote aus Sicht der betroffenen Frauen zusätzlich erhöhen.

Unabhängige Beratung

Daneben wäre künftig für die katholischen Beratungsstellen auch eine von staatlichen Vorgaben völlig unabhängige Beratungstätigkeit denkbar, wie sie z. B. der Heidelberger Verein »Die Birke e. V.« seit Jahren anbietet. Die extrem hohe Erfolgsquote von über 90 Prozent[371] zeigt, dass viele ungeborene Kinder auch ohne das Angebot des Beratungsscheins gerettet werden können.

Das Beratungskonzept der »Birke« beruht auf der Beobachtung, dass zum Zeitpunkt des Schwangerschaftskonflikts für die Frau vertrauensvolle Beziehungen zerbrochen sind oder nie real existierten. »Die Schwangere erfährt nur noch Unterstützung zum Abbruch, jedoch keinerlei Hilfe, um ihr Leben eventuell neu zu gestalten. Eine Schwangerschaftskonfliktberatung muss deshalb erheblich mehr leisten, als nur ein persönliches Gespräch zu führen.«[372] Neben der Situations- und Lebensanalyse im Beratungsgespräch steht ein spezielles Förderungsprogramm für Frauen und Familien zur Verfügung, das von der Gewährung finanzieller Zuschüsse für Mieten, Kinderbetreuung, Ausbildung etc. über die Bereitstellung von Wohnraum, Hilfe bei der Wohnungssuche, die Übernahme von Bürgschaften bis zur individuellen psycho-sozialen Betreuung reicht.[373]

Eine solche Beratungsarbeit kostet – im Gegensatz zur »billigen Lösung« Abtreibung – viel Zeit und Geld. Die Arbeit der »Birke« muss dennoch ausschließlich durch Spenden finanziert

371 Siehe Teil II, Kap. 5.
372 »Die Birke-Modellberatung im Schwangerschaftskonflikt«, hrsg. v. »Die Birke e.V.«, 1999, S. 3.
373 Ebd., S. 5 ff.

werden, da sie vom Staat nicht finanziell gefördert wird. Die »Birke«-Beratung ist überkonfessionell und ohne missionarischen Eifer, auch wenn sich die meisten Mitarbeiter gerade aus ihrem Glauben heraus engagieren. Sollten die Diözesen der katholischen Kirche in Deutschland nicht in der Lage sein, ein vergleichbar umfassendes und erfolgreiches Beratungsangebot zu schaffen?

Eidesstattliche Erklärung?

Einige Bischöfe wollen bis zum Ende des Jahres 2000 nach weiteren Alternativen für den Beratungsschein suchen. Insbesondere werden Überlegungen angestellt, ob eine »eidesstattliche Erklärung« der Frau gegenüber dem Arzt als Nachweis für die Konfliktberatung ausreichen könnte.[374] Ohne Gesetzesänderung würde die »eidesstattliche Erklärung« jedoch nicht zur Straflosigkeit der Abtreibung führen. Gemäß § 218 a Abs. 1 Nr. 1 in Verbindung mit § 219 StGB muss dem Arzt ausdrücklich der Beratungsnachweis einer anerkannten Beratungsstelle vorgelegt werden. Nach Äußerungen von Politikern aus den Unionsparteien und der Regierungskoalition stehen aber die gesetzlichen Vorschriften nicht zur Disposition.[375]

Wer bislang für den Verbleib im staatlichen »Beratungskonzept« plädiert hat, würde sich mit dem Vorschlag, eine »eidesstattliche Erklärung« als Straflosigkeitsbedingung ausreichen zu lassen, selbst in Widerspruch setzen. Das »Beratungskonzept« wird ja von seinen Befürwortern gerade deshalb für besonders wirksam gehalten, weil es eine Pflichtberatung vorsieht und durch die Gewährung von Straffreiheit alle Frauen in Konfliktsituationen erreichen soll. Wenn sich dagegen die Frau selbst bescheinigen kann, dass sie beraten worden ist, entspricht das praktisch einer Aufhebung der Beratungspflicht.

Diese Wirkung könnte nur dann vermieden werden, wenn

374 Vgl. FAZ v. 27.11.99; Bischof Lehmann, Glaube und Leben 49/99; 5.12.99, S. 17.
375 Vgl. FAZ v. 30.11.99. Bundesfamilienministerin Christine Bergmann hat ein wie auch immer geartetes »Aufschnüren des § 218 StGB« als »indiskutabel« abgelehnt, vgl. KNA v. 2.12.99.

die Richtigkeit der »eidesstattlichen Versicherung« überprüfbar wäre. An derartigen Überprüfungen oder Kontrollen könnte sich die katholische Kirche aber keinesfalls beteiligen, da sie auf diesem Wege an der Straffreiheit vorgeburtlicher Kindestötungen noch unmittelbarer mitwirken würde als bei der Ausstellung eines Beratungsscheins. Denn im Falle einer Nachfrage durch den Arzt, ob die eidesstattliche Versicherung einer Frau zutreffend ist, wäre die Entscheidung zur Abtreibung bereits mit höchster Wahrscheinlichkeit gefallen und die Tötung des Kindes stünde unmittelbar bevor. Die Bestätigung der Beratungsstelle – ob mündlich oder schriftlich – würde de facto einem Todesurteil für das ungeborene Kind gleichkommen.

Eine bloße Aufhebung der Beratungspflicht hätte zur Folge, dass auch die katholischen Beratungsstellen keine Beratungsscheine mehr ausstellen müssten. Hieraus den Schluss zu ziehen, dass der Papst mit einer »reinen Fristenregelung« weniger Schwierigkeiten habe, als mit der »Beratungsregelung«[376], ist aber unzutreffend. Abgesehen davon, dass sich die in Deutschland geltende »Beratungsregelung« nicht wesentlich von einer »reinen Fristenregelung« unterscheidet (siehe Teil I, Kap. 5), lehnt die Kirche jede gesetzliche Regelung ab, die das Töten ungeborener Kinder erlaubt – ob es sich nun um eine »Indikationsregelung«, eine »reine« Fristenregelung oder eine »Fristenregelung mit Beratungspflicht« (»Beratungsregelung«) handelt. Natürlich gibt es unter den genannten Formen der Abtreibungsfreigabe Unterschiede, die eine Bewertung als »schlecht« und »weniger schlecht« erlauben. Als katholischer Christ wird man sich deshalb in einer konkreten Entscheidungssituation im Sinne der Schadensbegrenzung nicht für die »schlechte«, sondern die »weniger schlechte« Regelung aussprechen.[377] Daraus kann aber nicht die Verpflichtung abgeleitet werden, dass sich die Kirche in den Vollzug des »weniger schlechten« Gesetzes verwickeln lassen muss, wenn es die Ausstellung von Beratungsscheinen vorschreibt, die eine »Schlüsselfunktion für die Durchführung straffreier Abtrei-

376 Vgl. Hans Maier, SZ v. 29.12.99; Walter Bayerlein, FAZ v. 2.12.99
377 Vgl. Enzyklika »Evangelium vitae«, Nr. 73, und den instruktiven Aufsatz zu Bedenken gegen diese Textstelle von Giovanni B. Sala, Theologisches 1999, Sp. 523 ff.

bungen« haben.[378] Die spezifische Form der Mitwirkung an vorgeburtlichen Tötungshandlungen, die das Gesetz im System der Schwangerschaftskonfliktberatung verlangt (Erleichterung der Abtreibung durch Ausgabe des Beratungsscheins), verbietet der katholischen Kirche eine Beteiligung am »Beratungskonzept«.

Eine wirksame Präsenz in der Beratung schwangerer Frauen ist auch ohne Schein möglich. Es gilt auf die Qualität der Beratung und der Hilfsangebote zu setzen, und nicht auf eine missratene Strafrechtskonstruktion, die Frauen unter Strafandrohung zur Pflichtberatung führen soll. »Der Papst ist überzeugt, dass die katholischen Beratungsstellen durch sachliche Kompetenz, menschliche Zuwendung und Bereitschaft zu konkreter Hilfe weiterhin Frauen in Not anziehen werden. Er betont, dass die Qualität der Beratung, die neben dem Wert des ungeborenen Lebens auch die Schwierigkeiten der schwangeren Frau ganz ernst nimmt und eine Lösung auf der Basis von Wahrheit und Liebe anstrebt, die Gewissen vieler Ratsuchender anrühren wird.«[379]

Ein »Umstieg« könnte relativ rasch und ohne lange Übergangsfristen erfolgen. Das bereits von einigen Bischöfen angekündigte Zögern bis zum Ende des Jahres 2000 ist weder aus Sicht der Kirche noch aus Sicht des Staates geboten. Selbst in Bayern entfielen im Jahr 1998 auf die katholischen Beratungsstellen nur ca. 26 Prozent aller Konfliktberatungen. Das staatliche System würde folglich keineswegs in sich zusammenbrechen, wenn in den kirchlichen Beratungsstellen sofort keine Bescheinigungen mehr ausgestellt würden. Jede weitere Verzögerung setzt die Verwicklung der Kirche in ein System fort, das zur Tötung Tausender ungeborener Kinder führt, und verdunkelt die Klarheit des kirchlichen Zeugnisses.

378 Vgl. Papstbrief vom 11.1.98, Ziff. 7 (s. Anhang, S. 205).
379 Kommentar zum Papstbrief v. 11.1.98 (s. Anhang, S. 209, Ziff. 4).

»Das wäre die Zwei-Klassen-Moral ...«

4. »Donum vitae« – donum mortis?

Als Reaktion auf den Rückzug der katholischen Kirche aus der staatlichen Schwangerschaftskonfliktberatung haben prominente Laien am 24. September 1999 in Fulda den Verein »Donum vitae« gegründet. Er soll das »katholische Element« in der Schwangerenberatung sicherstellen.[380] Grundlage für die Beratungstätigkeit von »Donum vitae« soll der »Beratungs- und Hilfeplan« sein, den die Arbeitsgruppe Schwangerschaftskonfliktberatung der Deutschen Bischofskonferenz im Januar 1999 vorgeschlagen hatte. Der Beratungsnachweis soll mit dem Zusatz »Die Aushändigung dieses Nachweises bedeutet keinerlei Akzeptanz eines Schwangerschaftsabbruchs« versehen werden.

Bei der Gründung dieses Vereins handelt es sich um einen Vorgang mit historischen Dimensionen. Erstmals schaffen katholische Laien Strukturen, um eine päpstliche Weisung – der letztlich auch alle Bischöfe folgen wollen – offen zu umgehen. Zwar hat es auch schon andere Gruppierungen gegeben, die sich bewusst in einen Gegensatz zur so genannten »Amtskirche« setzten, wie die Initiative »Kirche von unten« oder das »Kirchenvolksbegehren«. Sie blieben aber – trotz einer gewissen Öffentlichkeitswirkung – Randerscheinungen des kirchlichen Lebens. »Donum vitae« wurde dagegen auf Initiative des obersten katholischen Laiengremiums und mit Zustimmung zahlreicher großer Laienverbände gegründet. Auf der Vollversammlung des Zentralkomitees am 19./20. November 1999, die das Vorpreschen des ZdK-Präsidiums bei der Gründung von »Donum vitae« absegnen sollte, regte sich nur wenig Widerstand. Leo-Ferdinand Graf Henckel von Donnersmarck, der Vertreter des Malteser-Hilfsdienstes und Leiter des Katholischen Büros Nordrhein-Westfalen, monierte in einem Antrag, das Präsidium gebe das Grundverständnis des ZdK preis, ein »katholisches Bollwerk zu sein für die Verteidigung der Rechte der Kirche auch gegen

380 Vgl. Die Welt v. 24.9.99.

den Staat.«[381] Der Antrag wurde von den Delegierten mit 141 von 160 Stimmen abgelehnt.

Der Name des Vereins »Donum vitae« ist in doppelter Hinsicht gewagt. Einerseits, weil er den Namen einer Instruktion der Kongregation für die Glaubenslehre[382] verwendet und sich an den Namen einer weiteren Enzyklika anlehnt[383], obwohl das ganze Unternehmen als einziges Ziel verfolgt, eine päpstliche Weisung auszuhebeln. Andererseits auch in Bezug auf den Vereinszweck, weil der spezifische Unterschied zur künftigen kirchlichen Beratung nur noch in der Beratungsbescheinigung besteht, die wahrlich kein »Geschenk des Lebens« ist, sondern die Straffreiheit einer Tötungshandlung garantiert.

Der Name »Donum vitae« reizte Erzbischof Dyba dazu, mit dem Gegenschlagwort vom »Donum mortis« (Geschenk des Todes) zu reagieren.[384] Hierbei ist anzumerken – was in der einschlägigen Presseberichterstattung unterschlagen wurde – dass Erzbischof Dyba nicht die neue Initiative selbst mit dem Begriff »Donum mortis« bezeichnet hat, sondern den Beratungsschein: »Ein Unternehmen, dessen Zielobjekt der Schein zur straffreien Abtreibung ist, ›Donum vitae‹ (Geschenk des Lebens) zu nennen, offenbart die geistige Verwirrung seiner Urheber. Dabei wäre ›Donum mortis‹, Geschenk des Todes, die wahrhaftige Bezeichnung für den Beratungsschein, denn seine Funktion ist es doch, die Tötung des Kindes im Mutterleib zu ermöglichen ...«.[385]

Inhaltlich ruht die Tätigkeit von »Donum vitae« ebenso auf tönernen Füßen, wie die bisherige Schwangerschaftskonfliktberatung der katholischen Kirche in Deutschland. In einer Selbstdarstellung[386] heißt es, die Beratung stehe »unter der Feststellung des Verfassungsgerichts: Abtreibung ist, auch wenn sie nach einer Beratung straffrei bleibt, Unrecht.« Was davon zu halten

381 Vgl. FAZ v. 22.11.99.

382 Kongregation für die Glaubenslehre, Instruktion über die Achtung vor dem beginnenden menschlichen Leben und die Würde der Fortpflanzung »Donum vitae« v. 22. Februar 1987 (VAS Nr. 74).

383 Enzyklika »Evangelium vitae« (Anm. 83).

384 Vgl. Fuldaer Zeitung v. 29.9.99

385 Ebd.

386 Verbreitet im Internet unter www.donumvitae.org.

ist, wurde schon ausführlich dargestellt (siehe Teil I, Kap. 2). Weiterhin wird auf die »mehr als 5.000 Frauen« verwiesen, die im Rahmen der kirchlichen Beratungstätigkeit innerhalb der Schwangerschaftskonfliktberatung dafür gewonnen worden sein sollen, ihr Kind zu bekommen (siehe dazu Teil II, Kap. 5). Dass dem Beratungsnachweis nach der gesetzlichen Regelung die Funktion eines Berechtigungsscheins für straflose Abtreibungen zukommt, wird dagegen mit keinem Wort erwähnt. Auch die Verantwortlichen von »Donum vitae« stellen sich somit nicht der Realität des »Beratungskonzepts«, sondern haben allein die eng begrenzten Chancen der staatlichen Pflichtberatung im Auge.

Wenn man sich die Initiatoren und Gründungsmitglieder von »Donum vitae« betrachtet, kann man die positive Bewertung des »Beratungskonzepts« verstehen. Im Wesentlichen handelt es sich um ehemalige oder aktive Berufspolitiker[387], die einer gesetzlichen Regelung kein schlechtes Zeugnis ausstellen können, die sie selbst unterstützt haben oder zumindest nicht mehr zur Diskussion stellen wollen. Angesichts der fortgeschrittenen Politisierung des Zentralkomitees ist von diesem gerade bei einem Thema, das nicht Anpassung, sondern Widerstand gegen den Staat erfordert, wenig zu erwarten.[388] Wenn »Donum vitae« tatsächlich den Bischöfen in der Schwangerenberatung Konkurrenz machen sollte, »verteidigt der deutsche

387 Hans Joachim Meyer, sächsischer Staatsminister für Wissenschaft und Kunst; Rita Waschbüsch (ehemalige ZdK-Präsidentin und Vorsitzende von »Donum vitae«), ehem. langjährige CDU-Landtagsabgeordnete im Saarland; Norbert Blüm, Bundesarbeitsminister a. D.; Erwin Teufel und Bernhard Vogel, Ministerpräsidenten von Baden-Württemberg und Thüringen; Hans Maier (ehem. ZdK-Präsident), langjähriger Kultusminister von Bayern; Anette Schavan (Vizepräsidentin des ZdK), Kultusministerin in Baden-Württemberg; Barbara Stamm, Sozialministerin in Bayern; Hermann Kues, stellv. Vorsitzender der CDU/CSU-Bundestagsfraktion; Alois Glück, Fraktionsvorsitzender der CSU im Bayerischen Landtag.

388 In einem Leserbrief in der FAZ v. 8.10.99 beschreibt Dr. Wolfgang Philipp die Situation folgendermaßen: »Seit vielen Jahren besteht das Führungspersonal des ZdK überwiegend aus Leuten, die zwei Hüte tragen: Unter dem »politischen« Hut beschäftigen sie sich in Parteien, Regierungen und Parlamenten mit Politik, Machterhalt und Wählerstimmen. Unter dem »katholischen« Hut spenden sie sodann »unabhängig« ihrer eigenen Politik Beifall und verkaufen diese als Produkt christlichen Denkens, auch wenn das keineswegs so ist oder sein muss. ... Der Verdacht besteht, dass dieses ZdK dazu da ist, die katholische Kirche zu einem »verlässlichen Partner des Staates« zu machen und sie fest an der Seite der Mächtigen zu halten.«

Laienkatholizismus nicht die Freiheit der Kirche gegen die Zumutungen des Staates, sondern das deutsche Abtreibungsrecht gegen den Papst«.[389]

Es ist unverständlich, warum die Absichten von »Donum vitae« von der Deutschen Bischofskonferenz bislang nur »zur Kenntnis genommen« wurden. Eine Beurteilung solcher Initiativen erscheine erst möglich, »wenn die konkreten Rahmenbedingungen bekannt sind«.[390] Entscheidend für eine Bewertung ist aber nicht der organisatorische oder finanzielle Rahmen der Tätigkeit von »Donum vitae«, sondern die erklärte Absicht, weiterhin den Beratungsschein auszustellen, der die straffreie Tötung eines ungeborenen Kindes ermöglicht. Dies widerspricht dem Papstschreiben vom 11. Januar 1998, nach dem nicht nur in den kirchlichen Beratungsstellen, sondern auch in den »der Kirche zugeordneten Beratungsstellen« keine Beratungsbescheinigungen ausgestellt werden sollen.[391] Es kann schließlich kein Zweifel daran bestehen, dass die Beratungstätigkeit von »Donum vitae« von den einfachen Bürgern und Gläubigen ebenfalls der Kirche »zugeordnet« wird, weil sie von den bekanntesten Vertretern das deutschen Verbandskatholizismus initiiert wurde und offene Unterstützung von großen katholischen Laienverbänden erfährt.

Eine zweigleisige »katholische« Beratung wird das kirchliche Zeugnis verdunkeln. Das Anliegen des Papstes, alles zu meiden, »was als Doppeldeutigkeit oder Mangel an Klarheit interpretiert werden könnte«[392], würde vereitelt. Die vom Papst angestrebte Eindeutigkeit in der Haltung der Kirche, »ist wichtig nicht nur für die Glaubwürdigkeit der Kirche, sondern auch für die Bildung der Gewissen«.[393] Gerade dieses Ziel der Gewissensbildung in breiten Bevölkerungsschichten kann nicht erreicht werden, wenn katholische Laien unter Berufung auf ihr Gewissen das Gegenteil von dem verwirklichen, was der Papst von den deutschen

389 Manfred Spieker, FAZ v. 23.9.99.
390 Erklärung der Deutschen Bischofskonferenz v. 23.9.99 (s. Anhang, S. 245, Ziff. 4).
391 Siehe Anhang, S. ..., Ziff. 7.
392 Schreiben der Kardinäle Ratzinger und Sodano v. 18.9.99 (s. Anhang, S. ..., Ziff. 1).
393 Ebd.

Bischöfen verlangt. Wie kann man sich ernsthaft auf den Standpunkt stellen, der Aufruf des Papstes, sich aus dem Zwielicht der gesetzlichen Abtreibungsregelung zu befreien, betreffe nur die Bischöfe, nicht aber alle anderen Glieder der Kirche? »Das wäre die Zwei-Klassen-Moral: eine für kirchliche Amtsträger, eine andere für normale Katholiken«.[394]

Die Bischöfe dürfen daher den Versuch nicht zulassen, »gegen den Papst und an den Bischöfen vorbei eine Art Parallelkirche aufzubauen, in der dann auch eine andere Moral und politkonforme ethische Grundsätze gelten, die ermöglichen sollen, was am Felsen Petri zu scheitern droht«.[395] Ein Abweichen großer Teile des Laienkatholizismus von der Linie der Bischöfe verstärkt die fragwürdige Unterscheidung in »Amtskirche« und »Volkskirche«. Wenn die deutschen Bischöfe bei diesem in der Öffentlichkeit besonders stark beachteten Thema die Aufkündigung des Glaubensgehorsams[396] offiziell dulden oder sogar anerkennen, wird die Einheit der katholischen Kirche bald auch auf anderen Gebieten bedroht sein.[397]

«... die Lehre der Kirche und ihre Disziplin in Frage zu stellen.«

5. Auf dem Weg in die Kirchenspaltung?

Nach der Gründung von »Donum vitae« wurde der Präsident des Zentralkomitees der deutschen Katholiken gefragt, ob eine neue Kirchenspaltung drohe. Die Antwort von Hans Joachim Meyer, man befinde sich in einer »Zerreißprobe«, tue aber alles, »damit es nicht zu einer Spaltung kommt«[398], klingt schon etwas wie

394 Guido Horst, DT v. 23.9.99.
395 Erzbischof Dyba, Fuldaer Zeitung v. 29.9.99.
396 Vgl. Can. 209 CIC.
397 Führende Kirchenrechtler haben mittlerweile auch Bedenken gegen eine Anerkennung oder Duldung von »Donum vitae« erhoben. Vgl. Helmuth Pree (Passau), RM v. 17.12.99; Norbert Lüdecke (Bonn), FAZ v. 30.12.99.
398 Vgl. Der Spiegel 40/99, 4.10.99, S. 102.

Hohn. Wenn das ZdK die Wogen des Streits hätte glätten wollen, hätte es bloß auf die Gründung von »Donum vitae« verzichten müssen. So wird aber der Streit um die katholische Schwangerenberatung auf unbestimmte Zeit in die Länge gezogen.

Die Leserbrief-Duelle in den Kirchenzeitungen und die Verstimmungen innerhalb der Bischofskonferenz reichen für die Annahme, es bestehe die Gefahr einer Kirchenspaltung, nicht aus. In der Bischofskonferenz soll teilweise ein scharfer Ton geherrscht haben. Laut »Welt am Sonntag« hat ein norddeutscher Teilnehmer auf der letzten Herbst-Vollversammlung in Fulda geäußert, die Aufkündigung des Konsenses durch Kardinal Meisner und Erzbischof Dyba bedeute, »dass es im Fegefeuer für die beiden ein paar Brikett extra geben wird«.[399] Auf einem solchen Niveau der Auseinandersetzung wird es zwar schwierig sein, wieder zusammenzufinden. Kirchenspaltungen haben aber tiefere Ursachen.

Diese liegen nicht im Streit um den Beratungsschein. Die Entscheidung des Papstes hat nicht zu einem Riss in der katholischen Kirche in Deutschland geführt, sondern einen bereits bestehenden Riss lediglich aufgedeckt. Nicht die Innigkeit des Glaubens prägt seit vielen Jahren den deutschen Katholizismus, sondern eine latent romfeindliche Stimmung, die sich regelmäßig bei kirchenpolitischen Reizthemen entlädt: Hierarchie/Demokratisierung, Sexualmoral, Frauenpriestertum, Zölibat, Laienrechte. Während das Zentralkomitee der deutschen Katholiken in vielen Bereichen längst zu neuen Ufern aufbricht – sei es bei dem Bestreben, die Unterschiede zwischen Laien und Priestern zu verwischen, den Weg zur Weihe von Frauen zu ebnen oder die Interkommunion zu propagieren –, versuchen unter den Bischöfen nur wenige ernsthaft, diese Entwicklung zu bremsen.[400]

399 Vgl. Welt am Sonntag, 19.9.99.

400 In der Ansprache vom 19.11.99 in Rom warnt der Papst ausdrücklich davor, dass »einzelne Gruppen versuchen, durch konzertierte Aktionen und permanenten Druck in der Kirche Veränderungen herbeizuführen, die nicht dem Willen Jesu Christi entsprechen.« In dieser Lage bestehe die Aufgabe des Bischofs darin, voranzugehen und den Weg zu weisen. Die Bischöfe dürften nicht zulassen, »dass irgendeine menschliche Kraft die unauflösbaren Bande, die zwischen Euch und dem Nachfolger Petri bestehen, lockern kann!« Vgl. DT v. 23.11.99.

In seiner zweiten Ansprache vom 18. November 1999 anlässlich der Ad-limina-Besuche der deutschen Bischöfe in Rom hat Papst Johannes Paul II. darauf hingewiesen, dass der psychologische Druck, der vom gesellschaftlichen Leben in Deutschland ausgehe, auch Katholiken dazu verleite, »die Lehre der Kirche und ihre Disziplin in Frage zu stellen. Im Klima eines weit verbreiteten religiösen Individualismus maßen sich sogar manche Glieder der Kirche das Recht an, in Angelegenheiten des Glaubens selbst zu entscheiden, welche Lehren sie annehmen wollen. Gleichzeitig missachten sie, was ihnen persönlich unannehmbar erscheint.«[401] Wer sich nach eigenem Gutdünken die »Rosinen« aus der Lehre der Kirche heraussucht, nennt sich zu unrecht »katholisch«.

In seiner dritten Ansprache am 19. November 1999[402] sah sich der Papst veranlasst, seinen Brüdern im Bischofsamt geradezu ins Gewissen zu reden. Die Kirche sei nicht nur eine institutionelle Größe, sondern ein Mysterium: »Volk Gottes, Leib Christi und Tempel des Heiligen Geistes« (Ziff. 3 der Ansprache). Die Kirche als Mutter der Gläubigen habe auch »die Autorität, ihre Kinder zu erziehen, zu lehren und so zum Heil zu führen« (Ziff. 5). Eindringlich ruft der Papst zur Einheit mit dem Nachfolger Petri auf (Ziff. 7), tritt Tendenzen entgegen, die den Wesensunterschied zwischen Klerus und Laien einebnen wollen (Ziff. 9) und erinnert die Bischöfe an ihre Pflicht, Forderungen nach Zulassung von Frauen zum Priesteramt zurückzuweisen (Ziff. 10).

Man muss den Streit um den Beratungsschein daher vorrangig als Symptom einer tiefer liegenden Krise begreifen. Diese hat nicht erst nach der Neuregelung des Abtreibungsstrafrechts begonnen. Ihre Wurzeln reichen bis zur Ablehnung der Enzyklika »Humanae vitae« zurück.[403] Seit dieser Zeit hat sich in immer stärkerem Maße ein Gewissensbegriff etabliert, der allenthalben als Rechtfertigung für das Abweichen von der Lehre der Kirche benutzt wird – sei es in der Sexualmoral (Empfängnisverhütung, vorehelicher Geschlechtsverkehr), beim Umgang mit wiederver-

401 DT v. 20.11.99.

402 Abgedruckt in DT v. 23.11.99.

403 Vgl. Leo Scheffczyk, Kirche auf dem Weg in die Sezession, Theologisches 1999, Sp. 581 ff.

heirateten Geschiedenen oder in anderen Fragen, die heute gern nur noch unter »pastoralem« Blickwinkel betrachtet werden. Das Gewissen erschöpft sich jedoch nicht in subjektiver »Gewissenhaftigkeit«, sondern befähigt – wenn es richtig gebildet und nicht abgestumpft ist –, »die Stimme Gottes« zu vernehmen.[404] Insbesondere entbindet die Pflicht, dem eigenen Gewissen zu folgen, nicht von der Suche nach der Wahrheit und der Anerkennung der objektiven Normen, die die Kirche lehrt. »Das Gewissen ist keine autonome und ausschließliche Instanz, um zu entscheiden, was gut und was böse ist; ihm ist vielmehr ein Prinzip des Gehorsams gegenüber der objektiven Norm tief eingeprägt, welche die Übereinstimmung seiner Entscheidungen mit den Geboten und Verboten begründet und bedingt ...«.[405]

Die katholische Moraltheologie in Deutschland ist weit davon entfernt anzuerkennen, dass die Christen in der Kirche und ihrem Lehramt eine unverzichtbare Hilfe für die Gewissensbildung haben: »Bei ihrer Gewissensbildung müssen ... die Christgläubigen die heilige und sichere Lehre der Kirche sorgfältig vor Augen haben. Denn nach dem Willen Christi ist die katholische Kirche die Lehrerin der Wahrheit; ...«[406] Ein klares Bekenntnis zur Moral- und Sakramentenlehre der Kirche in den genannten Bereichen findet man, von wenigen Ausnahmen abgesehen, weder im schulischen Religionsunterricht, der akademischen Theologie noch in der allgemeinen Verkündigung. Dies zeigt, »dass die katholische Kirche in Deutschland in vielerlei Hinsicht gespalten ist und dass die Zerrissenheit Denken und Glauben in gleicher Weise erfasst hat. Es handelt sich um eine krankhafte Erschöpfung der inneren Lebenskräfte, die durchaus mit dem Funktionieren vieler Organe zusammengehen kann ...«.[407]

404 Vgl. KKK, Ziff. 1777 ff.

405 Enzyklika »Dominum et vivificantem« v. 18. Mai 1986, Nr. 43 (VAS Nr. 71). Vgl. auch Enzyklika »Veritatis splendor« v. 6. August 1993, Nr. 60. Zur falschen, zumindest aber missverständlichen Übersetzung einer Kernaussage von »Veritatis splendor«, die auch in den zweiten Teil des deutschen Katholischen Erwachsenen-Katechismus Eingang gefunden hat, vgl. Adam Zirkel, Das Gewissen – die »nächste« oder die »letzte« Norm der Sittlichkeit, Theologisches 1996, Sp. 129 ff.

406 Vat. II, Dignitatis humanae, Nr. 14.

407 Scheffczyk, Theologisches 1999, Sp. 592.

Wenn sich die Creme de la Creme des deutschen Laienkatholizismus für die Umgehung der päpstlichen Weisung zur Schwangerenberatung einsetzt, spricht dies nicht für die Solidität dieses Unternehmens. Hierin zeigt sich vielmehr das ganze Ausmaß der Krise des Glaubens in Deutschland. »Zwischen Rom und weiten Teilen des deutschen Verbandskatholizismus gibt es einen tiefen Dissens. Vor allem die Leitung des Zentralkomitees zeigt unablässig, dass es den Papst nicht mehr versteht.«[408] Dem immer deutlicher zu Tage tretenden Verlust der Einheit in der katholischen Kirche kann aber nicht mit der nur äußerlichen Forderung begegnet werden, sich mit dem sichtbaren Prinzip dieser Einheit, dem Papst, dem »Stellvertreter der Liebe Christi«[409], wieder zu verbinden. »Darum müsste die ›Bekehrung‹ oder die Reform, wie jede wahre Reform in der Geschichte, mit einer Neuorientierung des Denkens und einer Festigung des übernatürlichen Glaubens wie des Ethos beginnen. ... Zur Gewinnung des genuinen Christusglaubens wären die Hilfsmittel anzuwenden, die immer verfügbar sind: die Konzentration der Kräfte auf eine authentische Katechese und Verkündigung, auf eine offenbarungsgemäße Theologie und auf die Erschließung der übernatürlichen Heilsquellen in den Sakramenten ...«.[410]

Die notwendige Überwindung der inneren Kirchenspaltung in Deutschland geht weit über die Beilegung des Streits um den Beratungsschein hinaus. Vielleicht kann sie aber mit dem Bemühen beginnen, gerade diesen Streit zu beenden.

Rückzug in die »heilige Nische«?

6. Auswirkungen auf das Staat-Kirche-Verhältnis

Welche Folgen wird das Ausscheiden der katholischen Kirche aus der gesetzlichen Schwangerschaftskonfliktberatung auf die Beziehungen zwischen Staat und Kirche haben?

408 Guido Horst, DT v. 23.11.99.
409 Vgl. die Ansprache des Papstes v. 18.9.99, Ziff. 2 (abgedruckt in DT v. 20.11.99).
410 Scheffczyk, Theologisches 1999, Sp. 591.

Nach Auffassung des ZdK-Hauptausschusses geht es im Streit um das katholische Engagement in der Schwangerschaftskonfliktberatung »um die Wirkung des Glaubens in der Gesellschaft. Wer meint, die Kirche nur als heiligen Rest in einer Festung gegen die Geschichte bewahren zu können, wird durch den Auszug aus der Konfliktberatung der gesamten öffentlichen Wirksamkeit der Kirche den Boden entziehen und die Gesellschaft der laizistischen Offensive überlassen.«[411] Der Präsident des ZdK hat sogar »den Eindruck, dass viele innerkirchliche Gegner der gesetzlichen Schwangerenberatung den Streit als willkommene Möglichkeit betrachten, das in Deutschland gewachsene partnerschaftliche Verhältnis zwischen Staat und Kirche auszuhebeln.«[412] Und der Sprecher für politische Grundsatzfragen des Zentralkomitees, Werner Remmers, empfiehlt: »Wir sollten uns nicht in eine heilige Nische zurückziehen, um dort unsere Grundsätze hochzuhalten und blankzuputzen.«[413]

Von einem Rückzug in eine »heilige Nische« kann aber nicht die Rede sein. Zunächst ist festzuhalten, dass das soziale und karitative Engagement der katholischen Kirche von einem »Ausstieg« aus der gesetzlichen Schwangerschaftskonfliktberatung in der Summe praktisch unberührt bleibt. Der Deutsche Caritasverband betreibt bundesweit ca. 25.000 Einrichtungen – Krankenhäuser, Altenheime, Sozialstationen, Behinderteneinrichtungen u.ä. – mit 1,2 Millionen Plätzen. Hinzu kommen fast 10.000 Kindergärten, Kinderkrippen und Horte. Insgesamt sind beim Caritasverband 460.000 Mitarbeiter hauptamtlich beschäftigt. Wie kann dann der Wegfall der Beratungsbescheinigung in den katholischen Beratungsstellen »der gesamten öffentlichen Wirksamkeit der Kirche den Boden entziehen«?

Auch will niemand das partnerschaftliche Verhältnis zwischen Staat und Kirche einfach aufkündigen. Dieses hat in Deutschland eine lange Tradition und sollte nicht leichtfertig aufs Spiel gesetzt werden. Aber nicht jeder Bereich eignet sich in gleicher Weise für ein kirchlich-staatliches Zusammenwirken. »Es gibt in

411 Presseerklärung des ZdK-Hauptausschusses v. 3.9.99.
412 Der Spiegel 40/99, 4.10.99, S. 102.
413 SZ v. 20.2.99.

Deutschland in vielen Bereichen eine sehr segensreiche Zusammenarbeit. Beispiele: Schule, Kindergärten, Militärseelsorge. In anderen könnte die Zusammenarbeit ebenfalls fruchtbar sein, wenn die Voraussetzungen dafür stimmen würden. Beispiel: die theologischen Fakultäten. Aber dann gibt es natürlich auch Gebiete, auf denen wir uns nicht in eine Kooperation mit dem Staat einlassen sollten, zum Beispiel bei der Abtreibung. Wenn wir es dennoch tun und durch eine kompromittierende Anpassung Zweifel an unserer Haltung nähren, dann fördern wir selbst den Ruf nach globaler Trennung, die nicht notwendig ist.«[414]

Wenn die Kirche aus guten Gründen in einem konkreten Punkt die Zusammenarbeit mit dem Staat aufgibt, bedeutet das keineswegs den »freiwilligen Rückzug in ein Ghetto der Wirkungslosigkeit«[415] oder den Abschied aus der öffentlichen Diskussion um den Lebensschutz.[416] Genauso wenig wie man am Vertrieb der Abtreibungspille RU 486 beteiligt sein muss, um gegen die Anwendung dieses »Menschenvertilgungsmittels« Protest erheben zu können, muss man an der Umsetzung der gesetzlichen Abtreibungsregelung mitwirken, um für Verbesserungen des Schutzes ungeborener Kinder eintreten zu können.

In der staatlichen Schwangerschaftskonfliktberatung leistet die Kirche gerade nicht den gebotenen Widerstand gegen die »Kultur des Todes« sondern ist – statt Salz der Erde – nur Öl im Getriebe der Welt. Die Angst, nicht mehr »dazuzugehören« war auch eine der Triebfedern des Modernismus, den Pius X. am Beginn unseres Jahrhunderts verurteilte. In manchen Bereichen ist es nur um den Preis substantieller Abstriche vom Glauben möglich, sich der Welt und dem Zeitgeist zu öffnen. »Durch ihre Anpassung an die Welt macht sich die Kirche überflüssig und besorgt die Sache ihrer Gegner: Sie zieht sich selbst aus dem Verkehr.«[417]

Aus Rücksicht auf die Glaubwürdigkeit der christlichen Botschaft gilt es, beim Thema Abtreibung möglichst große Distanz

414 Erzbischof Dyba, Die Welt v. 9.8.99.
415 Hans Maier, RM v. 24.10.99.
416 So die Befürchtung von Hans Joachim Meyer lt. KNA v. 21.1.99.
417 David Berger, DT v. 30.9.99. Vgl. auch Scheffczyk, Theologisches 1999, Sp. 593 f.

zum Staat zu wahren. Einem Staat, der einerseits die Substanz RU 486 zur Tötung ungeborener Kinder zulässt und andererseits am gleichen Tag Legehennen mehr Lebensraum zubilligt[418], ist nicht durch Anpassung, sondern nur durch entschiedenen Widerspruch zu helfen. Die »Kultur des Todes« hat sich in Deutschland seit Mitte der siebziger Jahre so verfestigt, dass jeder Kompromiss mit dem staatlichen Abtreibungssystem in die Irre führen muss. Die Kirche sollte gerade in Bezug auf die Mitwirkung an der Schwangerschaftskonfliktberatung endlich erkennen, dass »Einbindung auf Dauer nur dem stärkeren Partner, dem Einbindenden, nützt. Der Eingebundene muss häufig feststellen, in Wahrheit ein Gefesselter zu sein«.[419] Die Zusammenarbeit mit dem Staat kann zwar in vielen Bereichen nützlich sein, »die Freiheit der Kirche darf aber dabei nicht beeinträchtigt werden.«[420]

Ein Ausstieg aus der Bescheinigungspflicht bedeutet deshalb keinen Rückzug in die »religiöse Kuschelecke« – nach dem Motto »Lass doch diese Welt kaputtgehen. Was kümmert mich der Pfuhl?« – wie Bischof Lehmann meint.[421] Im Gegenteil: Eine vom Staat unabhängige, aus dem Glauben motivierte und ausschließlich dem Lebensschutz dienende Beratung erfordert mehr Anstrengung und Konfliktbereitschaft als die finanziell abgesicherte Beteiligung am staatlichen Abtreibungssystem.

»Ich bin gekommen, damit sie das Leben haben und es in Fülle haben.«

7. Das Evangelium vom Leben verkünden

Der Streit um den Beratungsschein hat zu einer schweren Krise im deutschen Katholizismus geführt. Eine Krise muss aber nicht zwangsläufig in einer Katastrophe enden. Das Wort »Krise« bezeichnet auch den »Wendepunkt« in einem Krankheitsverlauf.

418 Vgl. die entsprechenden Zeitungsmeldungen vom 7.7.99 (z. B. in der FAZ).
419 Guido Heinen, Die Welt v. 23.9.99.
420 Papstbrief v. 21. September 1995, Ziff. 7 (s. Anhang S. 200).
421 Vgl. Der Spiegel 26/99, 28.6.99, S. 62.

Die Auseinandersetzung um die kirchliche Mitwirkung im System der Schwangerschaftskonfliktberatung kann daher auch zu einer Gesundung und Stärkung der Kirche führen. Dazu müssen allerdings die positiven Aspekte der Diskussion genutzt werden.

Bei nüchterner Analyse überwiegen zunächst die negativen Seiten. Die Einbindung der Kirche in die staatliche Konfliktberatung beruht teilweise auf einer konsequenzialistischen Moralauffassung, die nicht der Lehre der Kirche entspricht. Das Abtreibungsgesetz setzt die Mitwirkung von Beratungsstellen an straffreien Abtreibungen voraus, um eine allgemeine lebensschützende Wirkung zu entfalten. Die moralische Kernfrage lautet daher: »Dürfen Menschen Beihilfe zur Abtreibung leisten, um die Abtreibungszahlen insgesamt zu senken?«[422] Wenn diese Frage in der katholischen Kirche nicht mehr einheitlich beantwortet wird, ist ein Konsens wohl nicht zu finden. Außerdem ist der Streit um den Beratungsschein auch Teil einer tiefer liegenden Glaubenskrise, die sich in zahlreichen weiteren Konfliktfeldern zeigt.

Positiv ist dagegen, dass viele Befürworter einer weiteren Scheinausstellung durch katholische Beratungsstellen von einer falschen Einschätzung der Rechtslage ausgehen. Hier kann mit sachlicher Aufklärung manches bewegt werden. Ermutigend ist auch, dass alle Bischöfe erklärt haben, sich dem Wunsch des Papstes letztlich nicht widersetzen zu wollen. Es kann zwar noch einige Zeit dauern, bis die Einheit der Kirche in der Beratungsfrage wieder hergestellt ist. Die grundlegenden Voraussetzungen hierfür sind aber gegeben.

Der noch schwelende Streit um den Beratungsschein stellt für die Feier des Heiligen Jahres 2000 eine schwere Hypothek dar. Umso wichtiger ist es, dass im Laufe dieses Jahres das Feuer nicht mehr angefacht wird, damit die Glut verglimmen kann. Denn »es hat nun keinen Sinn mehr, sich nach jahrelangem Ringen weiter zu zerfleischen«.[423]

Eine neue Offensive für das Leben kann nur gelingen, wenn Bischöfe und Gläubige gemeinsam den Kampf gegen die »Kultur des Todes« aufnehmen:

422 Christian Geyer, FAZ v. 20.9.99.
423 Bischof Lehmann, RM v. 26.11.99.

- Die Abtreibungsgesetze dürfen nicht länger beschönigt, sondern müssen als unhaltbar gebrandmarkt werden. Solange in Deutschland täglich Hunderte ungeborene Kinder getötet werden, kann die Kirche dazu nicht schweigen. In der Diskussion um den Schutz ungeborener Kinder darf es keine Friedhofsruhe geben. Eine Änderung der Gesetze ist unumgänglich. Mit kurzfristigen Erfolgen ist zwar nicht zu rechnen. Angesichts der durch das »Beratungskonzept« bewirkten Zerstörung des Rechtsbewusstseins »muss die gesamte Kirche ihren wichtigsten Beitrag zum Lebensschutz umso mehr darin sehen, ihre Botschaft klar und entschieden zu verkünden«.[424]
- Die Beratungstätigkeit muss von jeder Zwielichtigkeit befreit werden. Bestätigungen, die straffreie Abtreibungen ermöglichen, sind nicht mehr auszustellen. Die Beratung der Kirche ist als echte Alternative zur »Schein-Beratung« allen Frauen anzubieten, die sich mit ihrem ungeborenen Kind in einer Konfliktsituation befinden. Durch verbesserte Werbemaßnahmen muss versucht werden, einen möglichst großen Kreis schwangerer Frauen in Konfliktsituationen zu erreichen.
- Die Bereitschaft zur tätigen Nächstenliebe ist noch stärker als bisher durch das Angebot praktischer Hilfen, persönliche Begleitung und Betreuung, kirchliche Hilfsfonds, die Mobilisierung von Netzwerken zur Unterstützung schwangerer Frauen in den Gemeinden u. ä. auszubauen.

»Ich bin gekommen, damit sie das Leben haben und es in Fülle haben«, heißt es im Neuen Testament.[425] Diese Aussage Jesu weist über das irdische Leben hinaus. Das Leben in der Zeit ist Grundvoraussetzung für die Erlangung des ewigen Heils. Das Bemühen um den Schutz der ungeborener Kinder ist für die Kirche deshalb ein »Evangelium vom Leben«, das sie »als Frohe Botschaft allen Menschen jeden Zeitalters und jeder Kultur« verkündet.[426] Wenn es der katholischen Kirche in Deutschland gelingt, sich endgültig und vollständig aus der Verstrickung in das Unrecht

424 Bernward Büchner, DT v. 11.12.99.
425 Joh. 10,10.
426 Vgl. Evangelium vitae, Nr. 1.

der Abtreibung zu befreien, wird sie an Glaubwürdigkeit und Überzeugungskraft gewinnen. Dann wächst auch die Chance, dass die frohe Botschaft von der Liebe Gottes zu den Menschen – den geborenen *und* den ungeborenen – in unserer Gesellschaft wieder mehr Gehör findet.

Anhang

I. Chronik des Streits um den Beratungsschein von 1993 bis 1999

1993

28. Mai: Urteil des Bundesverfassungsgerichts zum »Schwangeren- und Familienhilfegesetz«. Das Grundkonzept der »Beratungsregelung« – Straffreiheit bei Abtreibungen nach Beratung innerhalb der ersten zwölf Wochen nach Empfängnis – wird akzeptiert.

21. Juni: Die deutschen Bischöfe entscheiden sich bei einer Sitzung des Ständigen Rates in Würzburg für eine weitere Mitwirkung bei der Beratung.

29. September: Erzbischof Johannes Dyba ordnet für das Bistum Fulda an, dass keine Beratungsbescheinigungen im Sinne des Schwangerschaftskonfliktgesetzes mehr ausgestellt werden dürfen.

1995

25. März: In der Enzyklika »Evangelium vitae« betont Papst Johannes Paul II. den »Wert und die Unantastbarkeit des menschlichen Lebens« und wendet sich entschieden gegen jede Form der Mitwirkung an Abtreibung und Euthanasie.

29. Juni: Verabschiedung des »Schwangeren- und Familienhilfeänderungsgesetzes«. Abtreibungen in den ersten zwölf Wochen nach der Empfängnis bleiben straflos (»Beratungsregelung«). Negative Rechtsfolgen sind für »beratene« Abtreibungen nicht vorgesehen.

21. September: In einem Brief an die deutschen Bischöfe spricht Papst Johannes Paul II. von der »Zweideutigkeit des neuen Abtreibungsgesetzes«. Er ersucht die deutschen Bischöfe, die kirchliche Beratung so zu gestalten, »dass die Kirche nicht mitschuldig wird an der Tötung unschuldiger Kinder.« Konkrete Vorgaben, wie dieser Wunsch umzusetzen ist, macht der Papst nicht.

25. September: Auf ihrer Herbstvollversammlung beraten die Bischöfe den ersten Papstbrief und die neue Rechtslage. Eine Mehrheit der Bischöfe plädiert für einen Verbleib im gesetzlichen System.

21. November: Der Ständige Rat verabschiedet in Würzburg »Vorläufige Bischöfliche Richtlinien für katholische Schwangerschaftskonfliktberatungsstellen nach § 219 StGB in Verbindung mit den §§ 5-7 des Schwangerschaftskonfliktgesetzes (SchKG)«, die in den einzelnen Diözesen ab Ende 1995 in Kraft treten.

5. Dezember: In Rom findet eine erste Unterredung zwischen einer Delegation der Bischofskonferenz und Kurienvertretern statt. Die Entscheidung über die Fortsetzung der Schwangerschaftskonfliktberatung im staatlichen System wird aufgeschoben. Nach einer »angemessenen Zeit« soll die Frage erneut geprüft werden.

1996

26. September: Auf der Herbstvollversammlung beschließen die Bischöfe die Erklärung »Menschenwürde und Menschenrechte von allem Anfang an. Zur ethischen Beurteilung der Abtreibung«.

1997

17. Februar: Auf der Frühjahrsvollversammlung in Mallersdorf diskutieren die Bischöfe die Beteiligung der katholischen Beratungsstellen an der staatlichen Schwangerschaftskonfliktberatung.

4. April: Erneut findet im Vatikan ein Gespräch mit einer Delegation der Deutschen Bischofskonferenz statt. Trotz Übereinstimmung in der kirchlichen Lehre zur Abtreibung bestehen deutliche Meinungsunterschiede hinsichtlich der Beratungsbescheinigung.

27. Mai: Zwanzig deutsche Ortsbischöfe und die Mehrzahl der Weihbischöfe reisen zu Gesprächen mit Papst Johannes Paul II. und Kurienvertretern in den Vatikan. Alle Ortsbischöfe erhalten Gelegenheit, ihre Position darzustellen. Im Vatikan wird die Beratungsscheinfrage laut Erklärung des vatikanischen Pressesaales als Problem »von anerkannt großer Bedeutung nicht nur für die Kirche und die Gesellschaft in Deutschland, sondern in vielen anderen Ländern« bezeichnet.

1998

11. Januar: Papst Johannes Paul II. fordert seine deutschen Brüder im Bischofsamt auf, keine Scheine mehr auszustellen, die eine »Schlüsselfunktion für die Durchführung straffreier Abtreibungen« besitzen. Die Kirche solle aber auf wirksame Weise in der Beratung der Hilfe suchenden Frauen präsent bleiben.

25. Januar: Die deutschen Ortsbischöfe kommen in Würzburg zum Ständigen Rat zusammen, um über den Papstbrief zu beraten.

27. Januar: Bischof Lehmann stellt in Mainz den Papstbrief sowie eine gemeinsame Erklärung der deutschen Bischöfe vor. Die Bischöfe wollen dem

Wunsch des Papstes folgen und langfristig keine Beratungsscheine der bisherigen Art mehr ausstellen. Ein Ausstieg aus der Konfliktberatung sei nicht geplant. Eine Arbeitsgruppe soll Wege finden, wie die Beratung im staatlichen System unter Berücksichtigung des Papstbriefes fortgesetzt werden könne.

12. Februar : Aktuelle Stunde im Deutschen Bundestag zur »Haltung des Bundestages zum Schwangerschaftskonfliktgesetz und zur beabsichtigten Neuordnung der kirchlichen Beratungstätigkeit«. Vertreter aller Bundestagsparteien machen deutlich, dass das Abtreibungsgesetz nicht geändert wird.

3. März: Die Bischofskonferenz setzt auf der Frühjahrsvollversammlung in Bad Honnef eine Arbeitsgruppe unter Leitung von Bischof Lehmann ein, die untersuchen soll, wie dem Anliegen des Papstes entsprochen werden kann, ohne das staatliche Beratungssystem zu verlassen.

20. Mai: Der Präfekt der römischen Glaubenskongregation, Kardinal Joseph Ratzinger, fordert den Vorsitzenden der Bischofskonferenz Lehmann brieflich auf, bereits bis Herbst ein neues Beratungsmodell zu präsentieren. Die Bischöfe bleiben jedoch bei ihrem Zeitplan, Anfang 1999 eine Entscheidung zu treffen.

26. Juni: Bischof Lehmann trifft sich mit dem Papst in Rom und informiert diesen über den Stand der Überlegungen in Deutschland.

21. September: Herbstvollversammlung in Fulda. Bischof Lehmann gibt einen Zwischenbericht über die Beratungen der Arbeitsgruppe zur Schwangerschaftskonfliktberatung.

1999

11. Januar: Die Arbeitsgruppe zur Schwangerschaftskonfliktberatung beendet ihre Beratungen und verabschiedet einen Abschlussbericht.

25. Januar: Der Ständigen Rat der Bischofskonferenz berät über die Ergebnisse der Arbeitsgruppe. In der Stellungnahme der Arbeitsgruppe wird ein Verbleib im staatlichen System favorisiert und die Aushändigung eines »Beratungs- und Hilfeplans« empfohlen.

22. Februar: Vollversammlung der Bischofskonferenz in Lingen. Die Bischöfe sprechen sich mehrheitlich für einen Verbleib in der Konfliktberatung aus. Nach dem Vorschlag der Arbeitsgruppe soll der für eine straffreie Abtreibung nötige Beratungsschein zu einem Beratungs- und Hilfeplan ausgeweitet werden. Das Votum der Bischöfe wird zunächst Papst Johannes Paul II. zugeleitet.

23. März: Bischof Lehmann reist zu Gesprächen in den Vatikan.

3. Juni: Der Papst schreibt erneut an die deutschen Bischöfe. »Damit die rechtliche und moralische Qualität dieses Dokuments unzweideutig wird«, ersucht der Hl. Vater die Bischöfe, »im Text selbst klarzustellen, dass der Schein, der die kirchliche Beratung bestätigt und Anrecht auf die zugesagten Hilfen gibt, nicht zur Durchführung straffreier Abtreibungen gemäß StGB § 218a (1) verwendet werden kann.« Dies soll durch einen entsprechenden Zusatz geschehen.

12. Juni: In einem Fax an den Apostolischen Nuntius in Bonn bewertet Bischof Lehmann den Papstbrief als Aufforderung zum Ausstieg aus dem staatlichen Beratungsgefüge. Dies sei jedoch keine Lösung. Lehmann schlägt eine Umformulierung des Zusatzes vor. Komme eine solche nicht in Betracht, sehe er keinen Ausweg. Für die dann anstehende »Krise« lehne er jede Verantwortung ab.

16. Juni: In dem Antwortschreiben des Apostolischen Nuntius an Bischof Lehmann bleibt die Formulierung des päpstlichen Zusatzes unverändert. Der Nuntius fügt aber hinzu, dass es den Bischöfen überlassen sei, zu überprüfen, ob es dann noch möglich sei, im staatlichen System der Schwangerschaftskonfliktberatung zu verbleiben. »Der Heilige Stuhl würde sich einem Verbleib unter der Bedingung nicht widersetzen, dass die Beratungsbescheinigung die oben angegebene Klausel enthält.«

21. Juni: In Würzburg berät der Ständige Rat der Bischofskonferenz über die Konsequenzen aus dem Papstbrief. Bischof Lehmann setzt sich dafür ein, den Zusatz des Papstes in den »Beratungs- und Hilfeplan« aufzunehmen und gleichzeitig in der Schwangerschaftskonfliktberatung zu verbleiben.

23. Juni: Bischof Lehmann gibt bekannt, dass der Ständige Rat den vom Papst gewünschten Zusatz in den Beratungsnachweis aufnehmen werde: »Diese Bescheinigung kann nicht zur Durchführung straffreier Abtreibungen verwendet werden.« Auch mit diesem Zusatz wolle und könne die Kirche in der gesetzlichen Schwangerschaftskonfliktberatung bleiben. Diese Einschätzung teile der Apostolische Stuhl. Lehmann fordert den Gesetzgeber auf, diese Lösung zu akzeptieren.

24. Juni: Aktuelle Stunde im Deutschen Bundestag zum Thema »Politische Schlussfolgerungen aus dem Beschluss der Katholischen Bischofskonferenz zur Schwangerschaftskonfliktberatung«.

Juli/August: Bundesjustizministerin Herta Däubler-Gmelin (SPD) und die maßgeblichen Landespolitiker signalisieren grünes Licht für das kirchliche Vorgehen. Auch Staats- und Verfassungsrechtler vertreten die Auffassung, dass der geänderte »Beratungs- und Hilfeplan« als Beratungsnachweis im Sinne des Gesetzes anerkannt werden könne.

30. Juli: Kardinal Meisner wendet sich an den Papst mit der Frage, ob es wirklich in seiner Intention liege, »den Beratungsschein mit Ihrem gewünschten Zusatz («diese Bescheinigung kann nicht ...«) zu versehen und trotzdem zu dulden, dass ihn der Staat ignoriert«.

9. August: In einem Zeitungsinterview bezeichnet der Fuldaer Erzbischof Johannes Dyba den Beschluss des Ständigen Rates vom Juni als »faulen Kompromiss« und fordert eine neue Behandlung des Themas beim Herbsttreffen der Bischofskonferenz. Das geplante Vorgehen laufe der Intention des Papstes zuwider. Lehmann könne sich »ehrlicherweise nicht auf den Papst berufen«.

15. September: Klärendes Gespräch in Castelgandolfo zwischen dem Papst, Bischof Lehmann und den deutschen Kardinälen. Von Seiten des Vatikan wird kritisiert, dass die Beratungsscheine »weiterhin als Zugang zur Abtreibung« dienten. Es wird ein weiteres Schreiben an die deutschen Bischöfe angekündigt.

18. September: Schreiben von Kardinal Ratzinger und Kardinal Sodano im Auftrag des Papstes an den Vorsitzenden der Deutschen Bischofskonferenz. Der vom Papst geforderte Zusatz zum »Beratungs- und Hilfeplan« stelle nicht nur einen »moralischen Aufruf« dar, sondern solle bewirken, »dass der Schein nicht mehr geeignet ist, den Zugang zur Abtreibung nach StGB § 218 a (1) zu eröffnen«.

20. September: Herbstvollversammlung der Deutschen Bischofskonferenz in Fulda. Die Bischofskonferenz stellt fest, dass die Voraussetzungen für den Beschluss des Ständigen Rates vom 21./22. Juni 1999 nicht mehr gegeben sind. Eine Anzahl von Bischöfen spricht sich dafür aus, eine Neuordnung einzuleiten, die eine Ausstellung von Beratungsnachweisen, die straffreie Abtreibungen ermöglichen, nicht mehr vorsieht. Andere sehen sich vor einer Entscheidung für ihr Bistum verpflichtet, dem Heiligen Vater ihre verbleibenden Bedenken vorzutragen.

24. September: Gründung des Vereins »Donum vitae«, der »das katholische Element« in der Konfliktberatung sicherstellen soll.

Anfang Oktober: Zwölf Diözesanbischöfe wenden sich in einem Brief an den Papst mit der Frage, wer die Verantwortung dafür übernehmen solle, dass die katholische Kirche nach einem Ausstieg ungeborene Kinder nicht mehr so wirksam schützen könne wie bisher.

Ende Oktober: Kardinalstaatssekretär Sodano erklärt in einem Antwortschreiben die Weisung von September 1999 für bindend und die Gegenvorstellungen der Bischöfe für unmaßgeblich.

8.-20. November: Im Rahmen der Ad-limina-Besuche in Rom sprechen einige Bischöfe nochmals die Beratungsscheinfrage an, ohne jedoch eine Änderung in der Haltung des Papstes zu erreichen.

20. November: In einem Schreiben an Bischof Lehmann bekräftigt Papst Johannes Paul II. seine Haltung, dass die Beratungsstellen ihre Tätigkeit zugunsten des Lebens fortführen und verstärken mögen, »ohne jedoch die Bestätigung auszustellen, die die katholischen Beratungsstellen in ein System mithineinzieht, welches die Abtreibung zulässt«. Der Papst vertraut darauf, »dass man bei der nächsten Sitzung des Ständigen Rates der Deutschen Bischofskonferenz einmütig und einträchtig zu einer endgültigen Entscheidung kommt, um die Weisungen zügig zu verwirklichen«.

23. November: Auf der Sitzung des Ständigen Rates in Würzburg beschließen die Bischöfe, »im Lauf des Jahres 2000 ... eine Neuordnung der katholischen Beratung im Sinn der Weisung des Papstes« durchzuführen. Es werde aber geprüft, »ob die kirchlichen Beratungsstellen auch ohne Ausstellung des Scheins in der gesetzlichen Schwangerschaftskonfliktberatung bleiben können«.

II. Gesetzestexte

Strafgesetzbuch (Auszug)

§ 218
Abbruch der Schwangerschaft

(1) Wer eine Schwangerschaft abbricht, wird mit Freiheitsstrafe bis zu drei Jahren oder mit Geldstrafe bestraft. Handlungen, deren Wirkung vor Abschluss der Einnistung des befruchteten Eies in der Gebärmutter eintritt, gelten nicht als Schwangerschaftsabbruch im Sinne dieses Gesetzes.

(2) In besonders schweren Fällen ist die Strafe Freiheitsstrafe von sechs Monaten bis zu fünf Jahren. Ein besonders schwerer Fall liegt in der Regel vor, wenn der Täter
1. gegen den Willen der Schwangeren handelt oder
2. leichtfertig die Gefahr des Todes oder einer schweren Gesundheitsschädigung der Schwangeren verursacht.

(3) Begeht die Schwangere die Tat, so ist die Strafe Freiheitsstrafe bis zu einem Jahr oder Geldstrafe.

(4) Der Versuch ist strafbar. Die Schwangere wird nicht wegen Versuchs bestraft.

§ 218a
Straflosigkeit des Schwangerschaftsabbruchs

(1) Der Tatbestand des § 218 ist nicht verwirklicht, wenn
1. die Schwangere den Schwangerschaftsabbruch verlangt und dem Arzt durch eine Bescheinigung nach § 219 Abs. 2 Satz 2 nachgewiesen hat, dass sie sich mindestens drei Tage vor dem Eingriff hat beraten lassen,
2. der Schwangerschaftsabbruch von einem Arzt vorgenommen wird und
3. seit der Empfängnis nicht mehr als zwölf Wochen vergangen sind.

(2) Der mit Einwilligung der Schwangeren von einem Arzt vorgenommene Schwangerschaftsabbruch ist nicht rechtswidrig, wenn der Abbruch der Schwangerschaft unter Berücksichtigung der gegenwärtigen und zukünftigen Lebensverhältnisse der Schwangeren nach ärztlicher Erkenntnis angezeigt ist, um eine Gefahr für das Leben oder die Gefahr einer schwerwiegenden Beeinträchtigung des körperlichen oder seelischen Gesundheitszustandes der Schwangeren abzuwenden und die Gefahr nicht auf eine andere für sie zumutbare Weise abgewendet werden kann.

(3) Die Voraussetzungen des Absatzes 2 gelten bei einem Schwangerschaftsabbruch, der mit Einwilligung der Schwangeren von einem Arzt vorgenommen wird, auch als erfüllt, wenn nach ärztlicher Erkenntnis an der Schwangeren eine rechtswidrige Tat nach den §§ 176 bis 179 des Strafgesetzbuches begangen worden ist, dringende Gründe für die Annahme sprechen, dass die Schwangerschaft auf der Tat beruht und seit der Empfängnis nicht mehr als zwölf Wochen vergangen sind.

(4) Die Schwangere ist nicht nach § 218 strafbar, wenn der Schwangerschaftsabbruch nach Beratung (§ 219) von einem Arzt vorgenommen worden ist und seit der Empfängnis nicht mehr als zweiundzwanzig Wochen verstrichen sind. Das Gericht kann von Strafe nach § 218 absehen, wenn die Schwangere sich zur Zeit des Eingriffs in besonderer Bedrängnis befunden hat.

§ 219
Beratung der Schwangeren in einer Not- und Konfliktlage

(1) Die Beratung dient dem Schutz des ungeborenen Lebens. Sie hat sich von dem Bemühen leiten zu lassen, die Frau zur Fortsetzung der Schwangerschaft zu ermutigen und ihr Perspektiven für ein Leben mit dem Kind zu eröffnen; sie soll helfen, eine verantwortliche und gewissenhafte Entscheidung zu treffen. Dabei muss der Frau bewusst sein, dass das Ungeborene in jedem Stadium der Schwangerschaft auch ihr gegenüber ein eigenes Recht auf Leben hat und dass deshalb nach der Rechtsordnung ein Schwangerschaftsabbruch nur in Ausnahmesituationen in Betracht kommen kann, wenn der Frau durch das Austragen des Kindes eine Belastung erwächst, die so schwer und außergewöhnlich ist, dass sie die zumutbare Opfergrenze übersteigt. Die Beratung soll durch Rat und Hilfe dazu beitragen, die in Zusammenhang mit der Schwangerschaft bestehende Konfliktlage zu bewältigen und einer Notlage abzuhelfen. Das Nähere regelt das Schwangerschaftskonfliktgesetz.

(2) Die Beratung hat nach dem Schwangerschaftskonfliktgesetz durch eine anerkannte Schwangerschaftskonfliktberatungsstelle zu erfolgen. Die Beratungsstelle hat der Schwangeren nach Abschluss der Beratung hierüber eine mit dem Datum des letzten Beratungsgesprächs und dem Namen der Schwangeren versehene Bescheinigung nach Maßgabe des Schwangerschaftskonfliktgesetzes auszustellen. Der Arzt, der den Abbruch der Schwangerschaft vornimmt, ist als Berater ausgeschlossen.

Gesetz zur Vermeidung und Bewältigung von Schwangerschaftskonflikten
(Schwangerschaftskonfliktgesetz – SchKG –) (Auszug)

Abschnitt 1:
Aufklärung, Verhütung, Familienplanung und Beratung
(...)

§ 2
Beratung

(1) Jede Frau und jeder Mann hat das Recht, sich zu den in § 1 Abs. 1 genannten Zwecken in Fragen der Sexualaufklärung, Verhütung und Familienplanung sowie in allen eine Schwangerschaft unmittelbar oder mittelbar berührenden Fragen von einer hierfür vorgesehenen Beratungsstelle informieren und beraten zu lassen.

(2) Der Anspruch auf Beratung umfasst Informationen über
1. Sexualaufklärung, Verhütung und Familienplanung,
2. bestehende familienfördernde Leistungen und Hilfen für Kinder und Familien, einschließlich der besonderen Rechte im Arbeitsleben,
3. Vorsorgeuntersuchungen bei Schwangerschaft und die Kosten der Entbindung,
4. soziale und wirtschaftliche Hilfen für Schwangere, insbesondere finanzielle Leistungen sowie Hilfen bei der Suche nach Wohnung, Arbeits- oder Ausbildungsplatz oder deren Erhalt,
5. die Hilfsmöglichkeiten für behinderte Menschen und ihre Familien, die vor und nach der Geburt eines in seiner körperlichen, geistigen oder seelischen Gesundheit geschädigten Kindes zur Verfügung stehen,
6. die Methoden zur Durchführung eines Schwangerschaftsabbruchs, die physischen und psychischen Folgen eines Abbruchs und die damit verbundenen Risiken,
7. Lösungsmöglichkeiten für psychosoziale Konflikte im Zusammenhang mit einer Schwangerschaft,
8. die rechtlichen und psychologischen Gesichtspunkte im Zusammenhang mit einer Adoption.

Die Schwangere ist darüberhinaus bei der Geltendmachung von Ansprüchen sowie bei der Wohnungssuche, bei der Suche nach einer Betreuungsmöglichkeit für das Kind und bei der Fortsetzung ihrer Ausbildung zu unterstützen. Auf Wunsch der Schwangeren sind Dritte zur Beratung hinzuzuziehen.

(3) Zum Anspruch auf Beratung gehört auch die Nachbetreuung nach einem Schwangerschaftsabbruch oder nach der Geburt des Kindes.

§ 3
Beratungsstellen

Die Länder stellen ein ausreichendes Angebot wohnortnaher Beratungsstellen für die Beratung nach § 2 sicher. Dabei werden auch Beratungsstellen freier Träger gefördert. Die Ratsuchenden sollen zwischen Beratungsstellen unterschiedlicher weltanschaulicher Ausrichtung auswählen können.

§ 4
Öffentliche Förderung der Beratungsstellen

(1) Die Länder tragen dafür Sorge, dass den Beratungsstellen nach den §§ 3 und 8 für je 40.000 Einwohner mindestens eine Beraterin oder ein Berater vollzeitbeschäftigt oder eine entsprechende Zahl von Teilzeitbeschäftigten zur Verfügung steht. Von diesem Schlüssel soll dann abgewichen werden, wenn die Tätigkeit der Beratungsstellen mit dem vorgesehenen Personal auf Dauer nicht ordnungsgemäß durchgeführt werden kann. Dabei ist auch zu berücksichtigen, dass Schwangere in angemessener Entfernung von ihrem Wohnort eine Beratungsstelle aufsuchen können.

(2) Die zur Sicherstellung eines ausreichenden Angebotes nach den §§ 3 und 8 erforderlichen Beratungsstellen haben Anspruch auf eine angemessene öffentliche Förderung der Personal- und Sachkosten.

(3) Das Nähere regelt das Landesrecht.

Abschnitt 2:
Schwangerschaftskonfliktberatung

§ 5
Inhalt der Schwangerschaftskonfliktberatung

(1) Die nach § 219 des Strafgesetzbuches notwendige Beratung ist ergebnisoffen zu führen. Sie geht von der Verantwortung der Frau aus. Die Beratung soll ermutigen und Verständnis wecken, nicht belehren oder bevormunden. Die Schwangerschaftskonfliktberatung dient dem Schutz des ungeborenen Lebens.

(2) Die Beratung umfasst:

1. das Eintreten in eine Konfliktberatung; dazu wird erwartet, dass die schwangere Frau der sie beratenden Person die Gründe mitteilt, derentwegen sie einen Abbruch der Schwangerschaft erwägt; der Beratungscharakter schließt

aus, dass die Gesprächs- und Mitwirkungsbereitschaft der schwangeren Frau erzwungen wird;
2. jede nach Sachlage erforderliche medizinische, soziale und juristische Information, die Darlegung der Rechtsansprüche von Mutter und Kind und der möglichen praktischen Hilfen, insbesondere solcher, die die Fortsetzung der Schwangerschaft und die Lage von Mutter und Kind erleichtern;
3. das Angebot, die schwangere Frau bei der Geltendmachung von Ansprüchen, bei der Wohnungssuche, bei der Suche nach einer Betreuungsmöglichkeit für das Kind und bei der Fortsetzung ihrer Ausbildung zu unterstützen, sowie das Angebot einer Nachbetreuung.

Die Beratung unterrichtet auf Wunsch der Schwangeren auch über Möglichkeiten, ungewollte Schwangerschaften zu vermeiden.

§ 6
Durchführung der Schwangerschaftskonfliktberatung

(1) Eine ratsuchende Schwangere ist unverzüglich zu beraten.

(2) Die Schwangere kann auf ihren Wunsch gegenüber der sie beratenden Person anonym bleiben.

(3) Soweit erforderlich, sind zur Beratung im Einvernehmen mit der Schwangeren
1. andere, insbesondere ärztlich, fachärztlich, psychologisch, sozialpädagogisch, sozialarbeiterisch oder juristisch ausgebildete Fachkräfte,
2. Fachkräfte mit besonderer Erfahrung in der Frühförderung behinderter Kinder und
3. andere Personen, insbesondere der Erzeuger sowie nahe Angehörige, hinzuzuziehen.

(4) Die Beratung ist für die Schwangere und die nach Absatz 3 Nr. 3 hinzugezogenen Person unentgeltlich.

§ 7
Beratungsbescheinigung

(1) Die Beratungsstelle hat nach Abschluss der Beratung der Schwangeren eine mit Namen und Datum versehene Bescheinigung darüber auszustellen, dass eine Beratung nach den §§ 5 und 6 stattgefunden hat.

(2) Hält die beratende Person nach dem Beratungsgespräch eine Fortsetzung dieses Gesprächs für notwendig, soll diese unverzüglich erfolgen.

(3) Die Ausstellung einer Beratungsbescheinigung darf nicht verweigert werden, wenn durch eine Fortsetzung des Beratungsgesprächs die Beachtung der in § 218a Abs. 1 des Strafgesetzbuches vorgesehenen Fristen unmöglich werden könnte.

§ 8
Schwangerschaftskonfliktberatungsstellen

Für die Beratung nach den §§ 5 und 6 haben die Länder ein ausreichendes plurales Angebot wohnortnaher Beratungsstellen sicherzustellen. Diese Beratungsstellen bedürfen besonderer staatlicher Anerkennung nach § 9. Als Beratungsstellen können auch Einrichtungen freier Träger und Ärzte anerkannt werden.

§ 9
Anerkennung von Schwangerschaftskonfliktberatungsstellen

Eine Beratungsstelle darf nur anerkannt werden, wenn sie die Gewähr für eine fachgerechte Schwangerschaftskonfliktberatung nach § 5 bietet und zur Durchführung der Schwangerschaftskonfliktberatung nach § 6 in der Lage ist, insbesondere

1. über hinreichend persönlich und fachlich qualifiziertes und der Zahl nach ausreichendes Personal verfügt,
2. sicherstellt, dass zur Durchführung der Beratung erforderlichenfalls kurzfristig eine ärztlich, fachärztlich, psychologisch, sozialpädagogisch, sozialarbeiterisch oder juristisch ausgebildete Fachkraft hinzugezogen werden kann,
3. mit allen Stellen zusammenarbeitet, die öffentliche und private Hilfen für Mutter und Kind gewähren, und
4. mit keiner Einrichtung, in der Schwangerschaftsabbrüche vorgenommen werden, derart organisatorisch oder durch wirtschaftliche Interessen verbunden ist, dass hiernach ein materielles Interesse der Beratungseinrichtung an der Durchführung von Schwangerschaftsabbrüchen nicht auszuschließen ist.

§ 10
Berichtspflicht und Überprüfung der Schwangerschaftskonfliktberatungsstellen

(1) Die Beratungsstellen sind verpflichtet, die ihrer Beratungstätigkeit zugrundeliegenden Maßstäbe und die dabei gesammelten Erfahrungen jährlich in einem schriftlichen Bericht niederzulegen.

(2) Als Grundlage für den schriftlichen Bericht nach Absatz 1 hat die beratende Person über jedes Beratungsgespräch eine Aufzeichnung zu fertigen. Diese darf keine Rückschlüsse auf die Identität der Schwangeren und der zum Beratungsgespräch hinzugezogenen weiteren Personen ermöglichen. Sie hält den wesentlichen Inhalt der Beratung und angebotene Hilfsmaßnahmen fest.

(3) Die zuständige Behörde hat mindestens im Abstand von drei Jahren zu überprüfen, ob die Voraussetzungen für die Anerkennung nach § 9 noch vorliegen. Sie kann sich zu diesem Zweck die Berichte nach Absatz 1 vorlegen lassen und Einsicht in die nach Absatz 2 anzufertigenden Aufzeichnungen nehmen. Liegt eine der Voraussetzungen des § 9 nicht mehr vor, ist die Anerkennung zu widerrufen.

(...)

Abschnitt 3: Vornahme von Schwangerschaftsabbrüchen

§ 12 Weigerung

(1) Niemand ist verpflichtet, an einem Schwangerschaftsabbruch mitzuwirken.

(2) Absatz 1 gilt nicht, wenn die Mitwirkung notwendig ist, um von der Frau eine anders nicht abwendbare Gefahr des Todes oder einer schweren Gesundheitsschädigung abzuwenden.

§ 13 Einrichtungen zur Vornahme von Schwangerschaftsabbrüchen

(1) Ein Schwangerschaftsabbruch darf nur in einer Einrichtung vorgenommen werden, in der auch die notwendige Nachbehandlung gewährleistet ist.

(2) Die Länder stellen ein ausreichendes Angebot ambulanter und stationärer Einrichtungen zur Vornahme von Schwangerschaftsabbrüchen sicher.

III. Dokumente

(1) Schreiben des Papstes vom 21. September 1995

Den verehrten Mitbrüdern im Bischofsamt in Deutschland
Gruß und Apostolischen Segen

1. Das Inkrafttreten des neuen Abtreibungsgesetzes veranlasst mich, Euch zu schreiben und meiner Besorgnis über die neuen Bestimmungen Ausdruck zu verleihen. In der Enzyklika »Evangelium vitae« habe ich darauf hingewiesen, »dass wir einer ungeheuren und dramatischen Auseinandersetzung zwischen Bösem und Gutem, Tod und Leben, der ›Kultur des Todes‹ und der ›Kultur des Lebens‹ gegenüberstehen. Wir stehen diesem Konflikt nicht nur ›gegenüber‹, sondern befinden uns notgedrungen ›mitten drin‹: Wir sind alle durch die unausweichliche Verantwortlichkeit in die bedingungslose Entscheidung für das Leben involviert und daran beteiligt« (Nr. 28).

2. Diese Aussage gilt derzeit in besonderer Weise für die Kirche und die Gesellschaft in Eurem geliebten Land. Die Zweideutigkeit des neuen Abtreibungsgesetzes kann man in der Tat kaum übersehen. Dieses Gesetz steht trotz guter Absichten und der in ihm enthaltenen positiven Elementen in einigen wesentlichen Punkten in offenem Gegensatz zum Evangelium des Lebens, das die Kirche immer verkündet hat und immer verkünden wird.
Da Ihr bei der kommenden Vollversammlung der Bischofskonferenz die mit dem Gesetz verbundene Problematik erörtern werdet, wende ich mich an Euch, liebe Mitbrüder im Bischofsamt. Ich schätze Euren kontinuierlichen Einsatz im Dienst am Leben während der vergangenen Jahre. Ich weiß, dass Ihr die besten Wege einschlagen wollt, um das Leben der ungeborenen Kinder auch in Zukunft entschieden zu verteidigen. Ich habe die Fragen, die es zu beantworten gilt, aufmerksam geprüft und fühle mich im Gewissen verpflichtet, Euch an einige Grundsätze zu erinnern, die mir sehr wichtig zu sein scheinen.

3. Ich möchte hier nicht auf die besonders für einen gläubigen Christen unannehmbaren Bestimmungen zur sogenannten »medizinischen Indikation« eingehen, in die die von Euch vorher zu Recht kritisierte »embryopathische Indikation« Eingang gefunden hat. Ich beschränke mich auf die Bestimmungen über die Beratung von Frauen in Konfliktsituationen, die für das Zusammenwirken von Kirche und Staat von großer Bedeutung sind. Es ist anzuerkennen, dass der Gesetzgeber mit der rechtlich festgelegten Beratungspflicht dem Schutz menschlichen Lebens dienen und dazu beitragen will, das in Eurer Verfassung verankerte Recht auf Leben praktisch zur Geltung zu bringen. So ist klar gesagt, dass das Ziel der Beratung der Schutz des Lebens sein muss. Leider wird aber diese positive Definition durch die Bestimmung abgeschwächt, dass die Beratung ergebnisoffen zu führen sei. Das subjektive Bewusstsein der Frau, das

vielen Einflüssen ausgesetzt ist und nicht selten durch Druck von dritter Seite mitbestimmt wird, scheint nun doch wieder dem unabdingbaren Lebensrecht des Kindes übergeordnet zu sein.

4. Demgegenüber muss die Beratung, die die kirchlichen Einrichtungen den Frauen anbieten, unmissverständlich klarstellen, dass Gott allein Herr über Leben und Tod ist und dass die Tötung des Kindes niemals eine »Lösung« sein kann. Die kirchlichen Berater, deren Einsatz im Dienst am Leben ich sehr wohl zu schätzen weiß, müssen sich der Not der Ratsuchenden annehmen und ihnen eine persönliche Hilfe anbieten, die dazu beiträgt, die Probleme vom Ursprung des Konflikts her zu überwinden. Selbstverständlich haben sie sich dabei an die Lehre der Kirche zu halten.

5. Gravierender als die Zweideutigkeit der Bestimmung über das Beratungsziel ist der veränderte Stellenwert, den das neue Gesetz der Beratungsbescheinigung zuweist. Sie bestätigt, dass eine Beratung stattgefunden hat, ist aber zugleich ein notwendiges Dokument für die straffreie Abtreibung in den ersten zwölf Wochen der Schwangerschaft. Während in der vorhergehenden Gesetzeslage die ärztliche Indikationsfeststellung die wesentliche Voraussetzung für die straffreie Abtreibung bildete und der Nachweis der Beratung eher von zweitrangiger Bedeutung war, wie Ihr auch wiederholt betont habt, ist die Beratungsbescheinigung nun de facto die alleinige Voraussetzung für eine straffreie Abtreibung.

6. Ihr habt in den vergangenen Jahren zu den verschiedenen Gesetzentwürfen immer wieder Stellung genommen und habt Euch stets für den Lebensschutz von der Empfängnis an eingesetzt und an die Voraussetzungen der kirchlichen Beratung erinnert. In diesem Zusammenhang weise ich auf eine Erklärung von Herrn Bischof DDr. Karl Lehmann, dem Vorsitzenden Eurer Bischofskonferenz, hin, die am 10. Juni 1992 veröffentlicht wurde: »Die Beratungsstellen können sich nicht in ein Verfahren einbinden lassen, das die Ausstellung einer Beratungsbescheinigung zu einer wesentlichen Voraussetzung für die straffreie Tötung eines ungeborenen Menschen macht.«

7. Aufgrund der neuen Gesetzeslage zur Abtreibung in Eurem Land ist es deshalb Eure Hirtenpflicht, noch größere Anstrengungen zu unternehmen, um das Leben der ungeborenen Kinder zu verteidigen. Deshalb ersuche ich Euch, die Beratungstätigkeit im Sinne der unbedingten Achtung vor dem Leben zu intensivieren und alles zu unternehmen, um den Frauen in schweren Notsituationen zu helfen. Ich bitte Euch, alle Grundprinzipien im Hinblick auf die Neudefinition der kirchlichen Beratungstätigkeit zu beachten. Eure bisherige klare Position wird dazu beitragen, den richtigen Weg zu finden. Die kirchliche Beratung muss auf jeden Fall so erfolgen, dass die Kirche nicht mitschuldig wird an der Tötung unschuldiger Kinder. In vielen Bereichen ist die Zusammenarbeit mit dem Staat von großem Belang; die Freiheit der Kirche darf aber dabei nicht beeinträchtigt werden.

8. In diesem Zusammenhang erinnere ich an einige Worte aus meiner En-

zyklika »Evangelium vitae«: »Es bedarf dringend einer allgemeinen Mobilisierung der Gewissen und einer gemeinsamen sittlichen Anstrengung, um eine große Strategie zugunsten des Lebens in die Tat umzusetzen. Wir müssen alle zusammen eine neue Kultur des Lebens aufbauen: Neu, weil sie in der Lage sein muss, die heute neu anstehenden Probleme in bezug auf das Leben des Menschen aufzugreifen und zu lösen; neu, weil sie eben mit stärkerer und tätiger Überzeugung von Seiten aller Christen aufgebaut werden muss, zu einer ernsthaften und mutigen kulturellen Gegenüberstellung mit allen anzuregen« (Nr. 95).

9. Die Kirche ist das »Volk des Lebens« und das »Volk für das Leben«. Als Hirten der Kirche sind wir aufgerufen, der Welt das klare Zeugnis einer »Kultur des Lebens« anzubieten. Gemeinsam müssen wir in dieser Stunde mutige Zeugen des Evangeliums des Lebens sein. In diesem Sinn vertraue ich Eure Beratungen während der kommenden Vollversammlung der Bischofskonferenz Maria, der Mutter der Lebendigen, an und bitte den Heiligen Geist, Euch mit seinen Gaben der Weisheit, des Rates und der Stärke zu erfüllen. Dazu erteile ich Euch allen von Herzen den Apostolischen Segen.

Castelgandolfo, am 21. September 1995
Johannes Paul II.

(2) Schreiben des Papstes vom 11. Januar 1998

Den verehrten Brüdern im Bischofsamt in Deutschland
Gruß und Apostolischen Segen.

1. Am 27. Mai 1997 haben wir entsprechend der Bitte von Herrn Bischof Karl Lehmann, dem Vorsitzenden Eurer Bischofskonferenz, miteinander die Fragen über die rechte Zuordnung der katholischen Schwangerschaftsberatungsstellen zur staatlich geregelten Beratung gemäß dem Schwangeren- und Familienhilfeänderungsgesetz vom 21. August 1995 besprochen und vertieft. Noch einmal danke ich Euch für diese Begegnung, in der Ihr Euer lebendiges Verantwortungsbewusstsein gegenüber dem Evangelium des Lebens sowie Eure Bereitschaft, in Einheit mit dem Nachfolger Petri die richtige Entscheidung zu finden, zum Ausdruck gebracht habt.

In den seither vergangenen Monaten habe ich die verschiedenen Gesichtspunkte der Frage erneut studiert, mich weiter über sie beraten und das Problem im Gebet vor den Herrn getragen. So möchte ich heute, wie am Ende der Gespräche angekündigt, die erzielten Ergebnisse noch einmal zusammenfassen und gemäß meiner Verantwortung als oberster Hirte der Kirche einige Richtlinien für das künftige Verhalten in den umstrittenen Punkten geben.

2. Eure Bischofskonferenz setzt sich seit Jahrzehnten in unmissverständlicher Weise ein, um die Botschaft von der unantastbaren Würde des menschlichen Lebens in Wort und Tat zu bezeugen. Denn obgleich das Recht auf Leben in der Verfassung Eures geschätzten Landes eine klare Anerkennung findet, hat der Gesetzgeber die Tötung ungeborener Kinder dennoch in bestimmten Fällen legalisiert, in anderen Fällen für straffrei erklärt, auch wenn dabei der Charakter der Unrechtmäßigkeit gewahrt bleibt. Eure Bischofskonferenz hat sich zu Recht mit dem früheren und dem jetzt geltenden Abtreibungsgesetz nicht abgefunden, sondern freimütig und unerschrocken gegen die Abtreibung Stellung genommen. In vielen Ansprachen, Erklärungen, ökumenischen Initiativen und anderen Beiträgen, unter denen besonders das Hirtenwort *Menschenwürde und Menschenrechte von allem Anfang an* vom 26. September 1996 zu erwähnen ist, habt Ihr den Wert des menschlichen Lebens von der Empfängnis an verkündet und verteidigt.

Im Kampf um das ungeborene Leben muss sich die Kirche in unseren Tagen immer mehr von der sie umgebenden Umwelt unterscheiden. Sie hat dies von ihren Anfängen an getan (vgl. *Brief an Diognet* 5.1-6.2) und tut es bis heute. »Bei der Verkündigung dieses Evangeliums dürfen wir nicht Feindseligkeit und Unpopularität fürchten, wenn wir jeden Kompromiss und jede Zweideutigkeit ablehnen, die uns der Denkweise dieser Welt angleichen würde (vgl. Röm 12,2). Wir sollen in der Welt, aber nicht von der Welt sein (vgl. Joh 15,19; 17,16) mit der Kraft, die uns von Christus kommt, der durch seinen Tod und seine Auferstehung die Welt besiegt hat (vgl. Job 16,33)« (*Evangelium vitae,*

Nr. 82). Durch Eure vielfältigen Bemühungen im Dienst am Leben habt Ihr diese Worte in die Tat umgesetzt und dazu beigetragen, dass die Haltung der Kirche zur Frage des Lebensschutzes den Bürgern Eures Landes von Kindesbeinen an vertraut ist. Ich möchte Euch aus ganzem Herzen meine Wertschätzung und meine volle Anerkennung für diesen unermüdlichen Einsatz aussprechen. Ebenso danke ich allen, die in der Öffentlichkeit das Lebensrecht eines jeden Menschen verteidigen. Besondere Erwähnung verdienen dabei die Politiker, die sich in Vergangenheit und Gegenwart nicht scheuen, die Stimme für das Leben der ungeborenen Kinder zu erheben.

3. Neben einigen positiven Aussagen über den Lebensschutz und über die Notwendigkeit der Beratung sieht das Gesetz vom 21. August 1995 vor, dass die Abtreibung bei Vorliegen einer sehr vage umschriebenen »medizinischen Indikation« bis zur Geburt rechtmäßig ist. Diese Bestimmung habt ihr zu Recht heftig kritisiert. Ebenso ist die Legalisierung der Abtreibung bei Vorliegen einer »kriminologischen Indikation« für gläubige Christen und für alle Menschen mit wachem Gewissen völlig unannehmbar. Ich bitte Euch, weiterhin alle möglichen Schritte zur Änderung dieser gesetzlichen Verfügungen zu unternehmen.

4. Nun wende ich mich den neuen Gesetzesbestimmungen über die Beratung der schwangeren Frauen in Not zu, weil diese bekanntlich für die kirchliche Sendung im Dienst am Leben und für das Verhältnis von Kirche und Staat in Eurem Land von erheblicher Bedeutung sind. Aufgrund meiner Besorgnis über die neuen Bestimmungen fühlte ich mich verpflichtet, am 21. September 1995 in einem persönlichen Brief einige Grundsätze in Erinnerung zu rufen, die in dieser Sache sehr wichtig sind. Ich lenkte Eure Aufmerksamkeit unter anderem darauf, dass die positive gesetzliche Definition der Beratung im Sinn des Lebensschutzes durch gewisse zweideutige Formulierungen abgeschwächt wird und dass die von den Beraterinnen auszustellende Beratungsbescheinigung nunmehr einen anderen juristischen Stellenwert hat als in der vorigen gesetzlichen Regelung. Ich ersuchte Euch, die kirchliche Beratungstätigkeit neu zu definieren und dabei darauf zu achten, dass die Freiheit der Kirche nicht beeinträchtigt wird und kirchliche Einrichtungen nicht für die Tötung unschuldiger Kinder mitverantwortlich gemacht werden können.

In den *Vorläufigen Bischöflichen Richtlinien* habt Ihr das Ziel der kirchlichen Beratung gegenüber dem Gesetz weiter im Sinn des unbedingten Lebensschutzes präzisiert. Durch diese und andere Maßnahmen habt Ihr den kirchlichen Beratungsstellen ein deutliches eigenes Profil gegeben. Im Ringen um die staatliche Anerkennung der *Vorläufigen Bischöflichen Richtlinien* in den einzelnen Ländern ist die eigenständige Position der Kirche in der Frage weiter zutage getreten.

5. Umstritten blieb die Problematik der Beratungsbescheinigung, die gewiss nicht aus dem Beratungskonzept herausgelöst werden kann, aber sorgsam gemäß ihrer objektiven rechtlichen Bedeutung zu bewerten ist. In der Ansprache vom 22. Juni 1996 während meiner Pastoralreise in Deutschland stellte

ich fest: »Von unserem Glauben her ist klar, dass von kirchlichen Institutionen nichts getan werden darf, was in irgendeiner Form der Rechtfertigung der Abtreibung dienen kann«.

Um in der Frage des Beratungsscheines eine Lösung zu finden, kam es – in Fortführung einer ersten Unterredung am 5. Dezember 1995 – am 4. April 1997 zu einem zweiten Gespräch zwischen einer Delegation Eurer Bischofskonferenz und Vertretern der Kongregation für die Glaubenslehre, bei dem trotz einer grundlegenden Einmütigkeit in der Lehre der Kirche zum Lebensschutz und in der Verurteilung der Abtreibung wie auch in der Notwendigkeit einer umfassenden Beratung schwangerer Frauen in Not die strittige Frage der Beratungsbescheinigung nicht endgültig gelöst werden konnte. Während der Begegnung am 27. Mai 1997 wurden alle zu berücksichtigenden Elemente noch einmal in einer brüderlichen Atmosphäre freimütig und offen vorgetragen.

In meinem Auftrag, die Brüder zu stärken (vgl. Lk 22,32), richte ich mich nun wiederum an Euch, liebe Mitbrüder. Es geht nämlich um eine pastorale Frage mit offenkundigen lehrmäßigen Implikationen, die für die Kirche und für die Gesellschaft in Deutschland und weit darüber hinaus von Bedeutung ist. Auch wenn die gesetzliche Situation in Eurem Land einzigartig ist, so betrifft das Problem, wie wir das Evangelium des Lebens in der pluralistischen Welt von heute wirksam und glaubwürdig verkünden, doch die Kirche insgesamt. Der Auftrag, das Leben in allen seinen Phasen zu schützen, lässt keine Abstriche zu. Daraus folgt, dass die Botschaft und die Handlungsweise der Kirche in der Frage der Abtreibung in ihrem wesentlichen Gehalt in allen Ländern dieselben sein müssen.

6. Ihr legt großen Wert darauf, dass die katholischen Beratungsstellen in der Schwangerenberatung öffentlich präsent bleiben, um durch eine zielorientierte Beratung viele ungeborene Kinder vor der Tötung zu retten und den Frauen in schwierigen Lebenssituationen mit allen zur Verfügung stehenden Mitteln zur Seite zu stehen. Ihr unterstreicht, dass die Kirche in dieser Frage – um der ungeborenen Kinder willen – die vom Staat eröffneten Spielräume zugunsten des Lebens und der Beratung so weit wie möglich nützen muss und nicht die Verantwortung auf sich nehmen kann, mögliche Hilfeleistungen unterlassen zu haben. Ich unterstütze Euch in diesem Anliegen und hoffe sehr, dass die kirchliche Beratung kraftvoll weitergeführt werden kann. Die Qualität dieser Beratung, die sowohl den Wert des ungeborenen Lebens wie auch die Schwierigkeiten der schwangeren Frau ganz ernst nimmt und eine Lösung auf der Basis von Wahrheit und Liebe anstrebt, wird die Gewissen vieler Ratsuchender anrühren und für die Gesellschaft ein mahnender Aufruf sein.

Ich möchte in diesem Zusammenhang den Einsatz der katholischen Beraterinnen der *Caritas* und des *Sozialdienstes katholischer Frauen* sowie einiger anderer Beratungsstellen ausdrücklich hervorheben. Ich kenne den guten Willen der Beraterinnen und weiß um ihre Mühen und Sorgen. Ich möchte ihnen aufrichtig für ihr Engagement danken und sie bitten, weiterhin für jene zu kämpfen, die keine Stimme haben und ihr Lebensrecht noch nicht selber verteidigen können.

7. Was nun die Frage der Beratungsbescheinigung betrifft, möchte ich wiederholen, was ich Euch schon im Brief vom 21. September 1995 geschrieben habe: »Sie bestätigt, dass eine Beratung stattgefunden hat, ist aber zugleich ein notwendiges Dokument für die straffreie Abtreibung in den ersten 12 Wochen der Schwangerschaft«. Ihr selber habt diese widersprüchliche Bedeutung des Beratungsscheines, die im Gesetz verankert ist, mehrmals als »Dilemma« bezeichnet. Das »Dilemma« besteht darin, dass die Bescheinigung die Beratung zugunsten des Lebensschutzes bestätigt, aber zugleich die notwendige Bedingung für die straffreie Durchführung der Abtreibung bleibt, auch wenn sie gewiss nicht deren entscheidende Ursache ist.

Der positive Text, den Ihr dem von katholischen Stellen ausgestellten Beratungsschein gegeben habt, kann diese widersprüchliche Spannung nicht grundsätzlich beheben. Die Frau kann den Schein aufgrund der gesetzlichen Bestimmungen dazu gebrauchen, um nach einer dreitägigen Frist ihr Kind straffrei und in öffentlichen Einrichtungen und zum Teil auch mit öffentlichen Mitteln abtreiben zu lassen. Es ist nicht zu übersehen, dass der gesetzlich geforderte Beratungsschein, der gewiss zuerst die Pflichtberatung sicherstellen will, faktisch eine Schlüsselfunktion für die Durchführung straffreier Abtreibungen erhalten hat. Die katholischen Beraterinnen und die Kirche, in deren Auftrag die Beraterinnen in vielen Fällen handeln, geraten dadurch in eine Situation, die mit ihrer Grundauffassung in der Frage des Lebensschutzes und dem Ziel ihrer Beratung in Konflikt steht. Gegen ihre Absicht werden sie in den Vollzug eines Gesetzes verwickelt, der zur Tötung unschuldiger Menschen führt und vielen zum Ärgernis gereicht.

Nach gründlicher Abwägung aller Argumente kann ich mich der Auffassung nicht entziehen, dass hier eine Zweideutigkeit besteht, welche die Klarheit und Entschiedenheit des Zeugnisses der Kirche und ihrer Beratungsstellen verdunkelt. Deshalb möchte ich Euch, liebe Brüder, eindringlich bitten, Wege zu finden, dass ein Schein solcher Art in den kirchlichen oder der Kirche zugeordneten Beratungsstellen nicht mehr ausgestellt wird. Ich ersuche Euch aber, dies auf jeden Fall so zu tun, dass die Kirche auf wirksame Weise in der Beratung der hilfesuchenden Frauen präsent bleibt.

8. Verehrte Mitbrüder! Ich weiß, dass die Bitte, die ich an Euch richte, ein nicht leichtes Problem anrührt. Schon seit langem und verstärkt seit der Begegnung vom 27. Mai 1997 ist von vielen Seiten, auch von Menschen, die sich für die Kirche und in der Kirche einsetzen, nachdrücklich vor einem solchen Entscheid gewarnt worden, der die Frauen in Konfliktsituationen ohne den Beistand der Glaubensgemeinschaft lasse. Ebenso nachdrücklich ist freilich auch von gläubigen Menschen aller Schichten und Stände angemahnt worden, dass der Schein die Kirche in die Tötung unschuldiger Kinder verwickelt und ihren unbedingten Widerspruch gegen die Abtreibung weniger glaubwürdig macht.

Ich habe beide Stimmen sehr ernst genommen und respektiere die leidenschaftliche Suche nach dem rechten Weg der Kirche in dieser wichtigen Sache auf beiden Seiten, fühle mich aber um der Würde des Lebens willen gedrängt, die oben dargelegte Bitte an Euch zu richten. Zugleich anerkenne ich, dass die Kirche sich ihrer öffentlichen Verantwortung nicht entziehen kann, am allerwenigsten da, wo es um das Leben und die Würde des Menschen geht, den Gott geschaffen und für den Christus gelitten hat. Das Schwangeren- und Familienhilfeänderungsgesetz bietet viele Möglichkeiten, um in der Beratung präsent zu bleiben; die Präsenz der Kirche darf letztlich nicht vom Angebot des Scheins abhängen. Nicht nur der Zwang einer gesetzlichen Vorschrift darf es sein, der die Frauen zu den kirchlichen Beratungsstellen führt, sondern vor allem die sachliche Kompetenz, die menschliche Zuwendung und die Bereitschaft zu konkreter Hilfe, die darin anzutreffen sind. Ich vertraue darauf, dass Ihr mit den vielfältigen Möglichkeiten Eurer Institutionen und Eurer Organisationen, mit dem reichen Potential an intellektuellen Kräften wie an Innovationsfähigkeit und Kreativität Wege finden werdet, die Präsenz der Kirche in der Beratung nicht nur nicht vermindern zu lassen, sondern noch zu verstärken. Ich bin davon überzeugt, dass Ihr in der geistigen Auseinandersetzung, die in der Gesellschaft Eures Landes bereits stattfindet und die nun folgen wird, alle Eure Kräfte mobilisieren könnt, um den Weg der Kirche nach innen und nach außen verständlich zu machen, so dass er auch dort wenigstens Respekt findet, wo man nicht glaubt, ihn billigen zu können.

Dass die Kirche den Weg des Gesetzgebers in einem konkreten Punkt nicht mitgehen kann, wird ein Zeichen sein, das gerade im Widerspruch zur Schärfung des öffentlichen Gewissens beiträgt und damit letztlich auch dem Wohl des Staates dient: »Das Evangelium vom Leben ist nicht ausschließlich für die Gläubigen da: es ist für alle da. ... Unser Handeln als ›Volk des Lebens und für das Leben‹ verlangt daher, richtig ausgelegt und mit Sympathie aufgenommen zu werden. Wenn die Kirche die unbedingte Achtung vor dem Recht auf Leben jedes unschuldigen Menschen – von der Empfängnis bis zu seinem natürlichen Tod – zu einer der Säulen erklärt, auf die sich jede bürgerliche Gesellschaft stützt, ›will sie lediglich einen humanen Staat fördern. Einen Staat, der die Verteidigung der Grundrechte der menschlichen Person, besonders der schwächsten, als seine vorrangige Pflicht anerkennt‹« (*Evangelium vitae,* Nr. 101).

Noch einmal danke ich Euch für Euer vielfältiges Bemühen, das Leben der ungeborenen Kinder zu schützen, und ebenso für Eure Bereitschaft, die katholische Beratungstätigkeit neu zu umschreiben. Ich empfehle die Euch anvertrauten Gläubigen – im besonderen die in der Beratung engagierten Frauen und Männer sowie alle schwangeren Frauen in Not – Maria, der Mutter vom Guten Rat, und erteile Euch von Herzen den Apostolischen Segen.

Aus dem Vatikan, am 11. Januar 1998, dem Fest der Taufe des Herrn
Johannes Paul II.

(3) Kommentar zum Schreiben des Papstes vom 11. Januar 1998

In einem längeren Schreiben an die deutschen Bischöfe hat Johannes Paul II. zu einigen Fragen im Zusammenhang mit der Schwangerenberatung in Deutschland Stellung genommen. Der Papst antwortet darin auf die Probleme, die bei der Begegnung der deutschen Oberhirten mit ihm und einigen Vertretern der Kurie am 27. Mai 1997 erörtert worden sind.

1. In dem Schreiben unterstreicht der Papst mehrmals und deutlich die *grundlegende Einmütigkeit* zwischen dem Heiligen Stuhl und den deutschen Bischöfen in der Lehre zum Lebensschutz und in der Verurteilung der Abtreibung.

Er dankt den Bischöfen für ihren freimütigen Einsatz im Kampf um das ungeborene Leben. Anerkennend hebt er hervor, dass sich die Deutsche Bischofskonferenz mit dem früheren und dem seit dem 21. August 1995 geltenden Abtreibungsgesetz nicht abgefunden hat.

Der Heilige Vater richtet Worte des Dankes an alle – besonders auch an die Politiker –, die öffentlich das Lebensrecht eines jeden Menschen verteidigen.

Er teilt das Anliegen der Bischöfe, mögliche Hilfeleistungen nicht zu unterlassen, in der Schwangerenberatung öffentlich präsent zu bleiben und dabei die vom Gesetz eröffneten Spielräume so weit wie möglich zu nützen. In diesem Zusammenhang hebt er ausdrücklich die Tätigkeit der katholischen Beraterinnen hervor und dankt ihnen für ihr Engagement.

Ohne im Detail auf die deutsche Rechtslage einzugehen, würdigt der Papst bei aller Kritik auch die positiven gesetzlichen Aussagen über den Lebensschutz und über die Notwendigkeit der Beratung, wie es die Bischöfe ebenfalls getan haben.

2. Das Schreiben lässt klar das *gemeinsame Bemühen* erkennen, in den offenen Fragen bezüglich der Zuordnung der katholischen Schwangerschaftsberatungsstellen zur staatlich geregelten Beratung gemäß dem neuen Gesetz im Zueinander von bischöflicher und päpstlicher Verantwortung die richtigen Entscheidungen zu treffen.

Johannes Paul II. erinnert an seinen persönlichen Brief vom 21. September 1995 und an die Ansprache vom 22. Juni 1996 während seiner Pastoralreise in Deutschland. Er verweist unter anderem auf die »Vorläufigen Bischöflichen Richtlinien«, auf das Ringen um ein eigenes Profil der kirchlichen Beratungsstellen und auf das Hirtenwort der deutschen Bischöfe »Menschenwürde und Menschenrechte von allem Anfang an« vom 26. September 1996. Er ruft die beiden Gespräche zwischen einer Delegation der Deutschen Bischofskonferenz und Vertretern der Glaubenskongregation sowie die bereits erwähnte Begegnung vom 27. Mai 1997 ins Gedächtnis.

Der mehr als zwei Jahre dauernde Dialog zwischen dem Heiligen Stuhl und den Bischöfen macht deutlich, wie im Miteinander-Reden und Aufeinander-Hören um gemeinsame Lösungen gerungen wurde. Auf diesem Weg konnten denn auch alle offenen Probleme geklärt werden, abgesehen von der schwierigen Frage im Zusammenhang mit dem Beratungsschein.

3. Bezüglich der Beratungsbescheinigung legt der Papst in seiner Verantwortung als oberster Hirte der Kirche nach einer langen Zeit des Studiums, der weiteren Beratung und des Gebetes *Richtlinien für das künftige Verhalten* vor.

Er verweist auf die im Gesetz verankerte – von den deutschen Bischöfen als »Dilemma« bezeichnete – Zweideutigkeit der Bescheinigung: Der Schein soll einerseits die Pflichtberatung im Sinn des Lebensschutzes erreichen und belegen; darin liegt seine positive, dem Leben dienende Bedeutung. Er ist aber anderseits notwendige Bedingung für die straffreie, in öffentlichen Einrichtungen und teilweise mit öffentlichen Mitteln durchgeführte Abtreibung in den ersten zwölf Schwangerschaftswochen, auch wenn er nicht deren entscheidende Ursache ist; darin liegt seine negative Bedeutung. Daraus entsteht die genannte Zweideutigkeit.

Der Papst geht nicht näher auf die moraltheologische Frage ein, welche Art der Mitwirkung an der Abtreibung hier genau vorliegt. Es scheint auch nicht leicht, die entsprechenden traditionellen Kriterien unverändert auf die Problematik des Beratungsscheins anzuwenden, zumal die Sachlage überaus komplex ist und es um eine institutionelle Mitwirkung der Kirche geht, in deren Auftrag die Beraterinnen in vielen Fällen handeln.

Der entscheidende Grund, weshalb der Papst nach gründlicher Abwägung aller Argumente zur Auffassung gekommen ist, dass die Bescheinigung in kirchlichen Beratungsstellen nicht ausgestellt werden soll, liegt auf einer anderen Ebene: Durch die Ausstellung der Bescheinigung wird die Klarheit und Eindeutigkeit des Zeugnisses der Kirche und ihrer Beratungsstellen verdunkelt. Es geht letztlich darum, das Evangelium des Lebens in der pluralistischen Welt von heute wirksam und glaubwürdig zu verkünden. Der unbedingte Einsatz für jedes ungeborene Leben, der die Kirche von Anfang an von der Umwelt unterschieden hat, lässt keine Abstriche, Kompromisse oder Zweideutigkeiten zu. Vor allem in diesem Kontext muss die Aussage des Papstes gesehen werden, dass es in der Problematik um eine pastorale Frage mit offenkundigen lehrmäßigen Implikationen geht, die für Deutschland und weit darüber hinaus von Bedeutung ist.

Der Papst legt in seiner obersten Verantwortung seine Richtlinien, soweit sie sich auf die konkrete Umsetzung beziehen, in Form einer nachdrücklichen Bitte vor: Er bittet die Bischöfe eindringlich, Wege zu finden, dass ein Schein solcher Art in den kirchlichen oder der Kirche zugeordneten Beratungsstellen nicht mehr ausgestellt wird. Er betont aber eigens, dass die Kirche auf wirksame Weise in der Beratung der hilfesuchenden Frauen präsent bleiben soll. Von einer Aufforderung, aus der gesetzlichen Beratung auszusteigen, kann also keine Rede sein. Es geht vielmehr um einen Umstieg, der die Kirche von einer Fessel befreit, in die sie – mit der guten Absicht zu retten, was zu retten ist – geraten ist.

4. Was die praktische Umsetzung der Bitte betrifft, bekundet Johannes Paul II. in dem Schreiben sein *Vertrauen zu den deutschen Bischöfen und ihren Mitarbeitern.* Er überlässt nähere Fragen, etwa den Zeitpunkt der Neuordnung der katholischen Beratungsstellen, offensichtlich den Bischöfen, auch wenn sein Wunsch nach einer zügigen endgültigen Regelung im genannten Sinn deutlich aus dem Schreiben hervorgeht.

Der Papst ist überzeugt, dass die katholischen Beratungsstellen durch sachliche Kompetenz, menschliche Zuwendung und Bereitschaft zu konkreter Hilfe weiterhin Frauen in Not anziehen werden. Er betont, dass die Qualität der Beratung, die neben dem Wert des ungeborenen Lebens auch die Schwierigkeiten der schwangeren Frau ganz ernst nimmt und eine Lösung auf der Basis von Wahrheit und Liebe anstrebt, die Gewissen vieler Ratsuchender anrühren wird. Er vertraut darauf, dass die Kirche in Deutschland mit ihren vielfältigen Möglichkeiten und Potentialen Wege finden wird, die kirchliche Präsenz in der Beratung nicht nur nicht vermindern zu lassen, sondern noch zu verstärken.

Nach Auffassung des Papstes wird der Weg der Kirche, der hier in einem konkreten Punkt vom Weg des Gesetzgebers abweicht, zur Schärfung des öffentlichen Gewissens und damit letztlich auch dem Wohl von Staat und Gesellschaft dienen. Der Auftrag, die Würde und die Grundrechte jedes Menschen, vor allem des schwächsten, zu verteidigen, ist für die Kirche eine Pflicht, von der sie nicht abrücken kann. Wenn sie in Wort und Tat immer wieder auf diese Grundrechte verweist, erfüllt sie ihre Sendung als Sauerteig der Welt und als Anwalt des von Gott erschaffenen und erlösten Menschen.

(4) Erklärung des Ständigen Rates der Deutschen Bischofskonferenz vom 26. Januar 1998

Das Schreiben des Papstes an die deutschen Bischöfe nimmt Bezug auf eine mehrjährige Diskussion über das Verhältnis der kirchlichen Beratungsstellen zum staatlich anerkannten System der Schwangerenkonfliktberatung. Der Hl. Vater hat uns Bischöfen einen verstehenden und brüderlichen Brief geschrieben, der um die nicht leichte Problematik und die verschiedenen Positionen in unserer Kirche weiß.

Das Schreiben des Papstes und der offizielle Kommentar, veröffentlicht im L'Osservatore Romano vom 27. Januar 1998, sind in einer Sprache geschrieben, die weitgehend auf theologische Fachterminologie verzichtet. Gerade darum bedarf das Schreiben einer sorgfältigen und differenzierten Analyse, ohne dass von außen herangetragene Vor-Urteile maßgebend werden dürfen.

Wir danken dem Hl. Vater, dass er die Bemühungen der Kirche in unserem Land für die Rettung des Lebens ungeborener Kinder auf allen Ebenen ausdrücklich anerkennt, ganz besonders auch im Blick auf die Beraterinnen, und die Bischöfe ermutigt, nach Kräften und wirksam die Beratungstätigkeit fortzusetzen. Gerade in den letzten Tagen ist in der öffentlichen Meinung offenbar geworden, welche hohe Anerkennung die kirchlichen Beratungsstellen auch außerhalb der kirchlichen Gemeinschaft gefunden haben. Wir haben Grund, für die Tätigkeit dieser Beratungsstellen mit dem Hl. Vater dankbar zu sein.

In dem Schreiben unterstreicht der Papst mehrmals und deutlich die grundlegende Einmütigkeit zwischen dem Hl. Stuhl und den deutschen Bischöfen in der Lehre der Kirche zum Schutz des ungeborenen Kindes und in der Verurteilung der Abtreibung wie auch in der Notwendigkeit einer umfassenden Beratung schwangerer Frauen in Not.

Wie in der bisherigen Diskussion spitzt sich das Problem auf die Interpretation und Bewertung des Beratungsscheins zu. Der Nachweis einer Beratung, die ausschließlich dem Schutz des ungeborenen Kindes dienen soll, kann unter bestimmten Voraussetzungen leider auch dazu gebraucht werden, eine straffrei bleibende Abtreibung vorzunehmen, auch wenn diese rechtswidrig bleibt. Dieses Bewusstsein der Unrechtmäßigkeit hat sich in unserer Gesellschaft allerdings zu wenig durchsetzen können, so dass nicht zuletzt dadurch der »Schein« in ein gewisses Zwielicht gekommen ist. Daran hat auch eine manchmal undifferenzierte Bewertung des Scheins einen gewissen Anteil. Zugleich hat sich die gesellschaftliche Bewusstseinslage für die Rettung des bedrohten ungeborenen Kindes in letzter Zeit durch verschiedene Vorgänge verschlechtert. Wir müssen mit Enttäuschung zur Kenntnis nehmen, dass der Beratungsschein in einem solchen »Klima« seine vom Gesetz intendierte Wirkung nur bedingt bzw. kaum entfalten kann und vor der zweideutigen Annahme, es könnte ein »Recht auf Abtreibung« geben, nicht genügend geschützt werden kann.

Vor diesem Hintergrund schreibt der Hl. Vater: »Deshalb möchte ich Euch, liebe Brüder, eindringlich bitten, Wege zu finden, dass ein Schein solcher Art in den kirchlichen oder der Kirche zugeordneten Beratungsstellen nicht mehr ausgestellt wird. Ich ersuche Euch aber, dies auf jeden Fall so zu tun, dass die Kirche auf wirksame Weise in der Beratung der hilfesuchenden Frauen präsent bleibt.«

Wir werden dieser Bitte Folge leisten. Dies bedeutet jedoch nicht, dass die kirchliche Beratung vermindert wird. Im Gegenteil: Wir werden sie noch verstärken. Der Papst selbst wünscht ausdrücklich, dass wir die im staatlichen Beratungssystem gegebenen Spielräume zur Rettung des ungeborenen Kindes »soweit wie möglich« nützen. Von einer Aufforderung, aus der gesetzlichen Beratung auszusteigen, kann also keine Rede sein.

Es geht nicht darum, dass die Kirche ihre Anstrengungen vermindert, schwangere Frauen in Not zu beraten und ihnen Hilfen anzubieten. Diese Konfliktberatung, wo es um Leben und Tod des ungeborenen Kindes geht, soll nur ferngehalten werden vom Anschein der Zweideutigkeit und einer Verdunkelung des lebendigen Zeugnisses für das Lebensrecht des ungeborenen Kindes.

Wir machen keine Abstriche im Angebot und in der Qualität der Beratung für schwangere Mütter in Not. Wir werden, wie vom Papst vorgeschlagen, nach Wegen suchen, wie wir ohne einen solchen Schein auch in Konfliktsituationen eine wirksame Beratung durchführen können. Wir werden uns um eine Fassung der Beratungstätigkeit bemühen, die ohne einen Schein der bisherigen Art erfolgt. Dabei sind wir uns bewusst, dass es wohl keinen Lösungsweg geben kann, der nicht auch Nachteile in sich birgt und Bedenken auslösen kann.

Wir haben beschlossen, eine Arbeitsgruppe einzusetzen. Ihr wird der Auftrag erteilt, genauer nach möglichen neuen Wegen zu suchen, die dem Anliegen des Papstes und unserem Anliegen entsprechen, dass die Kirche auf wirksame Weise in der Beratung hilfesuchender Frauen präsent bleibt. Wir werden zu gegebener Zeit eine entsprechende Neufassung der Ordnung unserer Beratungsstellen in Kraft setzen.

Da wir bereit sind, unsere intensive und weithin anerkannte Beratung fortzusetzen, bitten wir auch die Politikerinnen und Politiker, nach Wegen zu suchen, wie dies ohne die Zweideutigkeit des »Scheins« im bisherigen Sinne möglich ist. In diesem Zusammenhang erinnern wir auch an den Auftrag, den das Bundesverfassungsgericht in seiner Entscheidung vom 28. Mai 1993 an den Gesetzgeber gerichtet hat: »Er bleibt vielmehr aufgrund seiner Schutzpflicht weiterhin dafür verantwortlich, dass das Gesetz tatsächlich einen – unter Berücksichtigung entgegenstehender Rechtsgüter – angemessenen und als solchen wirksamen Schutz vor Schwangerschaftsabbrüchen bewirkt. Stellt sich nach hinreichender Beobachtungszeit heraus, dass das Gesetz das von der Verfassung geforderte Maß an Schutz nicht zu gewährleisten vermag, so ist der Gesetzgeber verpflichtet, durch Änderung oder Ergänzung der betreffenden Vorschriften auf die Beseitigung der Mängel und die Sicherstellung eines dem

Untermaßverbot genügenden Schutzes hinzuwirken (Korrektur- oder Nachbesserungspflicht).«

Auch wenn der Hl. Vater uns durch seinen Brief vom 11.1.1998 eine schwierige Aufgabe übertragen hat, so sind wir doch der Überzeugung, dass eine an diesem einen Punkt erneuerte Fassung der Beratungstätigkeit zum Wohl unserer Gesellschaft sein wird und den schwangeren Frauen in Not besser dienen kann. Die Regelung der Einzelheiten hat er den Bischöfen und ihren Mitarbeiterinnen und Mitarbeitern überlassen.

Würzburg, 26. Januar 1998

(5) Stellungnahme des Vorsitzenden der Deutschen Bischofskonferenz vom 27. Januar 1998

Die jahrelange Diskussion über die rechte Zuordnung der kirchlichen Schwangerschaftsberatungsstellen zur staatlich geregelten Beratung hat mit dem Schreiben von Papst Johannes Paul II. an die deutschen Bischöfe ein vorläufiges Ende gefunden, zugleich ist dies auch nicht mehr als eine erste Etappe in der genaueren Ausgestaltung der künftigen kirchlichen Beratungstätigkeit.

Papst Johannes Paul II. bittet die Bischöfe, Wege zu finden, dass ein Beratungsschein bisheriger Art künftig nicht mehr ausgestellt wird. Zugleich schärft das freundliche, in vieler Hinsicht einfühlsame und solidarische Schreiben mehrfach ein, dass die Kirche alles tut, um auf wirksame, kraftvolle Weise in der Beratung der hilfesuchenden Frauen gegenwärtig zu bleiben. Von einem Ausstieg kann nicht die Rede sein. Dies gilt für die kirchliche Beratung von schwangeren Müttern in Not, überhaupt aber auch für die gesetzliche Schwangerenberatung und sogar für die Konfliktberatung im engeren Sinne.

Die Beratung soll sogar intensiviert werden. Die Bischöfe werden aufgerufen, »dass die Kirche in dieser Frage – um der ungeborenen Kinder willen – die vom Staat eröffneten Spielräume des Leben und der Beratung *so weit wie möglich* nutzen muss und nicht die Verantwortung auf sich nehmen kann, mögliche Hilfeleistung unterlassen zu haben.« (Nr. 6) Der Papst bezieht dies ausdrücklich auf das Schwangeren- und Familienhilfeänderungsgesetz vom 21.08.1995 und appelliert an die schöpferischen und innovativen Kräfte, dafür neue Wege zu suchen.

Papst Johannes Paul II. sieht nämlich im bestehenden Beratungsschein, der eine notwendige Voraussetzung ist für eine straffreie Abtreibung, die grundlegende Gefahr, dass die ganze Beratung wegen dieses Gebrauchs des Scheins von einer tiefen Zweideutigkeit geprägt werden könnte. Er möchte nicht hinnehmen, dass das Zeugnis der Kirche vom unbedingten Lebensschutz dadurch verdunkelt wird und die Kirche selbst sich in die Gefahr einer Mitverantwortlichkeit für die Tötung ungeborenen Lebens bringen und so sich in Unrecht verwickeln könnte. Ein solcher Schein soll nicht mehr ausgestellt werden.

Damit ist klar, dass sich das in den letzten Tagen oft maßlos übertriebene Problem reduziert auf die Gestalt und Funktion der Beratungsbescheinigung in Konfliktsituationen. Die Kirche wendet sich besonders den Frauen zu, die zunächst allein in der Abtreibung einen Ausweg aus ihrer Not sehen. Um sie möchten sich die Beratungsstellen auch künftig mit hohem Einsatz kümmern. Kein Mensch will gerade diese Frauen – wie immer wieder behauptet wird – in ihrer Not allein lassen. Man darf jedoch bei aller intensiven Sorge um diese wichtige Gruppe nicht vergessen, dass ungefähr 85% der in den kirchlichen Beratungsstellen anklopfenden Frauen keinen Beratungsschein verlangen. Der Papst sagt mit aller Deutlichkeit, dass die Kirche »den Weg des Gesetzgebers *in einem konkreten Punkt* nicht mitgehen kann« (Nr. 8). Darum geht es, um nicht weniger aber auch um nicht mehr. Dass wir uns mit den Zweideutigkeiten des Gesetzes von 1995 nicht abfinden wollen, haben wir immer wieder zum Ausdruck gebracht.

Wir Bischöfe haben bisher mit großer Mehrheit das Bleiben im staatlichen Beratungssystem verteidigt. Wir hatten gute Gründe dafür, eine zielorientierte Beratung zur Rettung des Lebens des ungeborenen Kindes und zur Hilfe für die Mutter mit aller Entschiedenheit zu nützen. Den Beraterinnen gehört Dank, dass sie diesen schwierigen Dienst über eine lange Zeit trotz Anfechtungen mit großem Verantwortungsbewusstsein erfüllt haben und erfüllen. Wir können jedoch auch nicht übersehen, dass die gesellschaftliche Bewusstseinslage im Blick auf den Schutz des menschlichen Lebens überhaupt und besonders des ungeborenen Kindes wachsende Einbußen aufweist. Ich gehe dabei nicht nur von der noch nicht so aussagekräftigen, aber doch besorgniserregenden Statistik des Bundesamtes in Wiesbaden aus, sondern sehe in dem Urteil des Bundesverfassungsgerichts (Erster Senat) vom 15.12.1997 über das Kind als Schadensquelle, in der Gegensätzlichkeit beider Senate, im Ansteigen des Anteils verheirateter Frauen an den Abtreibungen auf 52% und in skandalösen Einzelfällen bei der Abtreibung auf Grund der medizinischen Indikation bis beinahe zur Geburt im einzelnen und im ganzen erschreckende Symptome eines Niedergangs der Sensibilität für die Würde des ungeborenen Lebens. Was ist dies für ein Gemeinwesen, wenn es so vielen ungeborenen Kindern die Eintrittskarte in unsere Gesellschaft verweigert? Was ist mit unserer Sorge für die Armen, wenn wir den Schwächsten und am meisten Wehrlosen elementare Hilfe zum Leben versagen? Es tröstet mich nicht, wenn die Würde des menschlichen Lebens auch anderswo immer mehr mit Füßen getreten wird, von willkürlichen Experimenten im Labor über sexuellen Missbrauch bis zur Verrohung menschlicher Sitten und zur Gewaltanwendung, im Gegenteil.

In einer solchen Situation haben wir für eine gewiss sachgerechte, aber auch komplizierte und differenzierte Deutung des Beratungsscheins, gewissermaßen auf Fachebene, keine guten Karten, weil der Schein durch den dargelegten Trend in ein immer stärkeres Zwielicht gekommen ist. Dabei hat freilich auch manche Verteufelung mitgespielt. Dass der Schein notwendige Bedingung – aber nicht die einzige – für eine straffreie Abtreibung ist, freilich nicht deren entscheidende Ursache, erschien nicht wenigen wie eine Art »Recht auf Abtreibung«. Es ist sträflich vernachlässigt worden, dass die Abtreibung trotz der erklärten Straffreiheit ein Unrecht bleibt, weil das eigene Lebensrecht des ungeborenen Kindes ignoriert und missachtet wird. Es ist ein Skandal, dass dieses unbestreitbare Gegengewicht zur Straffreiheit im gesellschaftlichen Bewusstsein eine äußerst geringe Rolle spielt. Um so mehr kam der Schein in ein Zwielicht.

Ich habe in den letzten Jahren persönlich und in meinem Amt als Vorsitzender der Deutschen Bischofskonferenz bewusst und mit allem Ernst die Aufgabe eines Anwalts der kirchlichen Beratungstätigkeit übernommen, aber mich hat diese Entwicklung auch immer nachdenklicher gemacht. Ich konnte auch oft erkennen, nicht zuletzt in unseren römischen Gesprächen, an denen auch viele Menschen anderer Sprachen und Kulturen mitwirkten, dass die im Gesetz intendierte, gute Absicht mit dem Beratungsschein nur sehr schwer oder gar nicht zu vermitteln war. Man hatte auch Sorge, dieses Modell könnte verzerrt und vergröbert eine unheilvolle exemplarische Rolle für andere Länder spielen. Es besteht auch ein Zweifel, dass die Auseinandersetzung über den Schein in diesem »Klima« nicht nur viele katholische Christen in unserem Land, sondern auch andere Christen in einen langen und oft heftigen Streit gebracht hat. Nicht erst der Papst hat uns in eine Zerreißprobe gestürzt. Jetzt kommt sie bloß an den Tag.

Papst Johannes Paul II. ist der Ansicht, dass die Kirche in einem solchen »Milieu« sich fast unvermeidlich verstrickt, an Eindeutigkeit ihres Eintretens für das Lebensrecht und Glaubwürdigkeit verliert. Er will um keinen Preis schwangere Frauen in Not allein lassen und die Beratungstätigkeit reduzieren oder gar aufgeben. Die Veröffentlichung des Briefes und des Kommentars am heutigen Tag fegt hoffentlich solche Missdeutungen weg. Aber der Papst möchte ein unüberhörbares Signal setzen, dass die rettende und heilende Beratung der Kirche grundlegend andere Wege geht als Beratungen, die nur zum Schein diesen Namen tragen, Schein-Beratungen im doppelten Sinne des Wortes sind (»Protokollberatungen«) und das eigene Lebensrecht des ungeborenen Kindes mit Füßen treten. Der Papst glaubt nicht, dass man diese Situation durch ein »Mitgehen«, sondern nur durch eine alternative Wende verändern kann. Dies mag eigensinnig und querköpfig aussehen, hat aber zweifellos auch eine eigene Chance, nämlich die eigenständige Position in aller Öffentlichkeit klar zu markieren und mit einer provozierenden Kontrast-Entscheidung zu einer eindeutigen Umkehr zum Leben zu bewegen.

Darüber kann man verschiedener Meinung sein, aber man kann einem solchen Weg, seiner Eindringlichkeit und Orientierungskraft den Respekt nicht versagen. Der Papst ist der festen Überzeugung, dass er durch diesen klaren Widerspruch die Gewissen vieler Ratsuchender anrührt und in der Gesellschaft als mahnender Aufruf wirkt. Indem die Kirche durch diesen energischen Zwischenruf das öffentliche Gewissen schärft, dient sie letztlich auch dem Wohl des Staates, »einem Staat, der die Verteidigung der Grundrechte der menschlichen Person, besonders der schwächsten, als eine vorrangige Pflicht anerkennt« (Enzyklika »Evangelium Vitae«, Nr. 8 des Briefes).

Wir Bischöfe haben uns am 25./26. Januar intensiv mit der dadurch entstandenen Lage beschäftigt. Wir hatten ein sachliches, von gemeinsamer Verantwortung geprägtes Gespräch. Wir wollten auch keine Scheineinheit, sondern haben uns aneinander abgearbeitet und sind nach einigem Ringen einstimmig (ohne Enthaltungen) zu der gemeinsamen Erklärung vom 26.01. gekommen. Es ist ein notwendigerweise vielschichtiges Dokument, in dem wir jedoch mit aller Klarheit sagen: *Wir werden der Bitte des Papstes Folge leisten. Wir werden deswegen jedoch in keiner Weise »aussteigen«, vielmehr alle im staatlichen*

Beratungssystem gegebenen Spielräume »so weit wie möglich« nützen. Wir werden nach Wegen suchen, wie wir ohne einen Schein der beschriebenen Art auch künftig in Konfliktsituationen eine wirksame Beratung durchführen können.

Wir haben solche Wege andiskutiert, aber wir haben noch keine ausreichende Klarheit, die schon zu einem Beschluss hätte führen können. Die Früchte sind noch nicht reif, eher sind es noch unausgegorene Ideen, ob es zum Beispiel statt des Schein in der bisherigen Form einen Beraterbrief, eine Art eidesstattlicher Erklärung, eine Rückfrage des abtreibenden Arztes bei der Beratungsstelle usw. geben könnte. Aber dies waren nur bescheidene Geistesblitze, von denen wir im jetzigen Stadium selbst noch nicht überzeugt sind. Deshalb haben wir beschlossen, in der Frühjahrs-Vollversammlung der Bischofskonferenz zu Beginn des Monats März eine Arbeitsgruppe zu bilden, die den Auftrag hat, nach möglichen neuen Wegen genauer zu suchen. Wir werden zu gegebener Zeit eine entsprechende Neufassung der Ordnung unsere Beratungsstellen in Kraft setzten. Die »Vorläufigen Bischöflichen Richtlinien«, die der Papst ausdrücklich anerkennt, sind ein wichtiger erster Schritt in diese Richtung.

Wir wissen – dies steht im Kommentar (Nr. 4) –, dass der Papst uns zwar drängt, wir aber auch selbst über den rechten Zeitpunkt einer Kurskorrektur entscheiden können. Wir wissen nicht, wie lange diese Suche geht. Bis zu diesem Zeitpunkt werden wir in der bisherigen Weise beraten, dabei freilich noch sorgsamer die Bedenken des Papstes erwägen. Wir sind uns auch bewusst, »dass es wohl keinen Lösungsweg geben kann, der nicht auch Nachteile in sich birgt und Bedenken auslösen kann«. Wir leben in einer immer wieder von der Macht der Sünde angefochtenen und beherrschten Welt. Abtreibung ist etwas, was nicht sein soll und die auch nicht glatt »geordnet« werden kann. Wir werden alle neuen Wege daran messen, wie weit sie diese Zwiespältigkeit mindern und die Überzeugungskraft des christlichen Lebensschutzes möglichst eindeutig zum Ausdruck bringen können.

Der Papst hat mit seinem Schreiben wieder Diskussionen über das Lebensrecht des ungeborenen Kindes und damit beunruhigende Bewegung in unsere Gesellschaft gebracht. Wir wollen in dieser Frage keine Friedhofsruhe. Es gibt schon zu viele Gräber. Die jetzige Auseinandersetzung um den rechten Weg ist ein Zeichen unserer Stärke, nicht unserer Schwäche. Wir sind überzeugt, dass wir uns diese Auseinandersetzung im Namen des lebenschaffenden Gottes und seiner menschenfreundlichen Weisungen wie »Du sollst nicht töten!« leisten können und müssen. Das Antlitz vieler ungeborener Kinder schaut uns fragend, mahnend, anklagend und ermutigend an. Diesem vielfältigen Anruf müssen wir zuerst gehorsam sein. Darin wollen wir uns von der Einheit mit dem Papst nicht trennen lassen. Wir sind gerade darin vom Evangelium des Lebens her eng miteinander verbunden. Intensive und umfassende Beratung schwangerer Frauen in Not wird darum auch in Zukunft ein Markenzeichen unserer Kirche sein und bleiben.

(6) Pressebericht des Vorsitzenden der Deutschen Bischofskonferenz vom 25. Februar 1999 (Auszug)

I. Pastorale Aufgaben

1. Schwangerschaftskonfliktberatung

Am 11.01.1998 hat Papst Johannes Paul II. den deutschen Bischöfen ein Schreiben übermittelt, in dem er zur Neuregelung der Schwangerenberatung Stellung nimmt. Der Papst anerkannte die Bemühungen der Kirche unseres Landes in dieser Sache, nicht zuletzt auch der Beraterinnen. Er hat uns aufgefordert, alle Möglichkeiten der Beratung und Hilfe zu nützen, uns noch kräftiger zu engagieren und dafür auch, soweit möglich, die Chancen der staatlich geregelten Beratung zu ergreifen. Der Papst sah jedoch – wie nicht wenige Beobachter und auch einige Bischöfe – in der Anlage des Beratungsnachweises («Schein«), die Gefahr, dass sich die Kirche in Unrecht verwickelt, so dass die Klarheit und Eindeutigkeit des Zeugnisses für den Lebensschutz des ungeborenen Kindes verdunkelt wird. In diesem Zusammenhang hat der Papst die deutschen Bischöfe aufgefordert, nach neuen Wegen zu suchen, die diesen Mangel nicht mehr haben. Darum hat der Papst erklärt, Scheine der bisherigen Art sollten künftig nicht mehr ausgestellt werden. Ein offizieller Kommentar in Verantwortung des Staatssekretariates, am selben Tag veröffentlicht, hat zu verstehen gegeben, dass damit kein »Ausstieg« aus dem staatlichen Beratungssystem befohlen sei und hat eher von einem »Umstieg« gesprochen. Zur Interpretation dieses Briefes darf ich auf meine Einführung verweisen, die ich im Sinne eines einführenden Berichtes in Würzburg bei der Sitzung des Ständigen Rates am 25./26.01.1998 gehalten habe und der jetzt auch veröffentlicht ist (Der Schein des Anstoßes. Schwangerschaftskonfliktberatung nach dem Papstbrief. Fakten – Momente – Perspektiven, herausgegeben von J. Reiter, Freiburg, 1999, 54-76).

Die Arbeitsgruppe aus neun Mitgliedern und einigen Beratern, die von der Frühjahrs-Vollversammlung im März 1998 eingesetzt wurde, hat zwischen April 1998 und Januar 1999 unter Leitung des Vorsitzenden der Deutschen Bischofskonferenz intensiv gearbeitet und Mitte Januar den fertiggestellten Bericht im Umfang von ca. 40 Seiten erstellt und an die Mitglieder der Deutschen Bischofskonferenz versandt. Dieser Bericht der Arbeitsgruppe wird in dieser Pressekonferenz auch der Öffentlichkeit übergeben. Ich danke auch an dieser Stelle den Mitgliedern der Arbeitsgruppe, denen die Deutsche Bischofskonferenz eine sorgfältige und hilfreiche Tätigkeit bescheinigt hat. Ebenso danke ich nicht wenigen Experten, die wir auch schriftlich um ihre Meinung befragt haben.

Der Ständige Rat der Deutschen Bischofskonferenz hat sich bei seiner Sitzung am 25.01.1999 intensiv in einer vierstündigen Sitzung mit dem Entwurf, gleichsam in erster Lesung, beschäftigt. Der Vorsitzende wurde beauftragt, den Bericht der Arbeitsgruppe den verantwortlichen Instanzen in Rom zur Kenntnis zu bringen und bis zur Vollversammlung vom 22. bis 25. Februar 1999 in Lingen mit dem Heiligen Stuhl in Kontakt zu treten und eine erste Vorklärung zu versuchen. Dies ist am 18.02. vor allem in Gesprächen mit Kardinal Ratzinger, dem Präfekten der Glaubenskongregation, und mit dem Kardinalstaatssekretär, Kardinal Sodano, erfolgt.

Die Vollversammlung in Lingen hat sich am Dienstag (23.02.) fast 8 Stunden mit dem Bericht der Arbeitsgruppe beschäftigt. Wir hatten eine sehr intensive, engagierte, aber auch faire und geradezu spannende Diskussion.

Dabei stand von Anfang an außer Zweifel, dass die Bischöfe auch angesichts verschiedener Bewertungen der Problematik der Beratungsstellen vollkommen darin übereinstimmen, dass die Abtreibung, die das Lebensrecht ungeborener Kinder missachtet und auslöscht, einen unerträglichen Skandal und ein »verabscheuenswürdiges Verbrechen« (Pastoralkonstitution des II. Vatikanischen Konzils »Gaudium et spes«, Art. 51) darstellt. Die deutschen Bischöfe haben stets erklärt – schon seit den 70er Jahren –, dass sie sich mit den nach ihrer Meinung unzureichenden Gesetzen nicht abfinden werden. Wir haben jedoch gleichzeitig ein umfangreiches Beratungswesen ins Leben gerufen, das vom Deutschen Caritasverband und besonders vom Sozialdienst katholischer Frauen konsequent ausgebaut wurde und heute als integratives Konzept von Beratung und Hilfen hohe Anerkennung gefunden hat.

Wenn wir uns in unserem Land angesichts vieler Hilfen und der wirtschaftlich-sozialen Situation im ganzen gegen die hohen Abtreibungszahlen wenden, so vertreten wir nicht nur eine katholische Sondermeinung. Einmal gehört die Sorge um den Lebensschutz der ungeborenen Kinder zentral bereits zum frühen Christentum und ist dort keine Randfrage, sondern Mitte und Unterscheidung des christlichen Lebens. Aber auch unsere Verfassung hat mit der Verfassungsgerichtsbarkeit immer wieder festgestellt, dass die Abtreibung Unrecht ist und bleibt, also rechtswidrig ist. Ich übergehe im Augenblick die andere Situation mit den heute gültigen Indikationen (medizinische, kriminologische), die jedoch nur 2 % der Abtreibungen ausmachen. Wir haben auch von Anfang an darauf aufmerksam gemacht, dass die Aufhebung der Straffreiheit der Abtreibung nach erfolgter und bestätigter Beratung in einem schwer zu vermittelnden und missverständlichen Verhältnis zu diesem erklärten Unrechtscharakter steht. Dabei haben wir, wie der Bericht der Arbeitsgruppe zeigt, durchaus die positiven Aspekte des neuen Beratungskonzeptes seit 1993/95 im Auge, müssen aber immer wieder auf diese grundlegende Spannung aufmerksam machen. Ich darf in diesem Zusammenhang besonders auf die Seiten 6 bis 12 aufmerksam machen, wo die Chancen und Grenzen des Beratungskonzeptes ausführlich und präzise dargestellt werden.

Wenn wir uns intensiv um die Frage des bestmöglichen Weges zur Rettung ungeborener Kinder kümmern, erfüllen wir auch – freilich auf unsere Weise und aufgrund eines eigenen Auftrags – die Aufgabe von Staat und Gesellschaft, wie es bei uns in den beiden Verfassungsgerichtsurteilen von 1976 und 1993 niedergelegt ist. Wir sind jedoch der Meinung, dass sich die Bewusstseinsbildung für die Würde des ungeborenen Kindes in vielfacher Weise verschlechtert hat. Auch wenn das »Beratungskonzept« drei Jahre nach der Einführung noch nicht ausreichend ausgewertet werden kann, was übrigens nach dem Verfassungsgerichtsurteil Pflicht des Staates ist, so sind die letzten Teil-Statistiken nicht nur in der Größenordnung der Abtreibungen, sondern auch in einzelnen Zahlen alarmierend (z. B. sind mehr als 50 % der abtreibenden Frauen verheiratet). Haben schon die Folge-Gesetze nach den Verfassungsgerichtsurteilen von 1976 und 1993 den Forderungen nicht immer ausreichend Rechnung getragen, so haben wir den Eindruck gewonnen, dass die beiden letzten Urteile des Bundesverfassungsgerichts vom 15.12.1997 (Kind als Schadensfall) und vom 27.10.1998 (Bayerisches Schwangerenhilfeergänzungsgesetz) diesen Lebensschutz zusätzlich geschwächt haben. Hinzu kamen skandalöse Spätabtreibungen im Zusammenhang der medizinischen Indikation, die auch in der Gesellschaft und bei den Ärzten, aber auch im politischen Raum Unruhe hervorgerufen haben. Das Vorhaben der Einführung der Abtreibungspille RU 486 und die Art der Diskussion um die Jahreswende 1998/99 haben die Überzeugung verstärkt, der Staat komme dem Auftrag zur Verteidigung des Lebensrechtes des ungeborenen Kindes nicht ausreichend nach und verletze damit eine elementare Pflicht. Wir haben immer stärker den Eindruck gewonnen, dass das Fundament der gesetzlichen Regelungen, nämlich der bleibende Unrechtscharakter jeder Abtreibung, immer mehr aus dem Bewusstsein schwindet. Dadurch wird aber die ohnehin schwierige Aufhebung der Strafandrohung, die im Blick auf die Beratung durchaus ihren Sinn hat, isoliert, verliert ihren Gegenhalt und wird nicht selten als eine Art »Recht zur Abtreibung« gedeutet. Dies wiederum hat die Bedenken vieler Christen, auch einzelner Bischöfe, besonders auch der Lebensrechtsgruppen, gegenüber dem Beratungskonzept, nun konzentriert im »Schein«, verstärkt, so dass sie den Rückzug der Kirche aus diesem »Unrechtssystem« gefordert haben und fordern. Ich habe die Zusammenhänge etwas deutlicher dargestellt, weil man nur im Gesamtzusammenhang die Problematik mit ihren vielen Aspekten versteht.

Der Bericht der Arbeitsgruppe hat nun vier Lösungswege vorgeschlagen. Aus vielen Schreiben, Anregungen, der Literatur und Expertenhinweisen haben wir diese Vorschläge zusammengestellt und eingehend beschrieben. Der erste Lösungsweg (12 ff.) hätte zur Konsequenz, dass die Kirche das Problem, Beratungsscheine dieser Art nicht mehr auszustellen, umfassend dadurch lösen könnte, dass überhaupt auf die Nachweispflicht gegenüber dem Arzt verzichtet wird. Beratungsnachweise würden dann von einer anerkannten Beratungsstelle nicht mehr ausgestellt. Dieser Weg würde uns zwar von der zwiespältigen Last des Beratungsnachweises befreien, hätte aber den Nachteil, dass wir den Rang und die Bedeutung des verfassungsmäßig grundgelegten Lebensschutzes durch einen totalen Rückzug aus der Pflichtberatung vermindern würden. Ein zweites Modell (13-20), das ausführlich behandelt ist, besteht darin, dass man auf eine gesetzliche Konfliktberatung im Sinne der §§ 5 und 6 des Schwangerschaftskonfliktgesetzes und des § 219 StGB in der Anwendung verzichtet und sich auf eine mehr generelle Sexualberatung beschränkt, wie sie im § 2 umfassend beschrieben ist. Hier soll auch über den Schwangerschaftsabbruch, über die Verhütung und die Familienplanung gesprochen werden. Hier handelt es sich nicht um eine anerkannte Beratungsstelle, die auch die Konfliktberatung durchführt. Wir haben viele Einwände gegenüber einer Beschränkung auf diese Form formuliert. Das »Fuldaer Modell« zielt, wenn man es überhaupt in einen Vergleich der gesetzlichen Vorgaben einbezieht, in diese Richtung. Es gehört in gewisser Weise zu diesem »Typ«, auch wenn man besser von einem eigenen »Fuldaer Modell« spricht, wie wir es vor allem auch bei der Differenzierung der Abstimmung über die einzelnen Wege getan haben. Das dritte Modell, das nicht zuletzt auch von Praktikern entworfen worden ist, haben wir »Beratungs- und Hilfeplan« (20 ff.) genannt. Zunächst muss man unumwunden erklären, dass dieser Plan davon ausgeht, man könne unter bestimmten Voraussetzungen im recht verstandenen staatlichen Beratungssystem bleiben und noch intensiver versuchen, nicht nur die positiven Tendenzen des Gesetzes zu verstärken, sondern auch den spezifisch eigenen Auftrag noch besser zu profilieren. Der Name »Beratungs- und Hilfeplan« zeigt schon, dass die Integration von Beratung und Hilfe hier noch intensiver erfolgt. In einem umfassenderen Plan werden einzelne Beratungsschritte und Angebote an die schwangere Frau aufgeführt, also z. B. Beratung bei Wohnungssuche, Partnerschaftskonflikten, Ausbildungsproblemen usw. Diese Hilfen sind – soweit möglich – als feste Zusagen zu verstehen, weswegen sie auch eigens auf dem Plan dokumentiert werden.

Es besteht nun kein Zweifel – hier gab es bis heute morgen immer wieder falsche Meldungen –, dass dieser »Beratungs- und Hilfeplan« einen »Beratungsnachweis« im Sinne des Gesetzes darstellt. Wir haben die Nähe dieses »Beratungs- und Hilfeplans« zur staatlichen Konfliktberatung und damit auch zum Gesetz von 1995 in drei Varianten verschieden formuliert (z. B. Frage der Zitation von Gesetzestexten). Man kann sich auch verschiedene Formen darunter vorstellen, z. B. mehr die Form eines Briefes oder eines allgemeineren Dokumentes. Darüber haben wir diskutiert, aber keine Entscheidung gefällt.

Viel schwieriger und wichtiger ist die Frage des Verhältnisses eines solchen »Beratungs- und Hilfeplans« zu den Forderungen des Papstes. Zunächst muss man ehrlich erklären, dass dieser Lösungsweg von einem Verbleiben im Beratungskonzept ausgeht, wobei die Bedenken nicht nur deutlich gesehen, sondern auch sehr ernsthaft erwogen wurden. Wir waren in der Arbeitsgruppe auch der Meinung, dass es sich hier trotz des Verbleibens im Beratungskonzept und im gesetzlichen Beratungssystem um einen »Schein« anderer Art handelt, dass er eben von einer anderen Qualität ist. Hier ist natürlich nicht so leicht Übereinstimmung zu erzielen, denn selbstverständlich ist dieser Schein auch mit den Mängeln behaftet, die wir ohne Gesetzesänderung nicht beseitigen können. Neue Gesichtspunkte sehen wir darin:

- Eindeutige Qualifizierung des Zieles der Beratung und des Nachweises zum Lebenserhalt;
- Beratung hat nur diesen Sinn;
- unzertrennbare Integration von Beratung und positiven Hilfen;
- Anhebung der Schwelle in Richtung einer Abtreibung durch ein erhöhtes Beratungs- und Hilfsangebot;
- durch die Selbstverpflichtung der Beratungsstellen zur Gewährung von Hilfeleistungen erhält der Beratungsnachweis wohl auch eine weitere rechtliche Dimension und Funktion: Die Zusagen sind verbindlich. Wie weit sie auch im einzelnen rechtlich eingefordert werden können, muss überprüft werden.
- Dadurch werden die Eigenständigkeit und die Unabhängigkeit der kirchlichen Beratung und Hilfe wesentlich verstärkt.
- Der Beratungs- und Hilfeplan erinnert die schwangere Frau durch seine Anlage und seinen Text, besonders evtl. durch die Briefform (die Anrede und die Schlussformel), an die Überlegungen im Rahmen des Beratungsgesprächs und an Möglichkeiten einer Lösung des Konflikts.
- In diesem Sinne unterstützt der Beratungs- und Hilfeplan den Prozess weiterführender Beratung und Begleitung; er ist im ganzen ein einziges Zeugnis für das Leben und in keinem Fall irgendein Hinweis für die Akzeptanz eines Abbruchs.
- Es ist deshalb ein anderer Schein, weil nun die im Beratungskonzept eher dokumentierende als konstitutive Funktion des Beratungsscheins überzeugender herausgearbeitet ist und besser verstanden werden kann.

Wir können jedoch das anfangs aufgezeigte Dilemma auch durch diesen Schein anderer Art nicht vollends beseitigen. Dies ist und bleibt eine Schwäche dieses sonst durchaus begrüßten Vorschlags.

Einen vierten Lösungsweg haben wir aufgenommen und diskutiert, weil er sehr oft vorgeschlagen worden ist. Wir sind davon ausgegangen, dass die Beratungsstelle selbst keinen Schein ausstellen würde, dass aber der abtreibende Arzt sich durch Rückfrage bei der Beratungsstelle der erfolgten Beratung versichert und so der Nachweis auf diesem Weg erbracht wird. Hier gibt es verschiedene Varianten, angefangen von einer eidesstattlichen Erklärung der Frau, die wir nicht im einzelnen ausgearbeitet haben. Wir haben im Blick auf dieses Modell jedoch auch selbst schon die Einwände formuliert (25 ff.). Einmal ist es das Problem der Glaubwürdigkeit, wenn die Beratungsstelle dann doch, wenn auch mündlich, die Beratung bestätigt. Außerdem rückt ein solcher Bescheid, der im unmittelbaren Kontext einer geplanten Abtreibung steht, den Beratungsnachweis noch viel näher an das Abtreibungsgeschehen heran. Schließlich gibt es wohl auch datenschutzrechtliche Bedenken mit der Rückfrage des Arztes in der Beratungsstelle. Aber auch hier handelt es sich um eine Lösung, bei der kein Schein ausgestellt wird. Dieser Vorschlag ist uns oft gemacht worden. Es hat auch seinen guten Sinn, sich an Vorschlägen abzuarbeiten, die deutlich ihre Grenzen aufweisen.

Es ist überhaupt eine wichtige Erkenntnis der Arbeitsgruppe, dass es aus vielen Gründen nicht den idealen Weg zur Hilfe gibt. Alle Wege haben je auf ihre Weise Vor- und Nachteile. Die Einschätzung dieses Für und Wider erfolgt auf dem Weg der Güterabwägung und ist in das Ermessen und Erwägen gestellt. Hier kann man eben auch verschiedener Meinung sein. Es kommt darauf an, welchen Preis man für einen konkreten Lösungsweg bezahlt. Dies ist aber nicht nur eine Erwägung der Güterabwägung. Theologisch ist auch deutlich, dass wir vor einer bleibend schwierigen Situation stehen. Solange es in der Menschheitsgeschichte Abtreibungen geben wird, muss es immer wieder Versuche geben, sie zu vermeiden. Diese Hilfen wollen etwas regeln, was nicht sein soll. Dabei kann es nie »glatte« Lösungen geben. Es handelt sich immer um eine Art »Notordnung«. Dabei ist die unterschiedliche Richtung mancher Gesichtspunkte deutlich zu sehen. Die Nähe zu den Frauen, die eine Abtreibung in Erwägung ziehen, und ihre Beratung sowie das Angebot von Hilfen ist eine wichtige Forderung, die in den konkreten Fällen natürlich einhergeht mit dem geschilderten Dilemma der Konfliktberatung.

Die Bischöfe haben, wie eingangs gesagt, intensiv diesen Bericht, nun gleichsam in zweiter Lesung, besprochen. Wir haben uns nichts geschenkt. Wir haben miteinander gerungen. Wir sind aber beieinander geblieben.

Selbstverständlich war es jetzt nicht möglich, dass wir allein mit der Autorität der Deutschen Bischofskonferenz eine endgültige Lösung beschließen. Jedoch sollte klar sein, welchen Weg wir selber gehen möchten. In diesem Sinne war auch eine Entscheidung gefordert, freilich vorläufiger Art. Es ist uns selbstverständlich, dass wir im Einvernehmen mit dem Heiligen Stuhl handeln. Für solche Vorgänge haben wir von der Praxis und vom Recht her eine Form der Abstimmung, die wir auch bei bestimmten Fragen in den Diözesansynoden gebraucht haben. Es handelt sich um ein sogenanntes Votum. Ein Votum ist zwar eine echte Entscheidung eines Gremiums, wodurch die Richtung einer Meinungsbildung erkennbar wird. Sie ist also mehr als nur ein Stimmungsbild. Aber ein solches Votum hat keine Rechtskraft aus sich selbst.

Wir haben am Mittwoch-Vormittag eine solche Abstimmung im Sinne eines Votums unternommen. Bewusst wurde eine Nacht dazwischen gelegt. Wir haben aber den Vorabend auch dazu benutzt, um im Gebet noch einmal die Verantwortung einer Entscheidung vor Gott auszuloten. Am gestrigen Abend, also nochmals nach einer Besinnungspause, haben wir den mehrfach überarbeiteten Protokollentwurf intensiv beraten und nach 1 1/2 Stunden einstimmig verabschiedet.

Ich bitte Sie nun um Verständnis, wenn ich die einzelnen Abstimmungsergebnisse zu den aufgezeigten Wegen nicht jetzt bekannt machen kann. Der Papst ist der Adressat unserer intensiven Meinungsbildung. Es ist nicht nur eine Sache der Höflichkeit, dass er als erster authentisch über unser Ergebnis informiert wird, sondern es ist auch Respekt gegenüber dem Amt, das die Kompetenz zur Entscheidung hat.

Wir sind dem Heiligen Vater auch heute noch dankbar, dass er uns aufgetragen hat, nach neuen Lösungswegen zu suchen. Wir hatten längere Zeit die Möglichkeit, dass wir mit allen Mitteln darüber nachdenken und auf der Ebene unserer Verantwortung Vorschläge machen. Diese Beteiligung an der Entscheidung hat gewiss auch ihr Gewicht. Wir wollen dem Heiligen Vater dieses Ergebnis als Resultat der umfassenden gemeinsamen Beratung, der persönlichen Gewissensentscheidung der deutschen Bischöfe und vieler fachlicher Bemühungen übergeben. Es ist für unser Selbstverständnis entscheidend, dass in den jetzt anstehenden Fragen die Kollegialität der Bischöfe und das Zusammenwirken mit dem Papst im kirchlichen Rahmen und auch in der öffentlichen Wirkung nicht in Frage gestellt werden. Wir gehen davon aus, dass diese grundlegende Sicht auch vom Apostolischen Stuhl geteilt wird und die dortige abschließende Meinungsbildung bestimmen wird.

Als Vorsitzender bin ich gebeten worden, dem Heiligen Vater dieses Ergebnis der Beratung in der Deutschen Bischofskonferenz bis zu dieser Vollversammlung, also auch einschließlich des Ergebnisses der Studie der Arbeitsgruppe und der Beratungen im Ständigen Rat am 25.01., und das Votum der deutschen Bischöfe für die künftige Gestaltung der kirchlichen Schwangerschaftskonfliktberatung und für die Lösung der Problematik des Beratungsnachweises zu übermitteln. Wir erwarten dann eine letzte Konsultation, deren Form wir nicht vorausbestimmen können und wollen. Es gibt selbstverständlich zum gegenwärtigen Zeitpunkt auch kein Datum für die nächsten Schritte.

Als ich vor einer Woche am 18.02. aus Rom zurückkam, habe ich am Abend den Bischöfen einen Fax-Rundbrief geschickt. Darin habe ich »verhaltene Zuversicht« signalisiert. Wenn ich auf diese drei Tage der Beratung zurückblicke, dann glaube ich, dass die Vollversammlung der damit verbundenen Erwartung gerecht geworden ist. Wir haben auch bei unterschiedlichen Meinungen im einzelnen ein hohes Konsenspotential, das wir mobilisieren können. Wir müssen in dieser gesamten Frage ohnehin geistig offensiver werden und eine intensivere Öffentlichkeitsarbeit betreiben. Das Thema muss auch stärker die Glaubensunterweisung und Katechese, den Religionsunterricht und die Erwachsenenbildung bestimmen.

Nun aber kehren wir den Weg wieder um und wollen, ebenso nun mit verhaltener, aber gestärkter Zuversicht erneut Kontakte mit den verantwortlichen Instanzen in Rom und besonders mit dem Papst aufnehmen. Ich bin sicher, dass unsere Bemühungen respektiert werden und wir eine Lösung finden. Dabei sind wir alle in gleicher Weise überzeugt, dass bald eine Entscheidung getroffen werden muss. Unsere lange Meinungsbildung ist dabei kein Zeichen der Schwäche oder Unsicherheit, sondern der Stärke, weil wir notwendige Klärungen, für die es kein Vorbild gibt, mit allem Ernst und allen Mitteln vornehmen müssen und wollen.

Ich danke Ihnen für Ihr Interesse und für Ihre Mitwirkung bei der Verbreitung dieser Ergebnisse.

(7) Schreiben des Papstes vom 3. Juni 1999

Den verehrten Mitbrüdern im Bischofsamt in Deutschland
Gruß und Apostolischen Segen

1. Im Schreiben vom 11. Januar 1998 habe ich Euch in meiner Verantwortung als oberster Hirte der Kirche einige Richtlinien für das künftige Verhalten in der schwierigen Frage der rechten Zuordnung der katholischen Schwangerschaftsberatungsstellen zur staatlich geregelten Beratung gemäß dem Schwangeren- und Familienhilfeänderungsgesetz vom 21. August 1995 vorgelegt. Ich habe Euch eingeladen, Beratung und Hilfe für schwangere Frauen in Not nicht nur unverändert fortzuführen, sondern nach Möglichkeit noch zu verstärken. Gleichzeitig habe ich Euch um der Klarheit unseres Zeugnisses für die Unantastbarkeit jedes menschlichen Lebens willen eingeladen, in den kirchlichen oder der Kirche zugeordneten Beratungsstellen keine Bescheinigung mehr ausstellen zu lassen, die nach dem Gesetz die notwendige Voraussetzung für die straffreie Durchführung der Abtreibung darstellt. Bischof Karl Lehmann, der Vorsitzende Eurer Bischofskonferenz, hat am 6. Februar 1998 im Namen von Euch allen mitgeteilt, dass es Eure gemeinsame feste Absicht ist, dieser meiner dringlichen Bitte zu entsprechen. Wie schon damals, so möchte ich Euch heute nochmals für diese Entscheidung danken, die ebenso Ausdruck Eurer tiefen Einheit mit dem Nachfolger Petri wie Eures unbedingten Einstehens für den Schutz des ungeborenen Lebens ist.

Um die zwei Aspekte meiner Bitte richtig miteinander in Einklang zu bringen, habt Ihr eine Arbeitsgruppe eingesetzt, deren Ergebnisse am 22. und 23. Februar 1999 der Vollversammlung der Bischöfe vorgelegt wurden. Bischof Lehmann hat mir mit Schreiben vom 12. März 1999 die Ergebnisse der Arbeitsgruppe mitgeteilt und mich über die Beschlüsse der Vollversammlung informiert. Gerne anerkenne ich den großen Einsatz, mit dem Ihr in Zusammenarbeit mit vielen Fachleuten nach Lösungen gesucht habt. Ich danke Euch dafür, dass Ihr mehrmals deutlich auf die Bedeutung der Einheit untereinander und mit dem Heiligen Stuhl hingewiesen habt, um eine glaubwürdige Lösung zu finden und die entstandenen Polarisierungen unter den Gläubigen zu überwinden. In den vergangenen Wochen habe ich die in Eurer Antwort enthaltenen Gesichtspunkte in Studium und Gebet vor dem Herrn erwogen und möchte Euch nun meine Entscheidung vorlegen.

2. Der von der Mehrheit Eurer Bischofskonferenz bevorzugte Lösungsvorschlag verbindet einen umfänglichen »Beratungs- und Hilfeplan« mit einer Neuformulierung der Beratungsbescheinigung, für die die Arbeitsgruppe drei Varianten zur Wahl stellt. Der Plan bietet eine Reihe von Elementen, die eindeutig auf das Wohl der schwangeren Frauen und den Schutz der ungeborenen Kinder ausgerichtet sind. Die Integration von Beratung und Hilfsangebot sowie vor allem die verbindlichen Zusagen über Unterstützungen, Hilfen und

Vermittlungen machen das Ziel der kirchlichen Beratungstätigkeit – Unterstützung der Frauen in Konfliktsituationen sowie Verteidigung des Lebensrechtes der ungeborenen Kinder – in der Gesellschaft Eures Landes noch klarer als bisher verständlich. Die vielfältigen Beratungs- und Hilfsangebote sollen dazu beitragen, dass noch mehr Frauen in Not sich an die kirchlichen oder der Kirche zugeordneten Beratungsstellen wenden und die Kirche auf wirksame Weise in der Schwangerenberatung präsent bleibt.

3. Die Einbindung des »Beratungs- und Hilfeplans« in die gesetzliche Konfliktberatung wirft freilich ernste Fragen auf. Die Bescheinigung, die den Frauen am Ende der Beratung ausgestellt wird, hat gewiss eine zusätzliche Funktion erhalten; sie dokumentiert die Ausrichtung der kirchlichen Beratung auf das Leben und bildet eine Garantie für die Gewähr der zugesagten Hilfen. Entscheidend für die Wertung des Vorschlags ist die Frage, ob der am Ende stehende Text weiterhin die Verwendung des Scheins als Zugang zur Abtreibung gestattet. Wäre dies der Fall, so stünde er im Widerspruch zu meinem eingangs erwähnten Schreiben und zur gemeinsamen Erklärung des Ständigen Rates Eurer Bischofskonferenz vom 26. Januar 1998, meiner Bitte Folge zu leisten und in Zukunft nicht mehr einen »Schein solcher Art« ausstellen zu lassen.

Dass der Text, besonders in den Varianten 2 und 3, in dieser Hinsicht zumindest unklar bleibt, ist wohl auch der Grund, dass ihm die einmütige Zustimmung der Bischöfe versagt geblieben ist. Die Variante 1 des Vorschlags kommt Eurem und meinem Willen zu einem »anderen Schein« am nächsten. Damit die rechtliche und moralische Qualität dieses Dokuments unzweideutig wird, ersuche ich Euch, im Text selbst klarzustellen, dass der Schein, der die kirchliche Beratung bestätigt und Anrecht auf die zugesagten Hilfen gibt, nicht zur Durchführung straffreier Abtreibungen gemäß StGB § 218a (1) verwendet werden kann. Dies soll dadurch erfolgen, dass in der brieflichen Bescheinigung, die den Frauen im Rahmen des »Beratungs- und Hilfeplans« ausgehändigt wird, im Sinn der Variante 1 nur das Ziel der Beratung und Hilfe erwähnt und am Ende der Satz hinzugefügt wird: »Diese Bescheinigung kann nicht zur Durchführung straffreier Abtreibungen verwendet werden«.

Durch diesen notwendigen Zusatz werden die katholischen Beraterinnen und die Kirche, in deren Auftrag die Beraterinnen handeln, aus einer Situation befreit, die mit ihrer Grundauffassung in der Frage des Lebensschutzes und dem Ziel ihrer Beratung in Konflikt steht. Der unbedingte Einsatz für jedes ungeborene Leben, dem sich die Kirche von Anfang an verpflichtet weiß, lässt keine Zweideutigkeiten oder Kompromisse zu. Hier muss die Kirche in Wort und Tat immer und überall mit ein und derselben Sprache sprechen. Ich hoffe, dass diese Lösung auch hilft, die Einheit in Eurer Bischofskonferenz in dieser wichtigen Frage zurückzugewinnen und die entstandenen Spannungen in der katholischen Öffentlichkeit zu überwinden.

4. Liebe Mitbrüder! Ich weiß, dass Ihr alle seit Jahren das Lebensrecht der ungeborenen Kinder verteidigt und keine Mühe scheut, um den Frauen in

schwierigen Situationen im Geist des Evangeliums mit Rat und Tat zur Seite zu stehen. Ich danke Euch für dieses Bekenntnis zum Evangelium des Lebens. Ich möchte noch einmal unterstreichen, dass ich Euren guten Willen kenne und schätze und darauf vertraue, dass Ihr in der Öffentlichkeit die der kirchlichen Haltung zugrundeliegenden Werte weiterhin unerschrocken darlegen werdet. Zugleich bitte ich Euch, um der Würde des Lebens und der Klarheit des kirchlichen Zeugnisses willen meine Entscheidung in der Frage einmütig anzunehmen und innerhalb dieses Jahres in die Praxis umzusetzen. Dabei werdet Ihr Wege finden, den »Beratungs- und Hilfeplan« nicht nur jenen Frauen anzubieten, die sich aufgrund ihrer Situation ein Leben mit dem Kind kaum oder gar nicht vorstellen können, sondern auch den anderen schwangeren Frauen, die in Not sind und Hilfe brauchen.

Es drängt mich, bei dieser Gelegenheit den vielen Menschen in Eurem geschätzten Land zu danken, die in der einen oder anderen Weise dazu beitragen, das in Eurer Verfassung verankerte Recht auf Leben zur Geltung zu bringen. Einen besonders wertvollen Dienst leisten die Beraterinnen, die den schwangeren Frauen in Not beistehen und sich für das Leben der ungeborenen Kinder einsetzen. Ihnen und allen, die öffentlich oder im Verborgenen dem Leben dienen, sage ich meinen aufrichtigen Dank. Ich vertraue darauf, dass die katholischen Gläubigen – zusammen mit vielen anderen Christen und Menschen guten Willens – in Einheit mit den Bischöfen und mit mir als dem obersten Hirten der Kirche den Kampf um das Leben aller Menschen, der geborenen wie der ungeborenen, der alten wie der jungen, der kranken wie der gesunden, mutig fortsetzen und keine Mühe scheuen, »dass in unserer Zeit, die allzu viele Zeichen des Todes aufweist, endlich eine neue Kultur des Lebens als Frucht der Kultur der Wahrheit und der Liebe entstehen möge« (Evangelium vitae, Nr. 77).

Ich empfehle Euch und alle Gläubigen, die Eurer Hirtensorge anvertraut sind, Maria, der Mutter des Herrn, und erteile Euch von Herzen meinen Apostolischen Segen.

Aus dem Vatikan, am 3. Juni 1999,
dem Hochfest des Leibes und Blutes Christi.
Johannes Paul II.

(8) Kommentar zum Schreiben des Papstes vom 3. Juni 1999

Papst Johannes Paul II. hat in der schwierigen Frage der rechten Zuordnung der katholischen Schwangerschaftsberatungsstellen zur staatlich geregelten Beratung gemäß dem Schwangeren- und Familienhilfeänderungsgesetz vom 21. August 1995 zum drittenmal ein Schreiben an die deutschen Bischöfe gerichtet.

1. Dieses Schreiben vom 3. Juni 1999 ist im Zusammenhang mit den beiden vorausgehenden päpstlichen Interventionen zu lesen. Bereits in seinem Brief vom 21. September 1995 nahm der Papst zu der neuen gesetzlichen Abtreibungsregelung in Deutschland Stellung. Er verwies auf einige ernste Bedenken hinsichtlich der Einbindung der kirchlichen Beratungsstellen in den Vollzug straffreier Abtreibungen und ersuchte die Bischöfe, die kirchliche Beratungstätigkeit neu zu definieren. In den folgenden zwei Jahren wurde in einem intensiven Dialog zwischen dem Heiligen Stuhl und der Deutschen Bischofskonferenz gemeinsam nach einer Lösung in der heiklen Frage gesucht.

Mit Schreiben vom 11. Januar 1998 wandte sich der Heilige Vater wiederum an seine Mitbrüder in Deutschland. Er bat sie eindringlich, auf wirksame Weise in der Beratung der hilfesuchenden Frauen präsent zu bleiben, aber keine Bescheinigung mehr ausstellen zu lassen, die nach dem Gesetz die notwendige Voraussetzung für die straffreie Abtreibung darstellt. Mit der festen Absicht, dieser Bitte Folge zu leisten, setzte die Deutsche Bischofskonferenz eine Arbeitsgruppe ein, um Lösungen für deren praktische Umsetzung zu erarbeiten. Die Vorschläge der Arbeitsgruppe wurden am 22. und 23. Februar 1999 von der Vollversammlung der Bischöfe in Lingen eingehend erörtert. Im Anschluss daran leitete Bischof Karl Lehmann, der Vorsitzende der Deutschen Bischofskonferenz, den Bericht der Arbeitsgruppe sowie die Ergebnisse der bischöflichen Beratungen an den Papst weiter. In dem Schreiben vom 3. Juni 1999 legt der oberste Hirte der Kirche nun seine Entscheidung vor, nachdem er die verschiedenen Gesichtspunkte der Frage noch einmal in Studium und Gebet vor dem Herrn sorgfältig erwogen hat.

2. Wie allgemein bekannt ist, gelangte die Deutsche Bischofskonferenz in der Angelegenheit zu keiner einmütigen Auffassung. Die Mehrheit der Bischöfe sprach sich für einen neuen »Beratungs- und Hilfeplan« aus, der Beratung und verbindliche Zusagen über Unterstützungen, Hilfen und Vermittlungen integriert und mit einer Neuformulierung der Beratungsbescheinigung verbindet. Eine nicht geringe Anzahl von Bischöfen war jedoch der Meinung, dass dieser Vorschlag der päpstlichen Bitte nicht voll entspreche, und optierte deshalb für eine Beratung, die auf die Ausstellung einer Bescheinigung im Sinne des Gesetzes verzichtet.

In seinem Schreiben geht Johannes Paul II. auf die wesentlichen Anliegen beider Auffassungen innerhalb der Deutschen Bischofskonferenz ein und legt eine Entscheidung vor, die – in Übereinstimmung mit den beiden vorhergehenden Interventionen – eine vermittelnde Synthese darstellt. Es ist offensichtlich, dass dem Heiligen Vater die Einheit in der Wahrheit und in der Liebe auch in dieser Frage sehr am Herzen liegt. Seine Sendung als Nachfolger Petri besteht ja wesentlich darin, sichtbares Prinzip und Fundament der Einheit in der katholischen Kirche zu sein.

Ausdrücklich dankt der Papst den deutschen Bischöfen, dass sie mehrmals auf die Bedeutung der Einheit untereinander und mit dem Heiligen Stuhl hingewiesen haben, um eine glaubwürdige Lösung zu finden und die vorhandenen Polarisierungen unter den Gläubigen zu überwinden. Er bekundet auch seine Hoffnung, dass die von ihm vorgelegte Entscheidung hilft, die Einheit in der Bischofskonferenz in dieser wichtigen Frage zurückzugewinnen und die entstandenen Spannungen in der katholischen Öffentlichkeit zu überwinden. Wie schon früher bringt er unmissverständlich seine Wertschätzung dafür zum Ausdruck, dass die deutschen Bischöfe seit Jahren das Lebensrecht der ungeborenen Kinder verteidigen und keine Mühe scheuen, um den Frauen in schwierigen Situationen im Geist des Evangeliums mit Rat und Tat zur Seite zu stehen.

3. Die von Johannes Paul II. vorgelegte Entscheidung geht von der weitgehenden Anerkennung des »Beratungs- und Hilfeplans« aus. Dieser Plan, der die auf das Leben orientierte Beratung mit einer Reihe von Hilfsangeboten verbindet, macht das Ziel der kirchlichen Beratungstätigkeit noch klarer verständlich als bisher; es geht um die tatkräftige Unterstützung der Frauen in Konfliktsituationen und um die unbedingte Verteidigung des Lebensrechtes der ungeborenen Kinder.

Die Bescheinigung, die den Frauen gemäß dem »Beratungs- und Hilfeplan« ausgestellt wird, ist jedoch weiterhin mit einer ernsten Zweideutigkeit behaftet. Sie dokumentiert zwar die Ausrichtung der kirchlichen Beratung auf das Leben und bildet eine Garantie für die Gewähr der zugesagten Hilfen. Zugleich kann sie aber auch verwendet werden, um gemäß StGB § 218a (1) eine straffreie Abtreibung durchführen zu lassen. Der Papst führt an, dass wohl aus diesem Grund dem »Beratungs- und Hilfeplan« die einmütige Zustimmung der Bischöfe versagt blieb.

Damit die Verwendung des Scheins als Zugang zur Abtreibung nicht möglich ist, ordnet der Heilige Vater an, in Zukunft die erste von der Arbeitsgruppe vorgeschlagene Textvariante zu gebrauchen, in der nur das Ziel der kirchlichen Beratung und Hilfe erwähnt ist und nicht explizit auf die gesetzlichen Regelungen verwiesen wird, und den Vermerk anzufügen: »Diese Bescheinigung kann nicht zur Durchführung straffreier Abtreibungen verwendet werden«. Infolge dieses Zusatzes handelt es sich dann wirklich um einen Schein anderer Art, dessen Funktion allein darin besteht, die kirchliche Beratung zu bestätigen und ein Anrecht auf die zugesagten Hilfen zu geben.

Diese Klärung trägt dazu bei, die katholische Kirche aus einer Situation zu befreien, welche die Klarheit und Entschiedenheit ihres Zeugnisses für die Unantastbarkeit jedes menschlichen Lebens verdunkelt. Der Papst verweist darauf, dass die Kirche immer am unbedingten Einsatz für jedes ungeborene Leben festhalten und in dieser wichtigen Frage überall in Wort und Tat mit ein und derselben Sprache – ohne Zweideutigkeiten und Kompromisse – sprechen muss.

4. Johannes Paul II. ersucht die deutschen Bischöfe, seine Entscheidung einmütig anzunehmen und innerhalb dieses Jahres in die Praxis umzusetzen. Dies wird zur Folge haben, dass die Kirche eine Konfliktberatung eigener Art anbietet und in einem konkreten Punkt vom Weg des Gesetzgebers abweicht. Nicht der Schein, der zur Abtreibung verwendet werden kann, sondern die vielfältigen Beratungs- und Hilfsangebote sollen die Frauen, die sich ein Leben mit dem Kind kaum oder gar nicht vorstellen können, in die kirchlichen oder der Kirche zugeordneten Beratungsstellen führen. Die Qualität des »Beratungs- und Hilfeplans« soll die wirksame Präsenz der Kirche in der Schwangerenkonfliktberatung garantieren. Darüber hinaus vertraut der Papst darauf, dass die Bischöfe den »Beratungs- und Hilfeplan« auch allen anderen Frauen anbieten werden, die aufgrund ihrer schwierigen Situation Hilfe brauchen.

Abschließend dankt der Heilige Vater den Beraterinnen und all jenen, die sich öffentlich oder im Verborgenen für das ungeborene Leben einsetzen. Er bekundet sein Vertrauen, dass die katholischen Gläubigen in Einheit mit den Bischöfen und dem Papst sowie in Zusammenarbeit mit vielen anderen Christen und Menschen guten Willens weiterhin mutig dem Leben dienen. Aus dem Schreiben geht klar hervor, dass in der Frage jede Polemik fehl am Platz ist und es ausschließlich darum geht, sich in Liebe und Wahrheit für Mutter und Kind einzusetzen. Die einzigen Gewinner sollen die Frauen in Not und die ungeborenen Kinder sein.

(9) Fax des Vorsitzenden der Deutschen Bischofskonferenz an den Apostolischen Nuntius vom 12. Juni 1999

Verehrter, lieber Herr Apostolischer Nuntius!

Ich versprach Ihnen eine erste Reaktion auf den Brief des Heiligen Vaters. Auch wenn ich den Brief nun schon drei Tage habe, so handelt es sich immer noch um eine erste, freilich intensiv reflektierte Reaktion, die noch nicht eine amtliche Antwort der Deutschen Bischofskonferenz darstellt, aber auch nicht nur privater Natur ist.

Ich möchte folgendes feststellen:

- Der Brief enthält keine unmittelbare Aufforderung das staatlich geregelte Beratungssystem zu verlassen.
- Er billigt zwar nicht den Beratungs- und Hilfeplan, aber er toleriert grundsätzlich die Ausrichtung und damit wohl auch den Ansatz.
- Der Brief anerkennt die Bemühungen der Deutschen Bischofskonferenz sowie der Beraterinnen um den Lebensschutz und hebt auch die ernsthafte Bemühung um ein neues Verständnis hervor, das wir seit dem Schreiben des Heiligen Vaters vom 11.1.98 gesucht haben.
- Das Schreiben hebt auf die innere Einheit der päpstlichen Äußerungen zur Sache ab. Man kann aber nicht erkennen, dass der Brief – unbeschadet einiger positiver Urteilsmomente – die ganzen Bemühungen der Deutschen Bischofskonferenz ausreichend würdigt. Das eigene Vorverständnis unserer Situation ließ sich durch unsere Arbeit in keiner Weise kaum ernsthaft anfragen und hat sich nicht verändert. Insbesondere haben die vielen Versuche vor allem im Bericht der Arbeitsgruppe – das Beratungskonzept, die Funktion des »Scheins« in ihm und den Sinn der damit zusammenhängenden »Straflosigkeit« der Frau im Falle der Abtreibung tiefer zu verstehen und vor Missverständnissen zu schützen, so gut wie keinen Erfolg gehabt. »Entscheidend für die Wertung des Vorschlags ist die Frage, ob der am Ende stehende Text weiterhin die Verwendung des Scheins als Zugang zur Abtreibung gestattet« (Nr. 3). Dieser Satz belegt das soeben Gesagte. Unter dieser Voraussetzung ist es nicht überraschend, dass auch das neue Konzept – selbst wenn ihm eine gewisse Anerkennung zukommt – letztlich abgelehnt wird (vgl. Nr. 3). Schlüssig ist dies aber nur, wenn man das bisher gültige Vorverständnis unverändert beibehält.
- Die eigentliche Forderung des Schreibens liegt darin, dass auch ein »Schein« in der neuen Konzeption (Variante 1) nach der Maßgabe des Briefes »nicht zur Durchführung straffreier Abtreibungen gemäß StGB § 218 (1) verwendet werden kann«. Die Variante 1 soll entsprechend verändert werden: Wenn dieser Zusatz wörtlich befolgt werden muss, ist dies nach meiner derzeitigen Einsicht nur möglich durch einen formellen Ausstieg aus dem staatlich ge-

regelten Beratungsgefüge. Wir können nicht mit einem völlig anderen, rein kirchlichen »Schein« die Gesamtanlage des staatlichen Beratungskonzeptes radikal verändern, jedenfalls ohne Gesetzesänderung, die in diesem Ausmaß zum Teil völlig unerreichbar ist.

- Der Vorschlag ist hier zutiefst doppeldeutig: Entweder er verlangt von uns als einzig klare logische Konsequenz des Briefes einen eindeutigen Ausstieg oder aber er will durch die Ausstellung eines rein kirchlichen Scheins das Ende der Beteiligung an der gesetzlichen Konfliktberatung. Es kann dann bestenfalls eine allgemeine Schwangerenberatung nach Paragraph 2 des Schwangerschaftskonfliktgesetzes stattfinden.
- Dies ist keine Lösung. Dieser Weg treibt uns in einen Widerspruch und in einen letztlich nicht auflösbaren Konflikt hinein. Alle guten Worte dürfen darüber nicht hinwegtäuschen.

Ich weiß noch nicht, wie die Deutsche Bischofskonferenz aus dieser Situation einigermaßen heil herauskommen kann. Wir können jedenfalls der Bundesregierung und den Länderregierungen dies nicht als einen Weg anbieten, dem die staatliche Autorität zustimmen würde. Es gibt hier nur die Alternative eines Ausstiegs oder der Veränderung des im Brief vorgeschriebenen Satzes in die Aussage: »Diese Bescheinigung (statt: kann) soll (ergänzt:) *nach der Lehre der Kirche* nicht zur Durchführung straffreier Abtreibungen verwendet werden.« Wenn eine solche Modifizierung überhaupt nicht in Frage kommt, sehe ich keinen Ausweg.

Zum *Kommentar* ist zunächst dasselbe zu sagen. Es sind viele Wiederholungen. Im einzelnen folgendes:

- Der Kommentar erweckt den Eindruck, als ob die »nicht geringe Anzahl von Bischöfen«, die nicht für den Beratungs- und Hilfeplan gestimmt haben, eine erhebliche Gruppe gewesen sei. Wenn wir nach den wirklichen Abstimmungsergebnissen gefragt werden, könnte es hier peinlich werden. Wir haben auch nie versprochen, die Zahlen überhaupt nicht zu veröffentlichen, sondern nur, sie zunächst dem Heiligen Vater zu reservieren. Die Minderheit ist im übrigen gar nicht so eindeutig, wie vorgegeben wird. Es ist auch nicht förderlich, wenn der Kommentar mehrfach spekuliert, warum wohl die einmütige Zustimmung der Bischöfe nicht erfolgt ist. Es scheint mir auch eine ungerechtfertigte Erwartung zu sein, es müsste hier unter allen Umständen eine Einmütigkeit geben. Wir haben lange nach ihr gesucht.
- Ob wir mit rein kirchlichen Mitteln finanzieller Art den Beratungs- und Hilfeplan im Sinne eines Anrechtes auf zugesagte Hilfen je finanzieren können, ist mir sehr ungewiss. Ähnliches gilt für die gut gemeinte Forderung, die Hilfe allen schwangeren Frauen, die in Not sind und Hilfe brauchen, anzubieten (vgl. Schreiben des Papstes Nr. 4). Die eigenen Finanzmittel würden ohne jede staatliche Hilfe dafür wohl nicht reichen. Im übrigen ist jede Hilfe

gut, aber ein »kirchliches Sozialamt«, das ergänzend zum Staat hinzukommt, ersetzt ganz und gar nicht das, was Konfliktberatung heißt und was nicht einfach mit finanziellen Hilfen gleichgesetzt werden darf.

- Das Lob, das uns immer wieder zuteil wird, wird in geradezu peinlicher Weise immer wieder zurückgezogen.
- Alle unsere Überlegungen zur Forderung nach »Klarheit und Entschiedenheit des Zeugnisses für die Unantastbarkeit jedes menschlichen Lebens« und für die Verdunkelungsgefahr werden überhaupt nicht beachtet. Es findet sich nicht die geringste Spur.
- Die Aussage, »dass die Kirche eine Konfliktberatung eigener Art anbietet«, vernebelt den Begriff Konfliktberatung, der im Sinne des Gesetzes festgelegt ist. Die Kirche weicht auch bei dem neuen Vorschlag nicht nur »in einem konkreten Punkt vom Weg des Gesetzgebers ab«, sondern er geht absolut andere Wege außerhalb der staatlichen Gesetzgebung.
- Die Aussage, dass in dieser Frage »jede Polemik fehl am Platz ist«, sollte nicht am Tag der Veröffentlichung formuliert werden, bevor die Öffentlichkeit überhaupt Kenntnis nehmen konnte. Dies kann eventuell ein paar Tage später gesagt werden. Der Diskussion und Auseinandersetzung kann man auf keinen Fall entgehen. Dies gilt auch für den Fall, dass man die »Entscheidung« des Heiligen Vaters respektiert.

Vor diesem Hintergrund kann ich nur nochmals bedauern, dass uns die öfter erbetene Konsultation vor einer endgültigen Entscheidung versagt geblieben ist. Ich beklage dies sehr, zumal auch angesichts des Verlaufs der Audienz beim Heiligen Vater am 20.05.1999. Ich erspare mir nähere Ausführungen, da ich mich hier schon in den Briefen vom 22. Mai 99 und vom 8. Juni 99 an den Kardinalstaatssekretär geäußert habe.

Sehr verehrter Herr Nuntius, ich habe oft vor einer solchen Krise gewarnt. Nun wird sie kommen, innerhalb und außerhalb der Bischofskonferenz. Ich bin zutiefst beunruhigt über die entstandene Lage und weiß (noch) nicht, wie sie ohne Schaden nach innen und außen bewältigt werden kann. Für die Folgen nehme ich aber keine Verantwortung auf mich. Ich habe eine sehr gute Dokumentation über alles, was versucht worden ist.

Verehrter, lieber Herr Nuntius, dies ist auch nach reiflicher Überlegung eine erste Reaktion. Gebe Gott, dass anderen und mir im Lauf der nächsten zehn Tage noch mehr einfällt. Ich werde am Wochenanfang den Bischöfen die Texte schicken. Eine Pressekonferenz könnte erst am Mittwoch, 23. Juni sein, also einen Tag nach den Würzburger Sitzungen.

Vielleicht können Sie uns weiterhelfen, nachdem ich meine Sicht dargetan habe. Einstweilen bin ich mit brüderlichen Grüßen und der Bitte um Ihr Gebet in dieser schwierigen Stunde

Ihr Karl Lehmann, Bischof von Mainz

(10) Brief des Apostolischen Nuntius an den Vorsitzenden der Deutschen Bischofskonferenz vom 16. Juni 1999

Exzellenz, lieber Herr Bischof!

Für Ihr Fax vom 12. dieses Monats, in dem Sie mir »eine erste Reaktion auf den Brief des Heiligen Vaters betreffs der katholischen Schwangerschaftskonfliktberatungsstellen« mitteilen, danke ich Ihnen sehr. Seien Sie versichert, dass ich Ihre ernste Sorge sehr aufmerksam zur Kenntnis genommen habe. Ich vereine sie mit meiner eigenen Sorge und trage alles im Gebet dem Herrn vor.

Wie aus seinem Brief vom 3. Juni hervorgeht, hat der Heilige Vater den Einsatz der deutschen Bischöfe zu Gunsten des ungeborenen Lebens gewürdigt, sowie auch ihr engagiertes Bemühen, jede Zweideutigkeit der Bescheinigung über die erfolgte Schwangerschaftskonfliktberatung zu beseitigen. Der Heilige Vater ist aber nach gründlicher Überlegung zur festen Überzeugung gelangt, dass jede Zweideutigkeit nur durch die Hinzufügung des folgenden Satzes zu der ersten von den deutschen Bischöfen vorgezogenen Variante der Bescheinigung des Beratungs- und Hilfeplanes behoben werden kann: »Diese Bescheinigung kann nicht zur Durchführung einer straffreien Abtreibung verwendet werden.« Mit dieser Entscheidung des Heiligen Vaters ist es den Bischöfen überlassen zu überprüfen, ob es noch möglich ist, dass die katholischen Schwangerschaftskonfliktberatungsstellen im staatlichen System, so wie es im Schwangeren- und Familienhilfeänderungsgesetz (Paragraph 5 ff.) vom 21. August 1995 vorgesehen ist, verbleiben. Der Heilige Stuhl würde sich einem Verbleib unter der Bedingung nicht widersetzen, dass die Beratungsbescheinigung die oben angegebene Klausel enthält.

Sollte das aber nicht der Fall sein, wäre noch die Möglichkeit der Beratung nach Paragraph 2 des genannten Gesetzes gegeben, die selbstverständlich bei den katholischen Beratungsstellen nach den Normen der katholischen Morallehre zu führen wäre – oder das gänzliche Aussteigen aus dem staatlichen Beratungssystem. Wie aus dem Brief des Heiligen Vaters hervorgeht, erwartet er, dass die deutschen Bischöfe in dieser wichtigen Frage Einmütigkeit mit ihm und untereinander zeigen, geht es doch um ein Zeugnis vor der Welt, das eindeutig sein und nicht verdunkelt erscheinen soll.

Wenn die deutschen Bischöfe in ihrer eigenen Verantwortung als Hirten der Kirche durch eine klare und feste gemeinsame Stellungnahme entschieden die Führung in die Hand zu nehmen wissen, werden die wohl zu erwartenden Schwierigkeiten seitens Außenstehender wie auch seitens einiger kirchlicher Stellen leichter zu meistern sein. Ich hege die Zuversicht, dass es so sein wird. Ich weiß jedenfalls, dass Sie sich sehr in diesem Sinne einsetzen werden.

Ich stehe Ihnen immer gern zur Verfügung und bin mit brüderlichen Grüßen Ihr im Herrn

Giovanni Lajolo, Apostolischer Nuntius

(11) Erklärung des Ständigen Rates der Deutschen Bischofskonferenz vom 22. Juni 1999

1. In seinem Schreiben vom 3. Juni 1999 hat der Hl. Vater das intensive Bemühen der katholischen Kirche in Deutschland zum Schutz der ungeborenen Kinder anerkannt.

Die von Johannes Paul II. vorgelegte Entscheidung geht von der weitgehenden Anerkennung des neu entwickelten und von der Deutschen Bischofskonferenz beabsichtigten »Beratungs- und Hilfeplans« aus. Dieser Plan, der die auf das Leben orientierte Beratung mit einer Reihe von Hilfsangeboten verbindet, macht das Ziel der kirchlichen Beratungstätigkeit noch klarer verständlich als bisher; es geht um die tatkräftige Unterstützung der Frauen in Konfliktsituationen und um die unbedingte Verteidigung des Lebensrechtes der ungeborenen Kinder.

Damit die rechtliche und moralische Qualität dieses Dokumentes unzweideutig wird, soll in der brieflichen Bescheinigung, die den Frauen im Rahmen des Beratungs- und Hilfeplans auf Wunsch ausgehändigt wird, nur das Ziel der Beratung und Hilfe erwähnt und am Ende der Satz hinzugefügt werden: »Diese Bescheinigung kann nicht zur Durchführung straffreier Abtreibungen verwendet werden.«

2. Wir folgen diesem Ersuchen des Papstes, indem wir in der Schwangerenkonfliktberatung bleiben und den klärenden Zusatz in das Dokument aufnehmen. Schon bisher heißt es in dem vorgesehenen Beratungs- und Hilfeplan: »Die Aushändigung dieses Beratungs- und Hilfeplans bedeutet keinerlei Akzeptanz eines Schwangerschaftsabbruchs.« Diese schon bisher zum Ausdruck gebrachte Intention wird durch den Zusatz nochmals verdeutlicht. »Diese Bescheinigung kann nicht zur Durchführung straffreier Abtreibungen verwendet werden«.

3. Die Kirche weiß sich dem unbedingten Einsatz für jedes ungeborene Kind verpflichtet. Dieser Einsatz lässt keine Zweideutigkeiten oder Kompromisse zu. Die Schwangerenkonfliktberatung bietet eine Möglichkeit, diesen Einsatz für das Leben zu verwirklichen. Der genannte Zusatz stellt die Beratung eindeutiger in diese Perspektive für das Leben hinein.

Damit nimmt die Kirche in Deutschland zugleich ihre vom Staat unabhängige Kompetenz zur Entscheidung ihrer eigenen Angelegenheiten in Anspruch. Das Grundgesetz (vgl. Art. 140 in Verbindung mit Art. 137 Abs. 3 WRV) garantiert der Kirche die selbständige Verwaltung ihrer Angelegenheiten innerhalb der Schranken des für alle geltenden Gesetzes. Dieser Freiraum umfasst auch den gesamten Bereich der kirchlichen Caritas und damit die Beratung schwangerer Frauen.

4. Ziel der staatlichen Pflichtberatung ist es nach dem Urteil des Bundesverfassungsgerichtes vom 28. Mai 1993 (BVerfGE 88, 203), das Leben des ungeborenen Kindes zu schützen sowie im Sinne des Lebens zu beraten und ent-

sprechende Hilfen anzubieten. Das Grundgesetz verpflichtet den Staat, menschliches Leben, auch das ungeborene, zu schützen. Die Rechtsordnung muss die rechtlichen Voraussetzungen seiner Entfaltung im Sinne eines eigenen Lebensrechts des Ungeborenen gewährleisten. Damit berühren sich die Rechtskreise des kirchlichen und des staatlichen Rechtes an diesem Punkt in ihrer Zielsetzung.

5. Angesichts der Unabhängigkeit der kirchlichen Entscheidungskompetenz, ihre eigenen Angelegenheiten zu regeln, wie sie das Grundgesetz vorsieht, und angesichts der Tatsache, dass sowohl die kirchliche als auch die staatliche Ordnung in dieser Frage das gleiche Ziel haben, nämlich das Leben des Kindes zu schützen, gehen wir davon aus, dass die kirchlichen Beratungsstellen im Rahmen des Schwangeren- und Familienhilfeänderungsgesetzes (§ 5 ff.) vom 21. August 1995 als anerkannte Beratungsstellen ihre eigene Aufgabe erfüllen und ihre Tätigkeit weiter ausüben.

Würzburg, den 22. Juni 1999

(12) Statement des Vorsitzenden der Deutschen Bischofskonferenz vom 23. Juni 1999

Der Brief von Papst Johannes Paul II. vom 3. Juni 1999 bedeutet das vorläufige Ende eines längeren gemeinsamen Suchens der Deutschen Bischofskonferenz und des Apostolischen Stuhls. Das Ringen ist ein Ausdruck dafür, dass wir nicht ruhen, die Frage nach einem wirksameren Lebensschutz für das ungeborene Kind und der Hilfe für die schwangere Mutter immer wieder neu auf die Tagesordnung zu setzen. Dies sind keine engstirnigen Kirchenprobleme, sondern es ist der auch in mehreren Verfassungsgerichtsurteilen festgestellte Auftrag zur Verringerung der Abtreibungszahlen und zur Rettung ungeborener Kinder, zur Zeit jährlich circa 5000. Wer diese Kinder preisgibt, muss sich dem Vorwurf der unterlassenen Hilfeleistung stellen.

Wie immer man auch die einzelnen Schritte des Papstes beurteilt, so besteht kein Zweifel, dass Papst Johannes Paul II. mit größtem Nachdruck von der Kirche ein Höchstmaß an Entschiedenheit und Klarheit in ihrem Eintreten für das Lebensrecht des ungeborenen Kindes verlangt. Der Mann, der vor fast 80 Jahren in der Nähe der Konzentrationslager Auschwitz und Birkenau geboren und aufgewachsen ist, bezeugt von Jugend auf eine hohe ethische Sensibilität für den Anfang der Gefährdung menschlichen Lebens, der dann verschiedene Auswüchse allmählich entspringen.

In diesen Tagen seit der indiskreten Vorveröffentlichung des Papstbriefes und voreiliger Szenarien haben sich viele bemüßigt gefühlt, sich ohne jede Kenntnis des Briefes zu äußern. Ich bitte herzlich darum, oft geäußerte Vor-Urteile nun auch mit dem wirklichen Inhalt zu konfrontieren. Die Dinge sehen dann anders aus, auch wenn Fragen und Probleme bleiben.

Der Papst hat mit keiner Silbe die deutschen Bischöfe zum »Ausstieg« aus der gesetzlichen Schwangerschaftskonfliktberatung aufgefordert. Es kann weit und breit keine Rede davon sein, dass nun keine Scheine mehr ausgestellt werden dürfen. Wenn der Papst dies erwarten würde, hätte er uns dies auch in aller Klarheit mitgeteilt.

Wir sind von vielen Seiten immer wieder zur Revolte gegen den Papst aufgefordert worden, dem wir uns nicht beugen dürften. Dies ist schon deshalb keine Lösung, weil wir dem Papst bei der Frühjahrsvollversammlung 1998 versprochen haben, intensiv seinen Bedenken nachzugehen, und weil wir bei der Frühjahrsvollversammlung 1999 unsere intensiven Ausarbeitungen bewusst dem Papst zur Beurteilung übermittelt haben und in diesem Sinne nur vorläufige Beschlüsse gefasst haben. Wir konnten in den vergangenen Jahren frank und frei unsere Erfahrungen und Meinungen vor dem Papst selbst zum Ausdruck bringen. Ein katholischer Bischof darf und muss auch dem Papst gegenüber seine in der Erfahrung gewonnenen und durch eine Gewissensprüfung gefestigten Einsichten darlegen – und dies auch durchaus beharrlich –, aber es kann keine grundsätzlich illoyale Konfliktstrategie geben. Wir haben mehr miteinander gerungen, als den allermeisten bekannt und bewusst ist.

Dabei gibt es gewiss einige Vorkommnisse, die wir uns künftig besser wünschen: Ich finde es enttäuschend, dass das vor der Entscheidung immer wieder nicht nur von mir persönlich, sondern auch von den anderen Organen der Deutschen Bischofskonferenz erbetene Sachgespräch nicht zustande kam – wie immer man dies erklären muss. So können wir auch nicht erkennen, wie intensiv man sich mit den Ergebnissen der im Frühjahr 1998 eingesetzten Arbeitsgruppe auseinandergesetzt hat, die von der Deutschen Bischofskonferenz übernommen wurden. Dies betrifft vor allem die Grundlagenfragen nach dem Beratungskonzept und dem Sinn der Aufhebung der Strafandrohung für die Frau. Wir sind näher beisammen, als der Eindruck nahe legt, der durch diese Irritation entstehen konnte.

Diese Fragen dürfen aber nicht die grundlegende Gemeinsamkeit verdunkeln, die auch von der Sache her jede Frontstellung verbietet: Wir suchen mit dem Oberhaupt der Kirche nach den besten Wegen, um die Zahl der Abtreibungen zu verringern. Wir sind mit ihm entsetzt, dass es trotz vieler Bemühungen in unserem Land so viele Tötungen von ungeborenen Kindern gibt, deren Recht auf Leben und Leben selbst total zerstört werden. Wir werden mit dem Papst zusammen nicht aufhören, diese Schande anzuprangern, vor allem aber unseren Beitrag zur Hilfe für die ungewollt schwangeren Frauen zu leisten, die sehr oft von ihrer Umgebung unter einen unmenschlichen Druck gesetzt werden.

Unter dieser Voraussetzung hat der Papst uns aufgefordert, mit unseren eigenen Kräften nach einer noch besseren Lösung zu suchen. Es darf nicht übersehen werden, dass er unseren neu geschaffenen und ausgearbeiteten Beratungs- und Hilfeplan grundsätzlich und weitgehend bejaht hat. Dies war das Hauptziel der eindeutigen Mehrheit der Deutschen Bischofskonferenz bei unseren Beschlüssen in diesem Frühjahr in Lingen. Dies ist ein nicht zu verkennender Erfolg, der bisher zu wenig gewürdigt worden ist. Der Papst sagt deutlich, dass dies gegenüber der bisherigen Praxis ein besserer Vorschlag ist, und anerkennt klar die Vorzüge. Es ist sein Recht und seine Pflicht, auf weiterhin bestehende Mängel und Grenzen hinzuweisen, die wir übrigens selbst in den Gesprächen und Verlautbarungen immer wieder eingeräumt haben. Der Papst selbst hat die Variante I dieses neuen Modells, der nicht wenige Bischöfe zuneigten, als angemessenste Lösung gewählt. Die Bischöfe waren mit ihrer Meinungsbildung über diese konkrete Auswahl zwischen den drei verschiedenen Varianten des Hilfeplans freilich noch nicht am Ende. In Lingen ging es vorwiegend um die Grundsatzentscheidung zu einem solchen Plan im Sinne eines neuen Angebotes für eine gemeinsame Lösung.

Der verlangte Zusatz »Diese Bescheinigung kann nicht zur Durchführung straffreier Abtreibungen verwendet werden« hat uns weniger in der Sache gestört. Wir selbst hatten ja schon formuliert: »Die Aushändigung dieses Beratungs- und Hilfeplans bedeutet keinerlei Akzeptanz eines Schwangerschaftsabbruchs.« Der Papst wollte noch fordernder und noch deutlicher sprechen. Durch den Zusatz »Diese Bescheinigung kann nicht zur Durchführung straffreier Abtreibungen verwendet werden« wird die Dringlichkeit eines Einsatzes für das Leben auch sprachlich bis zum äußersten gesteigert. Der Weg unserer bisherigen Äußerungen bis zu dieser Aussage ist nicht so weit, wie man vielleicht annehmen möchte. Darum konnten wir dem Zusatz zustimmen.

Vor allem muss nun deutlich gesehen werden, dass wir auch mit diesem Zusatz in der gesetzlichen Schwangerenkonfliktberatung bleiben wollen und bleiben können. Der Apostolische Stuhl teilt diese Einschätzung. Der Verbleib und die größtmögliche Eindeutigkeit im Einsatz zugunsten des ungeborenen Lebens war ja das Hauptziel, das eine große Mehrheit der Bischöfe über Jahre hinweg immer wieder angestrebt hatte. Dieses Ziel haben wir erreicht.

Mit der sehr hohen Einmütigkeit, mit der wir unsere »Erklärung« beschlossen haben, haben wir auch weitgehend die Bitte des Heiligen Vaters realisiert, die Einheit in der Bischofskonferenz wieder zu stärken, die für uns selbst freilich nie so fundamental gefährdet war, wie es von außen erscheinen konnte. Daraus erklärt sich auch die sehr sachliche und objektive Atmosphäre unserer Beratungen in Würzburg-Himmelspforten.

Wir sind uns bewusst, dass der Zusatz »Diese Bescheinigung kann nicht zur Durchführung straffreier Abtreibungen verwendet werden« Unbehagen, ja auch Unverständnis verursachen kann. In der Beratungssituation kann er in einzelnen Fällen Probleme hervorrufen, die eigens bewältigt werden müssen.

Für den staatlichen Rechtsbereich bedeutet der Zusatz nicht, dass eine solche Bescheinigung das Schwangerschaftskonfliktgesetz einfach unterläuft, gar »aushebelt« oder einzelne Bestimmungen in einem rechtlichen Sinne außer Kraft zu setzen versucht. Wir wollen mit aller Klarheit feststellen, dass es eine moralische Unmöglichkeit ist, den zum Lebenserhalt bestimmten Beratungsnachweis zugleich im Zusammenhang einer Abtreibung zu benutzen. Die Kirche ist der Überzeugung, dass sie eine solche letzte, ethisch orientierte Zuspitzung im Sinne einer wirksamen Aufforderung vornehmen darf und muss.

Das Schwangerschaftskonfliktgesetz erklärt in § 3: »Die Ratsuchenden sollen zwischen Beratungsstellen unterschiedlicher weltanschaulicher Ausrichtung auswählen können.« Gerade inmitten der weltanschaulichen Pluralität muss die Kirche ihre Grundüberzeugungen in Wort und Tat mit einem klaren Profil bezeugen. Dieser Einsatz für den Lebensschutz deckt sich mindestens im Zielbereich mit dem Auftrag, den auch der Staat von der Verfassung her hat. Außerdem entspricht es der Stellung der Kirche in unserem Land, das ihr verfassungsmäßig eingeräumte Selbstbestimmungsrecht innerhalb der Schranken des für alle geltenden Gesetzes wahrzunehmen. Dieser Handlungsspielraum umfasst auch den ganzen Bereich der kirchlichen Caritas, einschließlich der

Fachverbände, und damit auch die Beratung schwangerer Frauen. Hier müssen sich Staat und Kirche in ihrer jeweiligen Zuständigkeit und Eigenständigkeit respektieren. Dies gilt auch für besonders zugespitzte Formulierungen, die im Grunde jedoch nur das bisher schon Gesagte bestätigen. Dies muss zumal möglich sein in einer Zeit, in der das gesellschaftliche Bewusstsein hinsichtlich des notwendigen Lebensschutzes zunehmend geschwächt ist (vgl. z.B. Abtreibungsstatistik, Verfassungsgerichtsurteile, Spätabtreibungen, RU 486).

Wir bitten die staatlichen Instanzen um ihr Verständnis. Kann jemand dem kirchlichen Beratungswesen und den katholischen Beratungsstellen die Anerkennung im Rahmen der gesetzlichen Schwangerschaftskonfliktberatung verwehren, obschon der kirchliche Beratungsnachweis alle gesetzlich vorgeschriebenen Merkmale aufweist? Es wäre ein Widerspruch, wollte man sich ausgerechnet von einem Beratungsträger, der wie die Katholische Kirche das grundgesetzlich verankerte fundamentale Verbot der Abtreibung («Rechtswidrigkeit«) unzweideutig bezeugt, durch Missachtung seiner hoch anerkannten Beratungsstellen distanzieren.

Der Gesetzgeber muss auch selbst seine Verantwortung dahingehend überdenken, dass er nämlich das Beratungskonzept als Erfüllung seiner Schutzaufgabe versteht und dass dieses Konzept doch zugleich auch die Tür zur Abtreibung öffnet. Das Verfassungsgerichtsurteil vom 28. Mai 1993 und das Schwangerschaftskonfliktberatungsgesetz vom 21. August 1995 verlangen vom Staat ohnehin die ständige Überprüfung, ob auf diesem Weg die Aufgabe erfüllt werden kann, die Abtreibungszahlen zu senken.

Im äußersten Fall werden die Bischöfe bei einer ihrer Meinung nach nicht gesetzeskonformen Benachteiligung der katholischen Beratungsstellen überlegen, ob sie dann nicht den Rechtsweg beschreiten müssen.

Wie soll es weitergehen?

- Wir werden nach einigen rechtlichen, administrativen und finanziellen Überprüfungen möglichst bald den neuen Beratungsnachweis mit aufgezeigten Hilfszusagen einführen, voraussichtlich zum 1. Oktober 1999. Der Papst erwartet eine praktische Umsetzung auf jeden Fall bis zum Ende des Jahres.
- Wir bitten darum, die Auseinandersetzung über den Papstbrief und die Erklärung der Deutschen Bischofskonferenz mit dem Blick auf gemeinsame Ziele zu führen, d.h. die Förderung der Lebenschancen für die ungeborenen Kinder und ein erhöhtes Angebot an Hilfen für die schwangeren Frauen.
- Wir werden mit den verantwortlichen staatlichen Instanzen Kontakte aufnehmen und den neuen Beratungs- und Hilfeplan besprechen.
- Die Kirche wird immer eine beständige Sensibilität bewahren nicht nur in der Frage des Lebensschutzes, sondern auch in der Frage, ob der jeweils gewählte Weg und die Mittel dafür optimal geeignet sind.
- Wir wollen alle diese Fragen schon in diesen Tagen vor allem auch mit den Beraterinnen und den Trägern der Beratungsstellen besprechen.

Unsere Frage ist nicht das Problem einer angeblich rückständigen Kirche. Wir haben den Mut, uns mit dem unzureichenden Schutz für das Leben der ungeborenen Kinder nicht abzufinden. Wenn dies »typisch katholisch« erscheint, betrachten wir dies eher als eine Auszeichnung. Wir wissen, dass zwar viele mit uns wegen dieser Verlautbarungen und Entscheidungen hadern, aber wir erhalten auch viel Zustimmung innerhalb und außerhalb der Kirche.

Der Lebensschutz ist eine ganz vordringliche gesellschaftliche Grundaufgabe, denn Leben ist das höchste irdische Gut. Ein altes jüdisches und auch sonst verbreitetes Sprichwort sagt: »Wer einen Menschen rettet, rettet die ganze Welt.« In diesem Sinne verstehen wir unsere Entscheidung als eine Zukunftsaufgabe ersten Ranges, die nicht nur Gesellschaft und Staat, sondern auch die Beratungsstellen anderer Träger herausfordert.

(13) Schreiben der Kardinäle Ratzinger und Sodano vom 18. September 1999

Exzellenz!
Hochwürdigster Herr Bischof!
Verehrte Mitbrüder im Bischofsamt!

In den vergangenen Wochen ist der Heilige Stuhl von verschiedenen Seiten über die schwierige Situation informiert worden, die in Deutschland in der Frage der rechten Zuordnung der katholischen Schwangerschaftsberatungsstellen zur staatlich geregelten Beratung nach dem letzten Papstschreiben vom 3. Juni 1999 und dem Beschluss des Ständigen Rates der Deutschen Bischofkonferenz vom 22. Juni 1999 entstanden ist. Zugleich wurde Papst Johannes Paul II. um ein klärendes Wort gebeten, um die gegenwärtigen Spannungen und Unsicherheiten in der Kirche zu überwinden. Nach einer Zeit des Hörens, des Überlegens und des Gebetes hat der Heilige Vater durch Weisungen an die beiden unterzeichneten Kardinäle die wesentlichen Elemente für die Antwort auf die vorgelegten Fragen angegeben. Diese Elemente wurden in der Begegnung vom 15. September 1999 den Herren Kardinälen von Deutschland und Ihnen, Exzellenz, als dem Vorsitzenden der Deutschen Bischofskonferenz bereits zur Kenntnis gebracht.

1. Es wurde die Frage gestellt, ob es der Intention des Heiligen Vaters entspricht, die Beratungsbescheinigung mit dem von ihm gewünschten Zusatz zu versehen und zugleich zu dulden, dass ihn die staatlichen Stellen faktisch ignorieren und den Schein auch mit diesem Zusatz als ausreichend für die straffreie Durchführung der Abtreibung gelten lassen wollen. Abgesehen von der manchmal erlaubten Haltung der Toleranz gegenüber einem Gesetz, das man nicht verändern kann, ist die Antwort auf die oben erwähnte konkrete Frage in den gegenwärtigen Umständen in Deutschland gemäß der Intention des Heiligen Vaters negativ. In seinem Schreiben vom 3. Juni 1999 hat der Papst klar seinen Wunsch geäußert, dass die kirchlichen oder der Kirche zugeordneten Beratungsstellen keine Bescheinigung mehr ausstellen, die zur Durchführung straffreier Abtreibungen verwendet werden kann. Entscheidend für die Wertung des Problems ist die Frage – so formulierte der Heilige Vater im genannten Brief –, »ob der am Ende stehende Text weiterhin die Verwendung des Scheins als Zugang zur Abtreibung gestattet. Wäre dies der Fall, so stünde er im Widerspruch zu meinem eingangs erwähnten Schreiben und zur gemeinsamen Erklärung Eurer Bischofskonferenz vom 26. Januar 1998, meiner Bitte Folge zu leisten und in Zukunft nicht mehr einen ›Schein solcher Art‹ ausstellen zu lassen« (Nr. 3). Würde der Schein weiterhin als Zugang zur Abtreibung dienen, wäre der in den vergangenen Wochen von vielen erhobene Vorwurf berechtigt, dass die Kirche eine bloß theoretische Aussage ohne reale

Konsequenzen macht. Dem Heiligen Vater liegt es außerordentlich am Herzen, dass die Kirche ein Beispiel großer Transparenz gibt und alles meidet, was als Doppeldeutigkeit oder Mangel an Klarheit interpretiert werden könnte. Dies ist wichtig nicht nur für die Glaubwürdigkeit der Kirche, sondern auch für die Bildung der Gewissen.

2. Der vom Papst in seinem Schreiben vom 3. Juni 1999 geforderte Zusatz bildet nicht nur einen kraftvollen letzten moralischen Aufruf an die Frau, an den Arzt und an die Gesellschaft, den Schein nicht zur straffreien Abtreibung zu gebrauchen. Die Intention des Papstes ist auch darauf gerichtet zu bewirken, dass der Schein nicht mehr geeignet ist, den Zugang zur Abtreibung nach StGB § 218 a (1) zu eröffnen. Es ist nicht zu sehen, wie die Kirche in der Beratung nach §§ 5 ff. des Schwangeren- und Familienhilfeänderungsgesetzes vom 21. August 1995 bleiben kann, falls die staatlichen Stellen den genannten Zusatz faktisch ignorieren. In der gegenwärtigen neuen Situation liegt es entsprechend den Weisungen des Heiligen Vaters in der Kompetenz der deutschen Bischöfe zu entscheiden, wie sie die Beratungstätigkeit fortsetzen.

3. Der Schein, der zukünftig von den kirchlichen oder der Kirche zugeordneten Beratungsstellen im Rahmen des »Beratungs- und Hilfeplans« ausgehändigt wird, darf nach dem Schreiben des Heiligen Vaters vom 3. Juni 1999 einzig und allein als Dokumentation der Ausrichtung der kirchlichen Beratung auf das Leben und als Garantie für die Gewähr der versprochenen Hilfeleistungen dienen. So hieß es im offiziellen Kommentar zum oben erwähnten Papstschreiben: »Infolge dieses Zusatzes handelt es sich dann wirklich um einen Schein anderer Art, dessen Funktion allein darin besteht, die kirchliche Beratung zu bestätigen und ein Anrecht auf die zugesagten Hilfen zu geben« (Nr. 3).

4. Die von Euch und von zahlreichen Fachleuten in Deutschland unternommenen Bemühungen, die Frage im Einvernehmen mit dem Heiligen Stuhl zu vertiefen, sind anzuerkennen. Diese Bemühungen waren auch vom großherzigen Willen geleitet, die größtmögliche Zahl von schwangeren Frauen in Not zu erreichen, besonders jene, die schon mehr zur Abtreibung neigen und deren ungeborenes Kind deshalb in größerer Gefahr ist. In einem Unterscheidungsprozess in einer so delikaten Frage und in einer Situation, die faktisch und rechtlich überaus komplex ist, mag es nicht überraschen, dass trotz der allen gemeinsamen klaren Grundüberzeugung nicht in kurzer Zeit und ohne Ungewissheiten ein klarer und endgültiger Abschluss erreicht werden konnte. Der lange Weg des gemeinsamen Suchens war aber nicht umsonst, sondern hat dazu beigetragen, die verschiedenen Aspekte der Frage besser hervorzuheben und eine klare Lösung zu finden, die auf dem Fundament der Wahrheit und der Liebe aufbaut. Die beiden unterzeichneten Kardinäle bitten Hirten und Gläubige, auf polemische Äußerungen zu verzichten und das ungeborene Leben mit ganzer Kraft zu schützen und zu verteidigen. Alle Glieder der katholischen Kirche sind einmütig davon überzeugt, dass die Abtreibung in keinem Fall eine Lösung ist, sondern – wie es im Zweiten Vatikanischen Konzil heißt – ein ver-

abscheuungswürdiges Verbrechen (vgl. Gaudium et spes, Nr. 51), nämlich die direkte und freiwillige Tötung eines unschuldigen, wehrlosen Menschen.

5. Am Vorabend der Vollversammlung der Deutschen Bischofskonferenz bittet Euch der Heilige Vater inständig, auch in seiner Verantwortung als Hirte der ganzen Kirche, die Entscheidung gemäß den genannten Vorgaben einmütig zu treffen, denn die Einheit des Episkopats ist von grundlegender Bedeutung für eine wirksame Verkündigung des Evangeliums in der Gesellschaft.

Der Heilige Vater hat uns beauftragt, diesen Brief Ihnen, hochwürdigster Herr Bischof, und durch Sie als den Vorsitzenden Euch, den Mitgliedern der Deutschen Bischofskonferenz, zukommen zu lassen. Euch allen möchte er erneut sein schon oft zum Ausdruck gebrachtes Vertrauen, seine Wertschätzung und sein Wohlwollen, bekunden. Verbunden in der Sorge um die Kirche und die Menschen in Deutschland, verbleiben wir mit den besten Grüßen im Herrn

Eure
+ Joseph Kard. Ratzinger
Präfekt der Kongregation für die Glaubenslehre
+ Angelo Kard. Sodano
Staatssekretär seiner Heiligkeit

(14) Erklärung der Deutschen Bischofskonferenz vom 23. September 1999

1. Die Deutsche Bischofskonferenz hat sich in ihrer Herbst-Vollversammlung vom 20.-23. September 1999 erneut ausführlich mit der künftigen Gestaltung der katholischen Schwangerschaftskonfliktberatung befasst. Grundlage hierfür waren ein Schreiben, das Kardinalstaatssekretär Angelo Sodano und der Präfekt der Glaubenskongregation Joseph Kardinal Ratzinger am 18.09.1999 nach päpstlicher Weisung an die deutschen Bischöfe gerichtet haben, sowie ein Brief des Apostolischen Nuntius vom 19.09.1999.

Das Schreiben der Kardinäle, das u. a. auf eine Anfrage des Erzbischofs von Köln vom 30.07.1999 an den Heiligen Vater zurückgeht, in der er um Klärung bat, stellt fest, dass es nicht der Intention des Heiligen Vaters entspricht, den Nachweis über eine Schwangerschaftskonfliktberatung mit dem Zusatz: »Diese Bescheinigung kann nicht zur Durchführung straffreier Abtreibungen verwendet werden« zu versehen und zugleich hinzunehmen, »dass ihn die staatlichen Stellen faktisch ignorieren und den Schein auch mit diesem Zusatz als ausreichend für die straffreie Durchführung der Abtreibung gelten lassen wollen«.

Mit dem Brief des Apostolischen Nuntius vom 19.09.1999 wird dessen Mitteilung vom 16.06.1999, dass es »den Bischöfen überlassen (ist) zu überprüfen, ob es noch möglich ist, dass die katholischen Schwangerschaftskonfliktberatungsstellen im staatlichen System, so wie es im Schwangeren- und Familienhilfeänderungsgesetz (§ 5 ff.) vom 21. August 1995 vorgesehen ist, verbleiben«, als »überholt« erklärt. Entsprechende Stellen im Brief des Heiligen Vaters vom 03.06.1999 sind damit klargestellt.

Die Vollversammlung stellt fest, dass damit die entscheidenden Voraussetzungen für den Beschluss des Ständigen Rates vom 21./22.06.1999 nicht mehr gegeben sind.

2. In dieser Situation, die eine neue Lösung erfordert, bringen die deutschen Bischöfe erneut ihre gemeinsame Überzeugung zum Ausdruck, dass der Schutz des ungeborenen Lebens in unserer Gesellschaft eine Aufgabe von erstrangiger Bedeutung ist und alle Verantwortlichen in Pflicht nimmt. Die Bischöfe werden dafür Sorge tragen, dass die Unterstützung von schwangeren Frauen, vor allem in Not- und Konfliktsituationen, auch weiterhin gewährleistet ist. Die katholischen Beratungsstellen werden deshalb ihre bisherige Tätigkeit in vollem Umfang fortführen, einschließlich der Vermittlung wirksamer Hilfen.

Eine Anzahl von Bischöfen spricht sich dafür aus, eine Neuordnung einzuleiten, die eine Ausstellung von Beratungsnachweisen, die straffreie Abtreibungen ermöglichen, nicht mehr vorsieht.

Eine Anzahl von Bischöfen sieht sich vor einer Entscheidung für ihr Bistum verpflichtet, dem Heiligen Vater ihre verbleibenden Bedenken vorzutragen und die Umgestaltung des Beratungskonzeptes hinsichtlich der Voraussetzungen und Konsequenzen zunächst noch einmal zu prüfen.

3. Alle Bischöfe sind sich einig, dass eine Neuordnung der Beratung nur in einer angemessenen Übergangszeit erfolgen kann, in der die kirchlichen Beratungsstellen ihre bisherige Tätigkeit fortsetzen.

4. Die Absicht katholischer Laien, von der kirchlichen Verantwortung unabhängige Beratungsstellen zu errichten, die einen Nachweis über die Schwangerschaftskonfliktberatung gemäß § 7 des Schwangerschaftskonfliktgesetzes (SchKG) führen, wird von der Deutschen Bischofskonferenz zur Kenntnis genommen. Eine Beurteilung solcher Initiativen, über die schon seit längerem öffentlich diskutiert wird, erscheint erst möglich, wenn die konkreten Rahmenbedingungen bekannt sind.

Fulda, den 23. September 1999

(15) Pressebericht des Vorsitzenden der Deutschen Bischofskonferenz vom 24. September 1999

Die Behandlung des TOP »Schwangerschaftskonfliktberatung« in der diesjährigen Herbst-Vollversammlung war vor allem durch zwei Daten vorherbestimmt, nämlich der Beschluss vom 22. Juni und den im Brief von Papst Johannes Paul II. vom 3. Juni 1999 gewünschten Zusatz »Diese Bescheinigung kann nicht zur Durchführung straffreier Abtreibungen verwendet werden.« und das Schreiben des Kardinalstaatssekretärs Sodano und Kardinal Ratzingers vom 18.09., dem entsprechende Gespräche der Kardinäle Meisner, Sterzinsky und Wetter sowie des Vorsitzenden der Deutschen Bischofskonferenz, Bischof Lehmann, am 15.09. in Castelgandolfo vorausgegangen waren.

Auch wenn die Genese dieser Ereignisse klar zu sein scheint, so bedarf es doch wenigstens einiger Anmerkungen zum Verständnis:

I.

- Es war keineswegs so, dass der Beschluss vom 22.06. schon von Anfang an feststand, wie immer wieder vermutet wurde. Das genaue Gegenteil ist der Fall. Ich konnte nach dem Empfang des Schreibens vom 3.06. am 9.06. nicht sehen, wie wir den Inhalt des Papstbriefes sachlich korrekt, juristisch vertretbar und zumutbar-glaubwürdig verwirklichen könnten, ohne praktisch zu einem »Ausstieg« gezwungen zu sein. Mein Brief an den Herrn Apostolischen Nuntius vom 12.06. («erste Reaktion«) macht dieses Dilemma offenbar.
- Der Brief des Nuntius vom 16.06. mit der Möglichkeit, im Falle einer Annahme des erwähnten Zusatzes in der gesetzlichen Schwangerschaftskonfliktberatung (unter Anführung von § 5 ff) zu bleiben, kam überraschend und hat vom Heiligen Stuhl her eine Möglichkeit der Annahme des »Zusatzes« in Verbindung mit einem Bleiben im gesetzlichen Beratungssystem erkennen lassen, deren Übereinstimmung mit dem Nuntius und damit auch mit dem Heiligen Stuhl sonnenklar ist. Dies war eine wichtige Hilfe, für die ich dem Nuntius dankbar war und bin. Es besteht überhaupt kein Zweifel, weil mehrfach von allen Beteiligten bestätigt, dass dieser gewichtige Brief des Nuntius selbstverständlich mit allen Verantwortlichen, also auch mit Kardinal Ratzinger und Kardinal Sodano, im Einzelnen abgestimmt war. Die öfter geäußerten Vermutungen, ich hätte den Nuntius zu diesem Brief manipuliert oder gar den Brief selbst geschrieben, sind absolut absurd.
- Dennoch war ich über diese Hilfe nicht bloß erfreut, denn ich konnte noch nicht sehen, wie das juristische Problem und die Frage der Glaubwürdigkeit nach innen und außen geklärt werden könnten. Am 20.06., also am Vorabend der Sitzung des Ständigen Rates in Würzburg, half mir ein Kurz-Gutachten von Herrn Prof. Dr. Christian Starck (Göttingen), das Herr Bischof Dr. Homeyer erbeten hatte. Er wies auf das Recht zu einer selbstän-

digen Stellungnahme der Kirche gerade in solchen Fragen aufgrund der Weimarer Kirchenartikel und damit des Grundgesetzes, in dem sie enthalten sind, hin und betonte zugleich die beiden Bereiche des säkularen und kirchlichen Rechts, die zwar dieselbe Zielsetzung aufweisen, nämlich den Erhalt des ungeborenen Kindes, aber dafür eben recht verschiedenartige Instrumentalisierungen bevorzugen können. Dieses Gutachten, das wenige Tage später in verkürzter Form in der FAZ erschien, war zusammen mit dem Brief des Nuntius die einzige erkennbare und vertretbare Lösung des Problems, wenn nicht ein Ausstieg beschlossen werden sollte. Ich habe nachweislich gerade wegen der Glaubwürdigkeitslücke bis zuletzt im Blick auf die Empfehlung einer solchen Lösung gezögert, die Bischofskonferenz hat jedoch diese Lösungsrichtung am 22.06. bevorzugt und angenommen. Die einmütige Abstimmung (26 Ja, 1 Enthaltung) wahrte auch die Einheit der Bischofskonferenz.

- Zu diesem Zeitpunkt und erst recht später wurde der Beschluss heftig angegriffen, wobei von Anfang an einige wenige Schablonen (Doppelspiel, Heuchelei, »auf dem Rücken der Frau austragen« usw.) die Oberhand behielten. Die indiskrete Vorveröffentlichung des Papstbriefes am 22.06. hat uns die Meinungsführerschaft gekostet. Die Urteile lagen weitgehend fest, so dass sich auch in der Analyse des Sachverhalts trotz neuer Materialien kaum mehr etwas änderte.
- Gleichzeitig lässt sich jedoch beobachten, dass das politische und juristische Echo zwar Schwierigkeiten im Verständnis einräumte, aber von Seiten der Politik, einiger Generalstaatsanwälte, zuständiger Ministerien und Rechtswissenschaftlern die Aussage verstärkt wurde, juristisch sei eine solche spannungsvolle, gewiss nicht ideale »Lösung« durchaus akzeptabel.

II.

Erstaunlicherweise blieb es so relativ ruhig, bis Erzbischof Johannes Dyba am 9. August nach 7 Wochen in der WELT einen Generalangriff gegen die Würzburger Lösung vom 22.06. initiierte. Viele Presseveröffentlichungen, die allerdings nicht auf gründlichen Recherchen beruhten, verstärkten dieses Trommelfeuer. Immer mehr verdichteten sich Gerüchte, vor der Herbstvollversammlung vom 20. bis 23.09.1999 sei ein vierter Papstbrief zu erwarten. Offenbar gab es im August 1999 einen recht starken Druck auf den Heiligen Vater.

III.

Heute ist deutlich geworden, dass Herr Kardinal Meisner am 30.07.1999 in einem Schreiben an den Heiligen Vater seiner Ratlosigkeit angesichts der »großen Verwirrung« Ausdruck gab und dem Papst die Frage vorlegte, ob es in seiner Intention liege, den von ihm gewünschten Zusatz anzunehmen und trotzdem zu dulden, dass ihn der Staat ignoriert. Er erwartete eine baldige Klarstellung.

Am 7./9. September gab Papst Johannes Paul II. Herrn Kardinalstaatssekretär Sodano und Herrn Kardinal Ratzinger den Auftrag, nach seinen Weisungen eine Antwort zu verfassen, die in den wesentlichen Punkten die Intention des Papstes ziemlich getreu wiedergibt.

Danach steht fest, dass künftig eine Beratung im staatlichen System im Sinne der §§ 5 ff des Schwangeren- und Familienhilfeänderungsgesetzes vom 21.08.95 nicht mehr möglich ist, da die staatlichen Stellen faktisch diesen Zusatz ignorierten und weiterhin für eine straffreie Abtreibung gelten lassen. Dies wurde den genannten deutschen Gesprächsteilnehmern am 15.09.99 in Castelgandolfo eröffnet und im Brief der beiden römischen Kardinäle vom 18.09. festgehalten.

IV.

Die deutschen Gesprächsteilnehmer drängten auf Klarheit und bemängelten, dass der Brief des Heiligen Vaters vom 3.06. trotz einer klaren Grundintention einige Zweideutigkeiten erkennen lasse und dass der Brief des Nuntius vom 16.06. ja nun ausdrücklich die Wahlmöglichkeit den Bischöfen eingeräumt habe, die der Brief vom 18.09. faktisch widerrufe. Dies müsse auch öffentlich klargestellt werden.

V.

Der Apostolische Nuntius teilte dem Vorsitzenden konsequent auch schriftlich am 19. September folgendes mit: »Die Stellen des Briefes des Hl Vaters vom 3. Juni und des Briefes des Apostolischen Nuntius desselben Monats, soweit sie geeignet waren, im Sinne einer bedingten Möglichkeit des Verbleibens der katholischen Beratungsstellen im System der Schwangerschaftskonfliktberatung nach §§ 5 ff des einschlägigen Gesetzes ausgelegt und angewandt zu werden – wie es im Beschluss des Ständigen Rates vom 22. Juni geschehen ist – sind jetzt durch den Brief, den der Kardinalstaatssekretär und der Präfekt der Glaubenskongregation auf der Grundlage präziserer Anweisungen des Hl. Vaters am 18. September an sie gerichtet haben, als endgültig klargestellt bzw. – was den Brief des Nuntius betrifft – als überholt zu betrachten. Die vom Papst gestellte und vom Ständigen Rat erfüllte Bedingung hat sich nämlich bei der von den Bischöfen vorgeschlagenen Lösung in der Praxis als unwirksam erwiesen.«

Damit ist ein Sachverhalt, der häufig falsch dargestellt worden ist, restlos aufgeklärt: Der Heilige Stuhl räumt ein, dass der Ständige Rat sich an die Vorgaben des Vatikans gehalten hat, dass diese Vorgaben aber heute hinfällig sind, weil der Heilige Stuhl sie zurückgezogen hat. (Im Falle des Papstbriefes selbst durch endgültige Klärung, im Blick auf den Nuntius-Brief durch die Feststellung: »Der Brief sei überholt.«) Damit ist eine neue Situation eingetreten, die so am 21./22. Juni nicht bekannt war und bekannt sein konnte. So erklärt sich auch, dass der Kardinalstaatssekretär am 24. Juni in Rom die Konformität des Beschlusses vom 23.06. mit den Vorstellungen des Heiligen Stuhls bestätigen konnte.

VI.

Es ist kein Zweifel, dass mit diesen beiden Briefen vom 18. und 19.06. dem bisherigen Beschluss des Ständigen Rates der Boden entzogen ist, allerdings so, dass auch die römische Seite eine Mitschuld an dieser Entwicklung einräumt. In gewisser Weise ist dies eine wenigstens vorläufige Endstation in der Suche nach einer Lösung. Der Spielraum ist nach dem Eintreffen beider Briefe außerordentlich klein geworden.

Vor dem weiteren Hintergrund einer seit vielen Jahren versuchten Lösung muss man nun rückblickend folgendes festhalten:

- Spätestens das Gesetz vom 21.08.1995 stellt ein fast unlösbares Problem dar, wie nämlich die Abtreibung einerseits – von den Indikationen abgesehen – in jedem Fall Unrecht ist und bleibt und andererseits gleichzeitig die Möglichkeit der Straflosigkeit einer Abtreibung im Falle einer ordnungsgemäßen Beratung möglich ist. Allein schon psychologisch und volkspädagogisch ist eine so paradoxe Problemlage äußerst schwierig.
- Dieses Dilemma hat sich in den Jahren danach verstärkt und erhöht, denn das Bewusstsein vom Unrechtscharakter jeder Abtreibung ist gesellschaftlich geschwächt worden, so dass es als stetiges Korrektiv der Straflosigkeit der Abtreibung immer wirkungsloser wurde. Aus der spezifischen Zielsetzung der Aufhebung der Strafandrohung für die abtreibungsgeneigte Frau wurde beinahe so etwas wie ein Recht auf Abtreibung, so dass sich diese Dimension verselbständigte. Im übrigen hatte der Unterschied von Recht und Moral eine sehr geringe Wirkung.
- Das Bundesverfassungsgerichtsurteil vom 28.05.1993 und teilweise auch das Gesetz vom 21.08.1995 waren sich einer stärkeren Förderung des Lebensschutzes, auch z. B. in den Schulen und in den Medien, aber auch in der Erwachsenenbildung, voll bewusst und haben auch ein strenges Vorgehen des Staates bei der Anerkennung der Beratungsstellen gefordert. Man mag es gerne oder weniger gerne hören: In dieser Hinsicht ist außerordentlich wenig zu Gunsten des Lebensschutzes geschehen.
- Die Diskussion um das Verbleiben der Kirche im staatlichen Beratungssystem hat in dieser sich entwickelnden Situation immer größere Probleme zu spüren bekommen. Dies hat sich dadurch noch erhöht, dass sich die Auseinandersetzung um ein sehr komplexes und kompliziertes Problem immer mehr nur auf einen isoliert gesehenen Beratungsschein konzentrierte, der hoffnungslos vom Beratungsgeschehen, das viel fundamentaler ist, abgetrennt wurde und geradezu wie ein Sündenbock fungierte. Es war fast unmöglich, die damit verbundenen Tendenzen einer ständigen Simplifizierung und zum Teil auch Irreführung zu vermeiden.
- Im Lauf der Zeit kam auch in seriöseren Presseorganen zum Teil eine Parteinahme gegen das Verbleiben der Kirche in der gesetzlichen Schwangerschafts-Konfliktregelung hinzu, die sehr wenig sauber recherchierte, so aber leichter den eigenen Vor-Urteilen folgen konnte. Es handelt sich um eine

systematische Desinformation, die gerade auch das Bildungsbürgertum für sich einnahm. Diese Anti-Kampagne war zugleich begleitet von schwer erträglichen Aggressionen und Verleumdungen gegen einzelne Bischöfe (Vorsitzender, Bischof Kamphaus usw.).

VII.

Dieser ganze Prozess war also von Anfang an schwierig. Es war von Anfang an ein Wagnis, sich auf eine so schwierige Lösung eines Problems zwischen zwei Stühlen einzulassen. Nur wenn man das Konzept einer präventiven Beratung aufrichtig, umsichtig, entschieden verfolgte und dahinter stand, konnte es glücken. Bei einem stetigen Sichverschlechtern der Problemsituation bin ich selbst immer wieder bis an das Äußerste gegangen, um die Sache einer kirchlichen Beratung innerhalb der gesetzlichen Schwangerschaftskonfliktberatung zu retten. Wir haben versucht, alle Wege zu einer überzeugenden Lösung offenzuhalten. Ich bin auch heute noch überzeugt, dass selbst für die schwierige Situation nach dem Papstbrief vom 3.06. auf diesem Weg eine Lösung zu finden gewesen wäre. Aber die Bedingungen eines Gelingens haben sich immer mehr verschlechtert. Die Polemik wuchs.

So hat sich der Versuch einer differenzierten Lösung durch die stetige Verschlechterung der Voraussetzungen langsam selbst ad absurdum geführt, zumal noch viele Faktoren hinzukommen: Ständige Versimpelung, offenkundiger Druck, Manipulation usw. Ich bin zwar noch heute von der theoretischen Möglichkeit eines solchen Weges überzeugt, muss aber einräumen, dass sich unter den dargelegten Voraussetzungen die Realisierungschancen immer mehr verschlechtert haben.

VIII.

Die Erklärung der Vollversammlung der Deutschen Bischofskonferenz vom 23. September ist vor diesem Hintergrund zu sehen:

- Die Vollversammlung musste feststellen, dass mit den Briefen vom 18. und 19.09.1999 dem Beschluss des Ständigen Rates vom 21./22.06 der Boden entzogen wurde.
- Dennoch halten die Bischöfe entschieden an der Intensivierung der Hilfen für die schwangeren Frauen – besonders in Not- und Konfliktsituationen – fest und räumen dieser Aufgabe eine erste Priorität ein.
- Auf jeden Fall wollen wir die Tätigkeit der Beratung schwangerer Frauen fortsetzen, und zwar in vollem Umfang, auch im Blick auf die Vermittlung wirksamer Hilfen.

Darin sind sich alle Bischöfe ausnahmslos einig.

- Innerhalb von zwei bis drei Tagen konnten nicht alle Konsequenzen aus der neuen Situation gezogen werden: Eine Anzahl von Bischöfen spricht sich dafür aus, bald eine Neuordnung einzuleiten, die keine Ausstellung mehr von Nachweisen vorsieht, die die Straflosigkeit einer Abtreibung eröffnen.

Sie plädieren für einen »Umstieg«, ohne dass genauere Konturen bereits fixiert werden können. Jedenfalls dürfte es in dieser Linie zu einem »Ausstieg« aus der gesetzlichen Schwangerschafts-Konfliktberatung kommen.

In gleicher Weise wird gesagt: »Eine Anzahl von Bischöfen sieht sich vor einer Entscheidung in ihrem Bistum verpflichtet, dem Heiligen Vater ihre bleibenden Bedenken vorzutragen und die Umgestaltung des Beratungskonzeptes hinsichtlich der Voraussetzungen und Konsequenzen zunächst noch einmal zu prüfen.« Diese Bischöfe wollen zunächst schriftlich dem Heiligen Vater Mitteilung machen, aber auch die Ad-limina-Besuche im November zu persönlichen Gesprächen nutzen.

- Falls eine Neuordnung eine längerfristige Umstrukturierung zur Folge hätte, muss es angemessene Übergangsfristen geben.
- Die beabsichtigte Gründung eines Vereins durch katholische Laien, welche nun Konfliktberatung im engeren Sinne nach § 5-7 übernimmt, wird zur Kenntnis genommen. Eine Beurteilung jedweder Art ist zur Zeit nicht möglich. »Eine Beurteilung solcher Initiativen, über die schon seit längerer Zeit diskutiert wird, erscheint erst möglich, wenn die konkreten Rahmenbedingungen bekannt sind.«

IX.

Dies ist eine Grundsatzentscheidung, die viele Facetten hat. Man muss auch den Ausgang der römischen Kontakte abwarten. Dabei müssen manche Punkte geklärt werden, die uns alle tief berühren. Wer kann den Bischöfen die ethische Ermächtigung geben, jährlich auf die Rettung von tausenden von Kindern zu verzichten? Will sich der Heilige Vater mittels seines Jurisdiktionsprimates wirklich an die Stelle des einzelnen Diözesanbischofs und seiner Verantwortung setzen und eine solche Entscheidung befehlen? Es gibt aber natürlich auch anders orientierte Fragen, wie nämlich bei der sich verschlechternden Bewusstseinslage für das Lebensrecht des ungeborenen Kindes die Kirche ihren Beratungsdienst so ausüben kann, dass sie nicht in den Sog einer mehr oder weniger deutlichen Mithilfe beim Zustandekommen einer Abtreibung gerät, ohne dass dies mit herkömmlichen Kategorien leicht zu fassen ist? Ist es nicht ein besseres, mehr aufrüttelndes Zeichen, wenn die Kirche das staatlich geregelte Beratungssystem mit diesen Ambivalenzen verlässt und alternativ eine eigene Konzeption durchsetzt?

X.

Wir sind noch nicht am Ende eines Weges. Aber zweifellos kann der bisherige Weg nicht einfach fortgesetzt werden. Es ist so auch nicht zu verwundern, dass der bisherige Weg von einem ständigen Unterscheiden der Geister zeugt, dass schwierige Klärungsprozesse notwendig wurden, dass nicht immer alles glatt verlaufen konnte, dass es auch ein sehr risikoreiches Wagnis gab beim

Versuch, einen verlässlichen Weg beim Verbleib in der gesetzlichen Konfliktberatung zu finden.

Wir haben den Mut gehabt, dieses Wagnis auf uns zu nehmen. Wir haben sehr viel Zeit, Kraft und Energie in diese Aufgabe investiert. Wir haben immer auch die bedrängte schwangere Frau und die Lebensgefahr für das ungeborene Kind vor uns gesehen. Viele Schreibtischtäter hat dies nie gekümmert. Nur aus dieser Sorge heraus haben wir auch unablässig miteinander gerungen. Wir haben uns nicht mit der Situation abgefunden. Nicht wenige haben in unserer Gesellschaft auch anerkannt, dass wir zwar im Blick auf die Situation des Lebensschutzes und der Abtreibung Störenfriede sind, jedoch mit dem Mut der Sorge für die Schwächsten in unserer Gesellschaft, denen sehr oft die Eintrittskarte in die Menschheitsfamilie verwehrt wird. Damit wollen wir uns nicht abfinden.

Und dafür ist das intensive Ringen in Kirche und Gesellschaft gefordert. Besonders die bedrängten Frauen dürfen sich mit ihren ungeborenen Kindern auf uns verlassen – mit oder ohne Schein.

(16) Schreiben des Papstes vom 20. November 1999

Dem verehrten Bruder
Msgr. Karl Lehmann
Bischof von Mainz
Vorsitzender der Deutschen Bischofskonferenz

Ich habe aufmerksam den Brief vom 17. November dieses Jahres gelesen, den Sie mir bei der Gelegenheit des Ad-limina-Besuches übergeben haben, und ich habe die von Ihnen dargelegten Überlegungen im Gebet erwogen.

In diesen Tagen haben alle deutschen Bischöfe während der Ad-limina-Besuche in Ihren Gesprächen mit mir auch das Thema des Lebensschutzes angesprochen. Ich habe sie alle sehr engagiert für ein klares Zeugnis zum Schutz dieses fundamentalen menschlichen Wertes erlebt.

In ihren Berichten habe ich eine Bestätigung gefunden, wie viel die Personen, die in den katholischen Beratungsstellen tätig sind, getan haben und noch tun, um den Frauen in Schwierigkeiten zu helfen und um sie dahin zu bewegen, über ihre Verantwortung gegenüber ihrem ungeborenen Kind nachzudenken. Ich möchte Sie bitten, diesen Personen die von Herzen kommende Wertschätzung des Papstes und zugleich seinen Wunsch zu überbringen, dass die katholischen Beratungsstellen auch in Zukunft eine so verdienstvolle Tätigkeit zugunsten des Lebens fortführen und verstärken, ohne jedoch die Bestätigung auszustellen, die die katholischen Beratungsstellen in ein System mithineinzieht, welches die Abtreibung zulässt.

Was die Bitte betrifft, die Sie im Schlussteil Ihres Briefes dargelegt haben, bitte ich – nachdem ich darüber gebetet habe – Sie und über Sie alle anderen Diözesanbischöfe Deutschlands, sich für eine einheitliche Lösung einzusetzen, weil ich es in einem hohen Maß für schädlich halte, in einer so kennzeichnenden Angelegenheit zwei verschiedene Vorgehensweisen innerhalb desselben Episkopats zu akzeptieren. Ich vertraue also darauf; dass man bei der nächsten Sitzung des Ständigen Rates der Deutschen Bischofskonferenz einmütig und einträchtig zu einer endgültigen Entscheidung kommt, um die Weisungen zügig zu verwirklichen.

Diese Entscheidung schließt jedoch nicht aus, dass einige Diözesen für die praktische Durchführung verschieden lange Zeiten benötigen, um zu einer konkreten Möglichkeit zu gelangen, die Beratung zu erhalten ohne jedoch die Bestätigung auszustellen.

Die eine und selbe Vorgehensweise, von allen deutschen Bischöfen in einer einmütigen Entscheidung gefasst, – auch wenn die notwendigen Zeiten zur Ausführung zwischen den verschiedenen Diözesen variieren können – wird unter den Katholiken in Deutschland eine ruhigere Atmosphäre begünstigen. Es ist mein lebhafter Wunsch, dass, vor allem während des Großen Jubiläums des Jahres 2000, alle Gläubigen mit ihren Geistlichen und ihren Bischöfen sich in der Freude des Glaubens und des christlichen Zeugnisses einig und einträchtig fühlen und sind. Möge es ein Jahr intensiven geistlichen Engagements, eines erneuerten Schwungs im Leben der Kirche und der Freude im Herrn werden.

Mit meinem Segen.
Aus dem Vatikan, 20. November 1999
Johannes Paulus II.

(17) Beschluss des Ständigen Rates der Deutschen Bischofskonferenz vom 23. November 1999

Wir Bischöfe sind uns einig im Ziel, das Leben ungeborener Kinder zu retten und Frauen in Schwangerschaftskonflikten zu helfen. Wir haben gerungen und ringen um den besten Weg des Lebensschutzes. Der Papst hat uns ermutigt, eine intensive Beratung fortzusetzen, allerdings mit der Weisung verbunden, keinen Beratungsnachweis ausstellen zu lassen, der den Weg zu einer straffreien Abtreibung ermöglicht.

Im Lauf des Jahres 2000 werden wir deshalb eine Neuordnung der katholischen Beratung im Sinn der Weisung des Papstes durchführen.

Wir werden über die bisherigen Überlegungen hinaus umgehend prüfen, ob die kirchlichen Beratungsstellen auch ohne Ausstellung des Scheins in der gesetzlichen Schwangerschaftskonfliktberatung bleiben können.

Die Diözesanbischöfe werden eventuell notwendige Übergangsfristen mit den Landesregierungen klären.

Abkürzungen

BGBl.	Bundesgesetzblatt
BGH	Bundesgerichtshof
BGHSt	Entscheidungssammlung des Bundesgerichtshofs in Strafsachen (zit. nach Band und Seite)
BT-Drs.	Bundestags-Drucksache
BVerfG	Bundesverfassungsgericht
BVerfGE	Entscheidungssammlung des Bundesverfassungsgerichts (zit. nach Band und Seite)
Can.	Canon
CIC	Codex Iuris Canonici (Gesetzbuch des kirchlichen Rechts), 1983.
Communio	Internationale katholische Zeitschrift »Communio«
DT	Deutsche Tagespost; ab 4/99: Die Tagespost
FAZ	Frankfurter Allgemeine Zeitung
JVL	Schriftenreihe der Juristen-Vereinigung Lebensrecht e. V.
KKK	Kathechismus der Katholischen Kirche, München u. a. 1993.
KNA	Katholische Nachrichten Agentur
MDR	Monatsschrift für Deutsches Recht
MedR	Medizinrecht
NJW	Neue Juristische Wochenschrift
RGSt	Entscheidungssammlung des Reichsgerichts in Strafsachen (zit. nach Band und Seite)
RM	Rheinischer Merkur
Rz.	Randziffer
SchKG	Schwangerschaftskonfliktgesetz
Sp.	Spalte
SkF	Sozialdienst katholischer Frauen
StGB	Strafgesetzbuch
SZ	Süddeutsche Zeitung
VAS	Verlautbarungen des Apostolischen Stuhls, hrsg. von der Deutschen Bischofskonferenz.
ZdK	Zentralkomittee der deutschen Katholiken
ZfL	Zeitschrift für Lebensrecht